稷下先生

陈歆耕
－ 著 －

作家出版社

目 录

《稷下先生》序

陈引驰

稷下学宫，是中国文化史、学术史上的一段华彩乐章。

战国时代的齐国，曾是举足轻重的一股力量；齐据东方，与西边的秦国和南边的楚国，似乎构成了鼎足而三的格局。周振鹤先生《假如齐国统一了天下》比较齐、秦的差异，指出了历史展开的另外一种可能：

> 从文化样式而言，春秋战国时期是中国历史上最辉煌灿烂的时代……呈现出多元文化的发展优势……在差异颇大的多元文化类型中，要数秦、齐之别最大，……越是个体生产，越是离不开集权，一大堆单个的土豆只有靠袋子才能拎得起来，分散的、大量的小农经济，只有中央集权才能充分发挥其生产与纳税的效能。因此根深蒂固的农本思想必然导致中央集权的政治制度。而为了保证集权制度的正常运转，又需要被统治者的效忠，为此又必须采取愚民政策与文化专制主义。这就是秦文

化的逻辑。反之，集体的、大规模的手工业生产以及沟通生产与消费部门，周流天下的商业活动，却需要开放，需要一定程度的地方与部门的分权，与之相应；思想文化也不容易保守。这是齐文化的特点。

从文化变迁的角度看，中国历史上有两次大变局，一是春秋战国，封建改而郡县……郡县制的实质是将国家分成有层次的区域（行政区划）进行管理，变分土而治为分民而治，实现中央集权制，这是社会的进步。但集权过甚，则造成社会的停滞。在第一次变局之时，历史选择了秦文化，多元文化渐渐消融于小农经济的一元文化之中，如果当时是齐文化占了上风，则历史的进程会不会两样？

在历史学家的眼中，从经济、社会、文化、思想各方面来看，齐国更具有多元的丰富性。稷下学宫正是这种多元丰富性的生动体现。

所谓稷下学宫，是齐威王、齐宣王、齐湣王、齐襄王等数代齐国国君支持，在国都的稷门旁建立的学术机构，汇聚众多饱学之士，给予丰厚的待遇，所谓"开第康庄之衢，高门大屋尊宠之"（《史记·孟子荀卿列传》），一时称盛，《史记·田敬仲完世家》记述：

> 宣王喜文学游说之士，自如邹衍、淳于髡、田骈、接予、慎到、环渊之徒七十六人，皆赐列第，为上大夫，不治而议论，是以齐稷下学士复盛，且数百千人。

这么多的士人好住好吃，聚集在一处，"不治而议论"，就是不用他们管具体的治理政务，而仅需他们各抒己见，众声喧哗。这真是士人们自古以来的美梦啊！

于是，那时候已成立或正在逐渐成形之中的儒、道、法、名、阴阳等诸家，都争相在此显山露水，各逞其能。比如儒家，虽然两位儒学大师观念上存在诸多差异，但荀子曾在稷下学宫"三为祭酒"（《史记·孟子荀卿列传》），而孟子也曾游于此地，与稷下学宫中多位饱学能言之士有交集和论辩。不过依我看，稷下学宫在学术上最重要的成果是对"道家"的形成起了关键的推动作用。

战国、西汉时代所谓的"道家"，并非仅限于我们今天所认定的老、庄之"道家"，更准确地说，当时的"道家"是指"黄老之学"。《史记·魏其武安侯列传》谈到西汉极为推重黄老之学的窦太后，有一段话："太后好黄老之言，而魏其、武安、赵绾、王臧等务隆推儒术，贬道家言，是以窦太后滋不说魏其等。"是说那些推重"儒术"的士人贬抑"道家"，便自然引起偏好"黄老"的窦太后的强烈不满——从文字的对应上可以清楚地见出，"黄老"与"道家"是一回事。这一实指"黄老之学"的"道家"，在"罢黜百家、独尊儒术"的汉武帝之前，是西汉初年占据主导地位的政治哲学。这一政治哲学当然是具有非常现实的目标和实际的作用的，司马迁的父亲司马谈在评说那个时代的"道家"的时候，说它"与时迁移，应物变化，立俗施事，无所不宜"（《史记·太史公自序》）。

"黄老之学"的政治哲学，最简要的概括就是：虚实相应，动静结合，总揽分任，顺势而为。其中，"顺势而为"是非常重要的原则，其实就是汉代初期的休养生息政策的观念基础。至于"虚实相应，动静结合，总揽分任"，不妨来看一个实际的例子，《史记·陈丞相世家》记载，刘邦驾崩后，吕太后势力一时笼罩天下，待她去世，经过激烈的政治斗争，汉文帝即位。汉文帝原先是位很边缘的宗亲子弟，刚从自己的封地来京城，一时弄不清状况，后来逐渐明了，很关心国家到底是怎么治理的，于是就问右丞相周勃："天下一岁决狱几何？""天下一岁钱谷出入几何？"周勃是武将出身，不晓得答案，几个问题下来，很紧张，汗流浃背。文帝于是问左丞相陈平，陈平回答得非常清楚："'有主者。'上曰：'主者谓谁？'平曰：'陛下即问决狱，责廷尉；问钱谷，责治粟内史。'"所谓"有主者"，就是说皇帝想知道什么事情，直接去问负责的人就好了。于是文帝就很奇怪，便问："苟各有主者，而君所主者何事也？"这些事都有负责的人，那要你做什么呢？陈平回答说："宰相者，上佐天子理阴阳，顺四时，下育万物之宜，外镇抚四夷诸侯，内亲附百姓，使卿大夫各得任其职焉。"陈平的回答非常典型，代表了黄老政治哲学的原则：宰相是总揽全局的，虚而不具体做事，底下的官员才是实而干实事的。这一认识和态度，用较抽象的理念来表述就是：上无为而下有为。

这一理念早在稷下学宫这里已成为基本的认知。司马迁曾提到，活跃于稷下学宫的慎到、田骈、接予、环渊等，"皆学黄老道德之术"（《史记·孟子荀卿列传》）。慎到的文字里就明确提到君臣上下之别："君臣之道，臣事事而君无事，君逸乐而臣任劳，臣尽智力以善其事，而君无与焉。"（《慎子·民杂》）对稷下之学而言，还有一部归名于齐国早先的重要人物管仲的书，但这部书如今都认为绝不能认定是管子个人的著述，而是齐学尤其是稷下之学的渊薮，《管子·君臣》篇也非常清楚地将上下君臣的责任做了区分：“上之人明其道，下之人守其职，上下之分不同任，而复合为一体。”——由此可见，稷下之学对后世的政治现实有非常重要的先导、启示。这其实也非常符合古时对稷下学者的认识：

《史记·孟子荀卿列传》：“自邹衍与齐之稷下学者……各著书言治乱之事，以干世主。”

《新序·杂事》：“稷下学者喜议政事。”

《盐铁论·论儒》：“齐宣王褒儒尊学，孟轲、淳于髡之徒受上大夫之禄，不任职而论国事。”

《风俗通义·穷通》：“齐威、宣王之时，聚天下贤士于稷下，尊宠之，若邹衍、田骈、淳于髡之属甚众，号曰列大夫，皆世所称，咸作书刺世。”

其实从先秦的百家争鸣以下，诸子的学术都有着现实的面向，蕴含着他们的淑世怀抱，西汉初年《淮南子》就清楚地指出，诸子之兴起，是为“救世之弊”（《要略》）。

由此而论，陈歆耕先生所著的《稷下先生》在梳理了“稷下学宫”的历史始末等基本情形之后，即首先着力写“面‘刺’寡人”部分，指明稷下学者们：

有的人着力探讨形而上的宇宙问题，个体生命最佳的存在方式、修身之道。但更多的人着眼于探索天下兴亡、盛衰的内在规律，力图使自己的才华、智慧有益于世。

是非常之允当，抓住了关键的。

其后，歃耕先生自然不废稷下先生们多样丰富的学术思辨，有根有据，一一道来。特别值得提出，歃耕先生此书，灵活自如地调用了各种子书、史籍，缀合、勾画了稷下智者们的言谈、举止，细看是一幅幅小景，但统而观之，则蔚为大观，具体而全面地展示了稷下学宫的智慧生活。

不唯此也，歃耕先生接着浓墨重彩地书写了与稷下学宫相关的学者之中最有名也最重要的两位儒学大师：孟子和荀子。在稷下学宫的背景下，孟、荀的思想形象得到更鲜明的突显；因两位的存在，稷下学宫更得到高光呈现。最后的"断简残章"，应该说是作者太过谦逊的命名，在这一部分，他放开眼光和思想，笔下扩至更多的诸子大家，心意更升腾至士人在文化之中的价值和意义，许多歃耕先生的自家体悟和意见，或许很值得读者鉴察。

我与歃耕先生相识既久，往还实少，最深刻的印象乃恂恂君子。今拜读《稷下先生》大作，更真切感知到作者为学之踏实恳切和内心情思之激越。承歃耕先生青睐，邀晚生为序，不能辞，谨述学习之后的感想与印象如上。

2024 年 12 月 5 日

陈引驰 复旦大学中文系教授、博士生导师，曾任中文系主任（2012—2020），现任复旦大学图书馆馆长、中华文明国际研究中心主任。研究领域为中国古代文学与文学理论、道家思想与文学、中古佛教文学、近现代学术思想、海外汉学等。

自序　开启智慧殿堂的"钥匙"

正如我们要把握黄河、长江的脉络、流向，必须溯其源；而要把握中华文明的脉络、流向，也必须寻其根。

若干年前，文学界曾有"寻根文学"一说，但也只是停留在"一说"，便如流云般随风飘散。

中华文明经历远古漫长的孕育，至春秋战国时诸子百家学术横空出世，进入了它的喷发期。周王室衰微，诸侯纷争，兵革并起，平民饥号，有识之士竞相提供解决之道，以救时弊，使天下复归和谐安定，让百姓有活路。天下乱，诸子出。史学大家吕思勉称："历代学术，纯为我所自创者，实自先秦学术耳。"①近代思想大家梁启超则言："故合世界史通观之，上世史时代学术思想，我中华第一也；泰西虽有希腊梭格拉底、亚里士多德诸贤，然安能及我先秦诸子？"②梁先生的"文化自信"固然令吾辈钦仰，但"第一"说无妨视作一家之言。先秦诸子人数之众多，也

---

① 吕思勉《先秦学术概论》，岳麓书社2010年12月版。

② 梁启超《论中国学术思想变迁之大势》，上海古籍出版社2019年5月版。

堪称世界之最。我们耳熟能详的有老子、孔子、庄子、孟子、荀子、墨子、邹衍、韩非子等。实际上还有很多同时代响当当的风云人物，或因述而不作，或因著述散佚，被历史的烟尘湮没，使后人无法一睹其学术面貌的真颜。他们的形迹，偶尔在浩瀚的史料中倏忽闪过，就足以让后人为之高山仰止、景行行止了，如颜斶、鲁仲连、黔娄……

在那个思想、智慧如雷电轰鸣、迸射的"轴心时代"，从春秋至战国初期，公元前374年，齐国创办稷下学宫，以优厚待遇广纳天下贤才，高度包容开放，一时天下人才荟萃、群贤毕至，将诸子学术推向巅峰，形成了"百家飚骇"、云蒸霞蔚的学术气象。各领域都有突破性的开风气之先的思想"亮点"，大师级的思想文化人物成批涌现。百川汇流，在这里形成了汪洋恣肆的大海。进入学宫的贤能不任职，却可享受士大夫优厚俸禄。官方出资办学，高堂大屋，待遇不菲，却可私人授徒讲学。各家学说异见纷呈，庙堂无人来划杠杠，判是非。来者恭候，去者礼送。如此持续150余年，先后吸引了一大批以孟子、荀子、淳于髡、慎子、邹衍、鲁仲连等为代表的各路学派大咖，在这里绽放智慧光芒。这光芒不仅辐射中国数千年历史，其光谱对构建人类更高政治文明形态，也具有无可替代的价值。这些，需今人仔细盘点，再度辨识。

在这里，你可以听到淳于髡在君王面前发出的肆无忌惮的狂放笑声；

你可观赏到颜斶在宫殿台阶下不肯向前一步叩拜的坚挺的脊梁；

你可感受到孟夫子"欲平治天下，当今之世舍我其谁"的浩

《孔子见老子画像》

然之气；

你会惊诧于一代侯王会脱靴去叩访凿洞为室、家徒四壁的士子黔娄；

你的耳畔会回荡荀卿对秦政犀利的批判；

你可仰观宁可蹈海、义不入秦的鲁仲连洒脱不羁的身影……

他们是稷下先生，但仅仅是诸子的少数代表。还有许多巨公大贤，隐藏在历史褶皱的深处，有待我们继续探寻。面对他们，我们除了燃香叩拜，也亟待做深度的反思。以此安妥我们自身的灵魂，也拯救人类命运面临的困境。

"稷下学宫"、先秦学术，如同开启中国历史文化大门的一把"金钥匙"，从这里出发，我们可以踏勘、追寻、梳理中国思想人文之河，如何滔滔不绝穿过数千年的源流，可以看到水流如何——时而跌宕起伏，时而一泻千里，时而震荡呼号，时而暗流涌动，时而左冲右突，时而泥沙俱下，时而清浊分明，时而浑然一团，时而浩渺无垠，时而逼仄拥堵，但从未断流过……

它既有历经九曲回环奔向大海的主干道，同时又向四面八方辐射、渗透、浸润。它流淌在每个中国人的血管里，嵌入到中国人基因编码的序列上，飞扬在呼吸道的气息中……

本著不是学术专著，笔者仍然延续了过往写作历史非虚构的叙事风格，用史实、人物承载史识。力求用"白开水"般的文字，涉足"啃酱棒骨"般难解的问题。当然，要真正领略稷下诸子经典的文气和精髓，也还是需要细研原典的。但愿此著能起到桥梁的作用，期待更多读者越过桥梁到对岸，欣赏更美的风景。

面对浩如烟海的经史子集，笔者仅能取一瓢饮。局限、偏见、遗漏、狭隘在所难免。谨以此就教于方家高人。去伪存真、去粗取精的路途漫漫，需要更多"后浪"继续前行。

2024年8月3日于耕乐堂

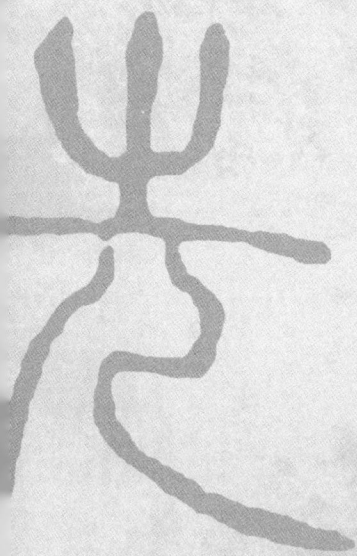

引言

轴心时代

春秋战国时期，通常被学界称为中华文明的"轴心时代"。

而支撑那个时代的"轴"，就是诸子百家伟岸的身躯。他们是人类智慧的发光体，过去、现在、未来，都曾经或继续为人类输送源源不断的光能，烛照晦暗的社会和人性角落……

那是一个思想智慧大爆炸的时代，是一个迸发无数奇思妙想的时代，是思维撞击、交融、风雷激荡的时代……

我们因此而惊叹：中华文明曾有过如此挺立在云端巅峰的高光时刻。

也许是一个无法回避的世界级难题，人类科技在惊人地飞速发展，而人文生态进化的脚步却是如此沉重滞缓。持智能手机的人类，需要向用竹简刻字的先贤，请教宇宙运行、社会治理、生命存在方式的终极问题。

让我们仰观或俯察，看看那些"轴"是否还坚挺着？它们有否被雾霾遮蔽、被斧钺斫伤，或被野火焚成槁木？

我们该叩问苍天，叩问大地，叩问河流，叩问山脉，叩问胸膛——

那些曾经的"轴"究竟在哪里？

大道至"远"，"远方"有多"远"？

……

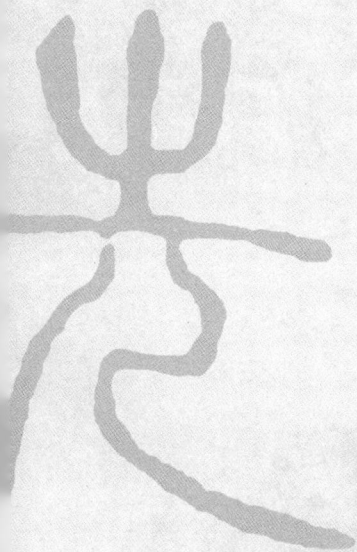
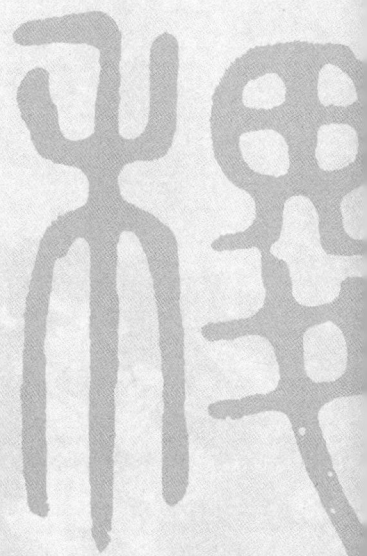

卷一

稷下学宫

致千里之奇士，总百家之伟说。

——司马光《稷下赋》

这是一片特异的土地。"特异"在何处？

因其处黄河中下游，沾黄河水汽而"特"？——否。处黄河中下游的城、府、邑、里有无数。

因西南方有连绵不绝的山脉？——否。这里的山，海拔最高处也仅1108米，其余高度皆千米之下，无一听就炸耳的名山大川。

因有一条名系水的河"傍城北流"？——否。虽然郦道元在《水经注》中有记载，但知道"系水河"的人，实在寥寥无几，乃至当地一些人被问到，也会一脸茫然。

仅仅从地理位置上称其"特异"，并无"特异"优势。中国乃至全球也许有无数类似的地标。

但此处确实"奇特"，"奇特"到与古希腊柏拉图学园一样，是人类思想哲学生发的原点。它们在世界哲学史上，并称为"东西双璧"。

这是一处整个人类都该翘首仰望的地方。

它有一个古老的名称，诞生于公元前374年，记载在各种史书典籍上，名为："稷下学""稷下之学""稷下之宫"……经过漫长的历史演变，后人赋予它一个更为精确的称谓：

稷下学宫——因位于齐国都城临淄稷门（西门）一侧而得名。

壁立千仞的"智慧高峰"

钱穆"昌隆"论

"稷下学宫"是一个什么处所？是做什么的？如果两年前有人向我提出类似的问题，就如同问当地人"系水河"在何处，笔者也会一脸茫然。

写毕《蔡京沉浮》后，笔者继续钻故纸堆，先集中读了三部有关史学大家钱穆的书：《中国历代政治得失》《国史新论》《钱穆与中国文化》。读毕，翻闲书的"西瓜皮"滑到了钱穆的另一部重要著作《先秦诸子系年》，其中有一节"稷下通考"：

> 扶植战国学术，使臻昌隆盛遂之境者，初推魏文，既则齐之稷下。稷下者，《史记·田齐世家集解》引刘向《别录》云："齐有稷门，城门也。谈说之士，期会于稷下也。"徐干《中论·亡国篇》："齐桓公立稷下之宫，设大夫之号，招致贤人而尊宠之，孟轲之徒皆游于齐。"是稷下始于田午也。《新序》："邹忌既为齐相，稷下先生淳于髡之属七十二人，皆轻邹忌，相与往见。"是威王时已有稷下先生之称也。《田齐世家》："宣王喜文学游说之士，自如邹衍淳于髡田骈接子慎到环渊之徒七十六人，皆赐列第为上大夫，不治而议论。

齐稷下学士复盛，且数百千人。"是至宣王时而稷下大兴也。《盐铁论》："及湣王奋二世之余烈，南举楚淮北，并巨宋，苞十二国。西摧三晋，却强秦，五国宾从。邹鲁之君，泗上诸侯，皆入臣。矜功不休，百姓不堪，诸儒分散。慎到接子亡去，田骈如薛，而孙（荀）卿适楚。"是稷下先生散于湣王之末世也。《孟荀列传》："田骈之属皆巳死，齐襄王时，而荀卿最为老师。齐尚修列大夫之缺，而荀卿三为祭酒。"是至襄王时而稷下复兴也。至王建之世则无闻。然史称邹衍邹奭皆稷下先生，是其制犹存也。盖齐之稷下，始自桓公，历威宣湣襄，前后五世，垂及王建，终齐之亡，逾百年外，可谓盛矣。

钱穆这段考证文字，落脚在最后一段话，堪称一部极简稷下学宫兴衰史。稷下学宫从齐桓公时创建，历经五代君王，终结于秦灭六国，时长超过百年，在中国漫长的古代史中，论人才汇集之多，办学时间之长，能找到第二所吗？其"盛"当然不仅仅是时间的长度，请继续看"通考"文字：

《新序》又云："齐稷下先生喜议政事。"此稷下之学风也。上自淳于髡，下至荀卿，莫不皆然。《田齐世家》云："稷下学士不治而议论。"不治者，田骈设不宦之义，而淳于髡以终身不仕见称，此稷下之行谊也。故游稷下者称学士，其前辈称先生，尤尊推老师。淳于髡游梁，惠王称淳于先生。齐人讥田骈，亦呼先生。孟子遇宋牼于石丘，曰："先生将何之？"荀卿之来稷下，初称游学，后为老师。宋轻尹文之言曰："先生恐不得饱，弟子虽饥，不忘天下。"皆是也。而稷下复有讲室，此稷下之组织也。言其禄养，《孟荀列传》有云："自如淳于髡以下，命日列大夫，为开第康庄之衢，高门大屋尊宠之。"《齐策》或人讥田骈曰："赀养千钟，徒百人。"齐宣王之于孟子曰："将中国授室，养弟子以万钟。"此稷下之生活也。游稷下者，既得优游禄养，而无政事之劳，故相率以著书讲学为事。《孟荀列传》所谓："各著书言治乱之事以干世主，岂可胜道。"刘向《荀子目录》所谓"咸作书刺世"者也。此则稷下之事业也。其姓名显著者，有淳于髡慎到田骈环渊接子宋钘尹文邹衍邹奭荀卿，既各分篇考辨其年世行事，爰综述其前后兴衰之大要焉。[1]

钱穆在"通考"的后段文字中，对稷下学宫的功能、学风、入宫者因学识辈分不同而具有的不同称谓名分做了概述。由此，我们知道了，战国学术，也即今天所通称的"诸子百家"，至齐之稷下时，达到了巅峰状态。而达到这一境界的幕后推手则为齐国君主高度重视招贤纳士，对于那些具有真才实学的士人，"命曰列大夫，为开第康庄之衢，高门大屋尊宠之"。通往学宫的道路之宽阔，为当时之最，来往可通行六辆马车，车辚辚，马萧萧，可以想见其时各路人才蜂拥而至的盛景。士人们享受着士大

---

① 钱穆《先秦诸子系年》七五"稷下通考"，人民文学出版社2021年11月版。

夫的俸禄，住在坚实高大的学舍内，无行政事务之劳苦。他们唯一需要操心的是脑洞大开，将那些有助国家治理、有助社会祥和、有助百姓安居乐业的奇思妙想迸发出来……

史书称他们"著书言治乱之事以干世主"，说明他们是心怀天下苍生、心系国家命运的知识精英，并不是享受优裕生活待遇而无所事事的读书人。他们是贤人，不是闲人。

郭沫若"高峰说"

在钱穆先生的《先秦诸子系年》面世后十余年，郭沫若出版了《十批判书》。在该书中对稷下学宫表述了类似的关注：

> 齐国在威、宣两代，还承续着春秋末年养士的风习，曾成为一时学者荟萃的中心，周、秦诸子的盛况是在这儿形成了一个最高峰的。[1]

李劼称其为"历史文化大手笔"

海外汉学家李劼先生在一部重点评述先秦诸子百家的文化史著《中国文化冷风景》中称：

---

[1]　郭沫若《十批判书》，人民出版社2012年3月版。

·战国时代的齐桓公田午创立稷下学宫，繁荣诸子百家文化，影响超过孔丘讲学。

·田午创立稷下学宫，乃历史文化大手笔。百家荟萃，名流如云。其中邹衍、淳于髡、田骈、接子、慎到、环渊者，皆其时响当当的文化大家。古希腊的雅典学院，系后人根据历史所画。先秦稷下学派却是实实在在的人文图景……

·稷下学宫诸子，才学人品俱佳。①

在列举稷下学宫的那些响当当的贤人时，李劼先生出于某种学术偏见，却漏列了最为响当当的两位人物——孟子、荀子，是不应该的。他们是稷下先生群体中，两面最为耀眼的旗帜。当然这么说，也可能导致与史实有差距的偏颇。因为秦灭六国后，很多稷下先生的著述，毁之于一把大火，使得后人难以了解他们深邃的思想和精神。

诸如淳于髡，曾带领稷下学子，以"考官"的气势，居高临下地辩难新任的齐国宰相，看他是不是适合担任如此重要的岗位。但今日除了在学术圈小范围内，有几人知道淳于髡的大名。如此被湮没的伟人又何止淳于髡？

李劼先生早年曾为华东师范大学钱谷融先生的硕士研究生，

---

① 李劼《中国文化冷风景》，台湾允晨文化实业股份有限公司2013年2月版。

旅居海外数十年，著作等身。他的著述和演讲指点江山，激情澎湃，口若悬河，才情横溢……如果生逢战国时代，起码可以当个"纵横家"。

这部《中国文化冷风景》有他鲜明的性情标识，书中惊人之语不断，新见迭出，"偏见"乃至"谬见"也颇多。李劼先生既有文学家的激情，又有学问家的洞见。这二者有时不适当地搅拌在一起，弄得好端端的一部学术专著，谬见与洞见共存、激情澎湃与荒腔走板齐飞。他大批孔、孟，大捧"拔一毛利天下而不为"的杨朱之学。杨朱之学行之不远，实在是与什么专制无关，而是无法成为社会的共识。

但我宁可读这样有新见也有偏见、谬见的学术著作，而远离那些看起来句句正确的长文呆论。

李劼先生对中国历史文化充满了反思与批判，但对稷下学宫却不吝赞誉，无一贬词。

司马光之"伟说"

无论是钱穆、郭沫若先生，还是当代海外汉学家李劼先生，他们似乎都疏忽了，在中国历史上，还有一位大名鼎鼎的史学家司马光，曾单就稷下学宫写过一篇文章，题为《稷下赋》，对一窥稷下学宫当年之盛况和百家争鸣的风尚，具有重要的史学价值：

稷下赋
齐王乐五帝之遗风，嘉三王之茂烈，致千里之奇士，总百家之伟说。于是筑钜馆，临康衢，盛处士之游，壮学者之居。美矣哉！高门横闳，厦屋长檐，樽罍（酒具）明洁，几杖清严。尔乃杂佩华缨，净冠素履，端居危坐，规行矩止。相与奋鬐横议，投袂高谈，下论孔、墨，上述羲、炎。树同拔异，辨是分非，荣誉樵株，为之翳蔚；訾毁珵美，化为瑕疵。譬若兰芷蒿莎，布濩于云梦之洳，鸿鸹鸳鸰，鼓舞于渤澥之涯。

于是齐王沛然来游，欣然自喜，谓稷下之富，尽海内之美，慨乎有自得之志矣。祭酒荀卿进而称曰："吾王辟仁义之涂，殖诗书之林，安人之虑广，致治之意深。然而诸侯未服，四邻交侵，士有行役之怨，民有愁痛之音。意者，臣等道术之浅薄，未足以称王之用心故也。"王曰："先生之责寡人深矣，愿卒闻之。"对曰："臣闻之，玟珷（像玉的石头）乱玉，鱼目间珠。泥沙涨者其泉溷（浑浊）；莨莠茂者其谷芜。纲者弃纲而失叙，行者多歧而丧涂。今是非一概，邪正同区，异端角进，大道羁孤，何以齐踪于夏商，继轸于唐虞？诚能拨去浮末，敦明本初，修先王之典礼，践大圣之规模。德被品物，威加海隅；忠正修列，逸邪放趹。行其言不必饱其腹，用其道不必暖其肤。使臣饭粱啮肥而餐骄君之禄，不若荷锄秉耒而为尧舜之徒。惜夫！美食华衣，高堂闲室，凤藻鸱义，豹文麇质。诵无用之言，费难得之日。民未治而不与其忧，国将危而不知其失。臣窃以大王为徒慕养贤之名，而未睹用贤之实也已。"[1]

---

[1]《司马光集》卷一，四川大学出版社2010年2月版。

文中称荀子为"祭酒"，证明该文所描述的景象和事件，应该发生在稷下学宫中后期。荀子前后在稷下学宫进进出出长达数十年，前期是学士，至晚年才在学宫先后三任祭酒（学宫主持人）。时间当在公元前279年，齐襄王之后。因此文中说，"嘉三王之茂烈"，此"三王"应是指公元前356年至公元前301年在位的齐威王、齐宣王和齐湣王。齐桓公创建稷下学宫，至齐宣王时达到鼎盛，一时天下英才，尽揽于宫，"致千里之奇士，总百家之伟说"，可谓气象万千，驰誉四海。而到了齐湣王后期，因攻城略地、吞并四邻、穷兵黩武、不听谏言，导致人才流散，稷下学宫几乎名存实亡，齐国也处于危亡边缘。继任的齐襄王吸取其惨痛教训，力图重振齐国，重修学宫，广纳贤才，稷下学宫又恢复了司马光所描述的往日气象。但"高门横闶""厦屋长檐"容易做到，真正采纳谏言，将之化为治国理政的国策，才能真正发挥稷下学宫的作用。《稷下赋》上半部分描述稷下学宫兴盛的景观，下半部分是荀子与齐王的对话，这是司马光写此赋的题旨所在。但解读其内容，会让人产生困惑，不知其中荀子的一段话所据何本？有多少真正体现了荀子的理念？又有哪些属于"司马光曰"？真有些说不清楚。从《荀子》及《史记·孟子荀卿列传》中，找不到荀子与齐王对话的记载。不管是真的出自荀子，还是司马光的"私意"，起码有两点是需要商榷的。

其一，将百家争鸣的良好学术生态，描述成"斌玞乱玉，鱼目间珠"，试图将百家之说，一统为一家之说，显然破坏了稷下学宫"奋髯横议"的功能，会导致思想的禁锢。如果这般，稷下学宫就不是为后人景仰的伟大创举了。齐王可以择一家用来治理国家，但学宫却不能弄成"一言堂"。

其二，荀子（司马光）认为"行其言不必饱其腹，用其道不必暖其肤"，不需要用丰厚的生活待遇来养这些稷下学士，让他们"荷锄秉耒"，"而为尧舜之徒"。真的是站着说话不腰疼啊！如果让司马光成天"荷锄秉耒"，"汗滴禾下土"，他哪来的精力和时间，去编撰《资治通鉴》？

不管此赋有多少反映了荀子的真实思想，还是司马光自己的"私意"，从认识稷下学宫的地位角度考量，有其中一句"致千里之奇士，总百家之伟说"，就足以让我们欣慰和仰观了。我们只需知道，这位一流的史学大家，对稷下学宫也曾有过高度关注和推崇。

"百家飚骇"的人文奇观

稷下学宫是孕育东方智慧的伟大摇篮，是人类智慧的"风暴眼"，是迸发无数奇思妙想的"魔盒"，是闪射思想"光"与"电"的原生智库……

刘勰评述"稷下扇其清风"，"百家飚骇"；曹植赞誉"人人自谓握灵蛇之珠，家家自谓抱荆山之玉"；梁启超呼其"前空往劫，后绝来尘"……当代学者王志民称其为"世界文明史上的奇观"，是名不虚传的。

龚自珍诗中所写的"万马齐喑"，在这里正相反！

稷下学宫"得天下英才而育之"。曾在这里讲学和求学的先生、学士究竟有多少人呢？

史书中有多处记载，说法不尽一致。应该说，在不同的时期，人数是浮动不定的。按照稷下学宫来者恭迎、去者奉送，来去自由的规则，这里的人员是川流不息的。有点像大洋深处的鱼群，分分合合，时多时少。

《史记·田敬仲完世家》记载："宣王喜文学游说之士，自如邹衍、淳于髡、田骈、接予、慎到、环渊之徒七十六，皆赐列第，为上大夫，不治而议论，是以齐稷下学士复盛，且数百千人。"

"数百千人"是一个模糊的说法。

这里描述的是齐宣王时期。

《孟子·滕文公下》称其："后车数十乘，从者数百人。"这里说仅孟子一人，学徒就有数百人。

稷下先生淳于髡仙逝时，"诸弟子三千人为衰经"①。

这里所称"三千人"是指淳于髡一人的弟子，还是正在学宫授学的诸先生的弟子？

总之，无论哪一种记载，皆能说明稷下学宫当时聚集学人之多，堪为战国之最。

钱穆在《先秦诸子系年》中，列出了十七位活跃于齐国各时期稷下学宫的主要领军人物，他们是：淳于髡、孟轲、彭蒙、宋钘、尹文、慎到、接子、季真、田骈、环渊、王斗、儿说、荀况、邹衍、邹奭、田巴、鲁仲连。

---

① 经，古时服丧系在头上或腰间的麻布带子。《太平寰宇记》卷十九，《临淄稷下学宫简史》，济南出版社2016年9月版。

钱穆先生在孟轲名后用括号加了"？"，意为孟轲是否确定为稷下先生似有待考证。笔者认为，只要读过《孟子》全书，不难得出结论。《孟子》中有多篇重要文章，记载了孟子在齐国的活动，其中有与齐宣王的对话，有与稷下诸子的学术争锋。他的身影和足迹，怎么可能不在稷下学宫这么重要的学术圣地驻留呢？

孟子为稷下先生，当是无可置疑的。

有史料可证，稷下先生的主要成员，要超过钱穆先生所列。

有一部当代学者所撰稷下史著，论述屈原《离骚》受到稷下诸子学说的影响，其汪洋恣肆、文辞瑰丽而又哲思深邃的词句，与稷下学有着深度的交融。屈原在齐宣王时期，确也曾担任使臣到过齐国。但是否曾到稷下考察或游学，则无史籍记载。至于屈原是否曾受到稷下学的浸润，则不必做无端揣测。屈子历来被视为文学大家而广受称誉，将其同时视作思想大家，倒是一个新的视角。他以独特盖世的文气和浩然之气，位列诸子百家重要一员应是实至名归。

有论家将稷下学宫涉及的主要学术论题，概括为六个大的方面：

天人之辩；

古今之辩；

礼法、道法、王霸之辩；

"白马非马"及名、实之辩；

义利之辩；

人性之辩；

……①

另据史料所载，稷下先生涉及的论题，远远要超过六个。仅仅是名家学派，所涉及的话题起码就有二十一个。这些话题，在今人看来也几乎是不可思议的，甚至根本无法回答：

卵有毛（卵中有羽毛）；

鸡三足（鸡有三只脚）；

郢有天下（楚国郢都有天下那么大）；

犬可以为羊（犬可以是羊）；

马有卵（马也是卵生的）；

丁子有尾（蛤蟆有尾巴）；

火不热（火是不热的）；

山出口（山出自口）；

轮不辗地（车轮在行走中不需要辗地）；

目不见（仅目不足见）；

指不至，至不绝（事不能到达物的实际，即便到达也不能绝对穷尽）；

龟长于蛇（乌龟比蛇长）；

狗非犬（狗并非是犬）；

白狗黑（白狗是黑的）

……②

这些话题看似荒唐可笑，却引发出无穷尽的形而上的思辨。

---

① 刘蔚华、苗润田《稷下学史》，中国广播电视出版社1992年4月版。

② 陈鼓应《庄子今注今译》（下），中华书局1983年4月版。

立论者居然也能通过口舌之辩，让驳论者连连败下阵去。如庄子所言："能胜人之口，不能服人之心。"

鸡会有三只脚吗？立论者通过雄辩会告诉你，鸡确有三只脚。笔者将之戏言为"概念事实"，在论说概念中是存在的。但如果你去鸡窝抓一只鸡反复地数，那就不是论辩，而是实证了。思维的方式，不在一个层面上。指鹿可以为马，鸡为何不会有三只脚？

驳论者目瞪口呆，可能因为两个原因：一是双方的思维方式完全不同，如同夏虫不可语于冰；二是神经传导信息和舌头转动的速度，双方的差距甚大。面对超常的新话题，需要超常的思维方式来应对。

后之学者，面对这些似乎古怪话题所作的阐释，也持论缤纷，无法形成共识。

没有"古怪"，没有"超常"，没有"碰撞"……怎会有"雷"与"电"的迸射？

由此，我们可以感受到稷下学宫博大包容、万马嘶鸣的学术气象。

学宫守则

从现有的研究稷下学宫的众多著作可知，收入《管子》的《弟子职》一文，通常被视作稷下学宫的"学宫守则"。此文对稷下学子的行为举止，作了巨细靡遗的规范。有些规则精细到令人咋舌的程度。

这就带来一个疑问：管仲是齐国首任宰相，也是一位伟大的政治家，他辅佐齐桓公成就了齐国的春秋霸业，其时间当在公元前719（？）—公元前645年，而稷下学宫创办于田氏代齐之时，管仲怎么可能为后世创办的学宫立法？

史学界的研究表明，《管子》"是一部托名管子的著作"，或者说是由齐国学人撰写的一部体现管仲治国理政思想的书，也有很多人将之列为最具稷下学宫学术思想的"黄老之学"的代表著作。其中最早的篇章可上溯至春秋后期，另有大量文章应该是由稷下学宫诸多的先生和弟子们共同完成的。以此，我们也可以进一步理解稷下先生和学子，为战国学术所作出的卓越贡献。《管子》风行于战国晚期，其中凝聚着稷下学宫先生和学子的心血，当是无可置疑的。

如此解读，《弟子职》为"学宫守则"则在情理之中了。《弟子职》的核心元素为"尊师"，齐王尊贤，入学的弟子理当养成尊师的习惯，让这一理念不仅入脑入心，更要通过肢体语言来体现——

弟子应该遵守的规则①

总则

先生教弟子时，弟子一定要谦恭虚心地聆听教诲，这样才能真正领悟先生传授的学识。

---

① 李山、轩新丽译注《管子》"弟子职"，中华书局2019年4月版。标题为作者所拟。

清　邓石如　《篆书弟子职》（局部）

（原文："先生施教，弟子是则。温恭自虚，所受是极。"）

弟子的学习态度要温和，对先生要敬重。尤其对先生所传授的涉及"善"与"义"的教义，一定要心服口服。不得对先生傲慢无礼，不得虚伪邪蛮。行为举止要端正。弟子外出、居家都要遵守规则，要与有德的人交往。听课时神色要庄重，衣饰要整洁。早起晚睡，攻读学业，绝不懈怠。这是对弟子的总的要求。

（原文："见善从之，闻义则服。温柔孝悌，毋骄恃力。志毋虚邪，行必正直。游居有常，必就有德。颜色整齐，中心必式。夙兴夜寐，衣带必饬。朝益暮习，小心翼翼。一此不解，是谓学则。"）

洗漱

年轻弟子，必须晚睡早起。先将先生坐席前打扫干净而后自己洗漱。要提着衣襟为先生备好洗漱用具。先生洗漱好了，撤去洗漱用具。再去打扫干净屋子、摆放好先生的坐席，以便先生入席授课。

（原文："少者之事，夜寐蚤作。既拼盥漱，执事有恪。摄衣共盥，先生乃作。"）

听课

撤去洗漱用具，放好坐席后，先生开始讲课。弟子进出，如同对待宾客，对先生要恭恭敬敬。听课时端正地对着先生坐着，不得表现出轻浮的神色。先生授课时，先从年长的弟子开始。第一次如此，一周后就不分先后了。第一次诵读先生教授的课文要站立，此后就不必了。

（原文："沃盥彻盥，泛拼正席，先生乃坐。出入恭敬，如见宾客。危坐乡师，颜色毋怍。受业之纪，必由长始。一周则然，其余则否。始诵必作，其次则已。"）

弟子的言论与行为，要符合中正的道义。古代兴盛的朝代，都是这么做的。有后到的同学要入席，如果地方狭窄，同学要以礼相待，站起来为新同学挪出空位。其间有宾客来访，要立即趋前接待，询问对方来意，尽可能满足访客的需求。若来宾要找的人不在，则应尽快回复。接待完毕访客，立即回到坐席，继续听先生讲学。遇到不解的问题，应该拱手起立向先生求教。先生在授课结束离席时，弟子要全部起立。

（原文："凡言与行，思中以为纪。古之将兴者，必由此始。后至就席，狭坐则起。若有宾客，弟子骏作。对客无让，应且遂行，趋进受命。所求虽不在，必以反命。反坐复业，若有所疑，捧手问之。师出皆起。"）

就餐

到了就餐的时候，弟子先要给先生摆好餐具。把手洗干净，挽起衣袖，然后跪坐着给先生呈上饭菜。要注意摆放食物的先后位置，先放蔬菜羹汤，次放鸟兽鱼鳖等肉食，汤羹与肉要错开摆放，肉食放在汤的前面。最后再上饭食。各类食物要摆成正方形，在食物左侧放酒，右侧放漱口水。摆放完毕，请先生用餐，自己在一旁拱手站立。

（原文："至于食时，先生将食，弟子馔馈。摄衽盥漱，跪坐而馈。置酱错食，陈膳毋悖。凡置彼食，鸟兽鱼鳖，必先菜羹。羹胾中别，胾在酱前，其设要方。饭是为卒，左酒右浆。告具而退，捧手而立。"）

为先生预备的酒饭量，通常是三碗饭两斗酒。拱手站立的弟子，在左侧的执添饭的器具，负责添饭；站右侧的手持汤勺，负责续添汤羹。如果添饭器具柄较长，弟子则不必跪着。要注意先生进食的情况，吃得差不多了及时添加。如果多位先生吃得快尽时，先给年长的添加。先生进食完毕，弟子赶紧撤下餐具，呈上洗漱用具，再打扫干净餐席。

（原文："三饭二斗，左执虚豆，右执挟匕。周还而贰，唯嗛之视。同嗛以齿，周则有始。柄尺不跪，是谓贰纪。先生已食，弟子乃彻。趋走进漱，拚前敛祭。"）

听到先生的吩咐，弟子开始用餐。按照年龄长序入席。入座后身体尽量靠前。吃饭时用手捧着碗，喝羹汤时则不必。空着的手可以放在膝盖上，不可将手肘压在席上。吃饱后用手擦干净嘴边。抖一抖衣衫，打扫干净饭席，提起衣衫，退离坐席，然后撤去餐具，将之清洗后放回原处，再回来垂手而立。

（原文："先生有命，弟子乃食。以齿相要，坐必尽席。饭必捧擥，羹不以手。亦有据膝，毋有隐肘。既食乃饱，循咡覆手。振衽扫席，已食者作，抠衣而降。旋而乡席，各彻其馈，如于宾客。既彻并器，乃还而立。"）

洒扫

洒扫厅堂的时候，在盆子里盛上水，将衣袖挽至胳膊上。在大堂宽敞处，用手挥洒盆中水，在小屋内则轻轻细洒。清扫时，手持畚箕，将箕舌对着自己。从西南角开始，身体俯仰、手臂挥动时，注意勿要触碰别的物体，从前往后退着打扫。扫把要压低，防灰尘扬起。最后将垃圾倾倒在近门口指定处。倒垃圾时，箕舌对着自己。如果先生出来做事或经过则暂停。洒扫完毕，回来站立，等待先生吩咐。晚饭后也是如此。

（原文："凡拼之道，实水于盘，攘臂袂及肘。堂上则播洒，室中握手。执箕膺擖，厥中有帚。入户而立，其仪不贷。执帚下箕，倚于户侧。凡拼之纪，必由奥始。俯仰盘折，拼毋有彻。拼前而退，聚于户内。坐板排之，以叶适己。实帚于箕。先生若作，乃兴而辞。坐执而立，遂出弃之。既拼反立，是协是稽，暮食复礼。"）

照明

暮色降临时，弟子点燃火把，坐在屋子一角，为先生照明。用于燃烧的柴束，横着堆放在坐席的一侧。火把燃烧落下的灰烬，用碗装起来。右手举火把，左手用碗接存落下的灰烬。一人感到疲惫时，则由另一人替换。凡执炬者，不得背对先生。照明结束后，将所有灰烬汇集起来拿出去倒了。

（原文："昏将举火，执烛隅坐。错总之法，横于坐所。栉之远近，乃承厥火，居句如矩。蒸间容蒸。然者处下，捧碗以为绪。右手执烛，左手正栉。有堕代烛，交坐毋倍尊者。乃取厥栉，遂出是去。"）

晚习

先生将要休息时，弟子皆起立，为先生准备好枕席，并问清楚先生入睡时脚趾的朝向。第一次如此，以后就不必问了。先生休息了，弟子们需寻找友朋，互相交流、探讨，进一步消化、领悟、吸收先生授课的内容。这就是做弟子要遵守的规矩礼仪。

（原文："先生将息，弟子皆起。敬奉枕席，问何所趾。俶衽则请，有常则否。先生既息，各就其友。相切相磋，各长其仪。周则复始，是谓弟子之纪。"①）

笔者读了《弟子职》后，曾产生疑问，为何史料中只存有《弟子职》，而无《先生职》呢？学宫立规矩，先生与弟子应该同等对待。

我只能揣测，进入稷下学宫的先生，都是当时拥有崇高名望的学人。荀子曾三任学宫"祭酒"，相当于今日之校长。除了荀子，从学宫创立之始，就必然有齐国政府任命的"祭酒"，但至今不清楚，除了荀子，还有哪些高贤曾任"祭酒"？淳于髡可能

---

① 括号内均为《弟子职》原文摘录，译文为本著作者编撰。

是学宫早期的"祭酒"。"祭酒"的职能当然是要负责处理学宫运转的各项事务，规范越具体，管理越轻松。在各项事务中，必然牵涉到为进入学宫的先生设立准入"门槛"，否则岂不是鱼龙混杂？如何授徒服众？如听任无德无才、欺世盗名者进入，岂不是既误国害民，又误人子弟，同时也会砸掉学宫吸纳贤才的牌子？我想，学宫一定是有明确的准入机制的。只是因为文献的缺失，我们无法作更为详尽的考察。

李劼先生赞誉："稷下学宫诸子，才学人品俱佳。"如果非此，如何当得起《弟子职》中规范的那些弟子对先生的精致入微的尊重和侍服？

双峰并峙

有一种让人觉得不可思议的神秘：公元前600年至公元前300年之间，东西方几乎同步进入文明大跃升、大突破、大喷发的轴心时代。

一批站在人类文明智慧之巅的思想家、哲学家、科学家，登上风云际会的舞台。他们的智慧之光，至今仍在烛照人类前行的轨迹。

而近乎同时创设的中国稷下学宫与古希腊柏拉图学园，如同并峙在地球两端的珠穆朗玛峰和奥林匹斯山，汇集了同时代东西方的高端贤人。

公元前387年，古希腊著名哲学家柏拉图创办了柏拉图学园，地处古希腊传奇英雄阿卡德米居所的遗址上，由此培育诞生了一批追求真理正义、"爱智慧"的特殊群体。

相隔万重山、无垠浪，信息不通，无社交往来，怎会有如此的巧合？似乎冥冥之中有一双无形的手，在宇宙之中挥舞指挥棒，演奏撼动整个地球的交响乐章。

同为人类首创的高等学府，他们呈现出既同又异的形态。

地域不同：分别为齐国都城临淄与古希腊雅典，但都诞生了一批催生人类原生文明的世界级大师。

两者办学模式不尽相同：稷下学宫由官方出资，提供全部教学设施、生活物资，而听由私人（诸子）各派授徒讲学。柏拉图学园由柏拉图本人创办，他的讲学、授徒具有单一的传承性。

对于学宫、学园的管理，两者也稍有区别：稷下学宫的"祭酒"，由齐国王府任命。授徒的先生则来去自由。对于弟子的准入门槛，未见史书记载有刚性的标准，通常是要看先生是否愿意收留。而柏拉图学园的最高管理者则是柏拉图本人，后继人选则由柏拉图指定。学生的入学有严格的规定，如学园中立有"不懂几何者，禁止入内"的告示牌。

稷下学宫与柏拉图学园在办学理想与追求上有共通之处，也有拓展空间和延伸轨迹的不同之处：诸子学派缤纷，但主流的核心元素和追求的至高境界是成为"帝王师"。他们试图通过塑造帝王的"内圣外王"的人格形象，来创造一个理想的社会治理模式。在这一点上，与苏格拉底、柏拉图试图通过培养一批"哲学王"来统治城邦，创建公平、正义、追求智慧和美好生活的理想国，本质上并无区别。

稷下学宫诸子各派和古希腊哲学家，虽然都在思考人类终极命运的问题，但趋向有异。前者更多在人文社科领域有深刻而宏

唐　吴道子《先师孔子行教像》石刻拓片

大的探索，如天人关系、宇宙之道、生命存在方式、政治、经济、文学艺术、逻辑、法学等。而柏拉图学园则发展为科学研究的高地，在数学、几何学、天文学、动物学、植物学、地理学、宇宙学等领域不断取得卓越硕果。

稷下学宫从创设至秦灭六国时同步衰亡，历时150余年。而柏拉图学园于公元529年因战乱，被拜占庭皇帝查士丁尼下令关闭，历时900余年。两者都是人类思想史上不朽的精神殿堂，都对人类文明的进程提供了不灭的智慧。正如希腊雅典大学哲学学院院长海伦·卡拉玛伦古所说："中国的稷下学宫和希腊的柏拉图学园，分别位于世界的两端，又几乎同时建立，它们的发展与繁荣促进了古代思想的培育和传播。也促成了两国哲学思想的繁荣以及政治思想和文学创造力的兴起。"①

两座学府所处地域，都与山水草木相依，是人与自然万物高度融合的宝地。稷下学宫侧畔有系水涓涓流淌，而柏拉图学园紧依波光潋滟的克菲索河……

水滋润生命万物，更是喷发哲思之源。

---

① 王志民、〔希腊〕海伦·卡拉玛伦古主编《稷下学宫与柏拉图学园比较研究论集》，生活·读书·新知三联书店2021年7月版。

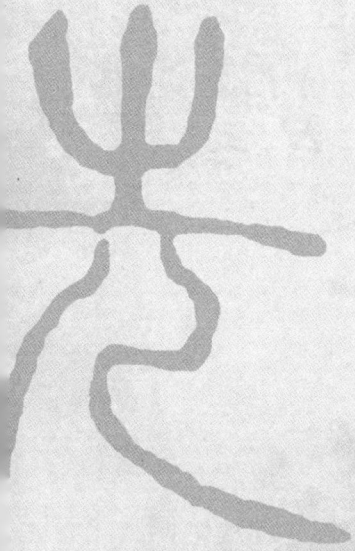

卷二

面『刺』寡人

能面刺寡人之过者，受上赏；上书谏寡人之过者，受中赏；能谤议于市朝，闻寡人之耳者，受下赏。

——齐威王（《战国策·齐策一》）

本卷"面'刺'寡人"及后续两卷"巅峰对决""浩然之气"，皆是讲述稷下先生不同类别的故事、形迹，也可称之为"故事新编"。这些故事当然都是来自史书的记载。

另需说明的是，对各卷稷下先生的故事排序不分先后，既不是以历史地位轻重排序，也不是以姓氏笔画排序。我想，稷下先贤们的在天之灵，是不会以现代人的浑浊目光来看待这类如同开会排座次的细节的。

齐桓公设稷下学宫，广揽天下贤人而尊崇之，让他们享受大夫的待遇，却无行政事务之烦劳，可以专心讲学、授徒，开展不同学术思想的论辩。但不等于这是一所从学术至学术的机构。统治者当然是希望他们为强国富民提供智慧的，有不少贤人也会被直接录用，进入王宫担任重要职务。而学宫的先生们也热衷于"各著书言治乱之事，以干世事"。

他们中有的人着力探讨形而上的宇宙问题，个体生命最佳的存在方式、修身之道。但更多的人着眼于探索天下兴亡、盛衰的内在规律，力图使自己的才华、智慧有益于世。

淳于髡一日向齐宣王推荐七位贤人，就是一个典型的案例。

淳于髡（约公元前386—公元前310年）是稷下学宫最具影响力、名望最高的学人之一，也是名震各诸侯国的伟大的政治家、思想家、外交家。此人博学多才，尤善辩论。他的不少传奇故事散落在各类史料中，今人却罕知他的历史地位，曾经有过的辉煌。盖因他未能像孟子、荀子那样有丰厚的著述遗传于世。但仅仅从散见于一些史书的零星记载，即可感知到此人伟岸的身影。《史记》载，有人向魏王举荐淳于髡，盛赞淳于髡的才能超过齐国历史上的名相管仲、晏婴，可见其人之了得。①

齐宣王求贤于稷下先生淳于髡，没有料到，淳于髡一日向宣王推荐了七位贤人。齐宣王感到困惑：淳于髡居然知道这么多贤才，值得向"寡人"推荐？于是就问："我听说，相距千里之遥，才可能出现一位贤士；长达百世之久，才有可能出现一位圣人。先生一天之内就向我推荐了七位贤士，这些人与普通大众还有什么区别？"

淳于髡巧妙地回复了齐宣王的质疑："羽翼相同的鸟，会聚集在一起飞行；同一种类型的野兽，也会在一起行走。如果按照常规去采集柴胡、桔梗，可能历时几代人也采集不到一根，但知道了它们的生长习性，去皋黍、梁父两山的北面去采集，即便用车连着去装载也装不完啊！动物和植物，都会按照各自的类型和习性聚集。如今我淳于髡是贤士一类的人，聚集在我身边当然有很多贤人。今

———————

① 《史记·孟子荀卿列传》。

日大王向我求贤士，如同从河里舀了一瓢水，用燧石取了一次火。如果需要，我还会继续向大王推荐人才，岂仅仅是今日七人啊！"[1]

齐宣王语塞。

由此可窥，稷下学宫既是学术争鸣的阵地，也是齐治国理政的智库和人才库。齐王创设稷下学宫，不仅仅是博得一个爱才惜才的美名，也不仅仅是创设一个只能内部自拉自唱、各逞口舌之快，与社会、国家治理无关的学府。

学宫的先生、贤人，如何处理与侯王的关系，尤其值得我们加以精细的考察。

隐语说"大鸟"
（淳于髡与齐威王）

齐威王的宫中夜夜笙歌回荡，时时有浪语淫声飘出宫墙。

威王登基后才发现，原来这王位是这么有趣好玩。被群臣俯首帖耳、美言谀词颂扬得心花怒放且不说，还有最上乘的美酒琼浆可尽情地喝，有最柔软的腰肢可尽兴地搂。只有想不到的，没有做不到的。[2]

---

[1] 缪文远、缪伟、罗永莲译注《战国策》（上），中华书局2012年6月版。

[2] 笔者于2024年5月24日参观了临淄齐国故城遗址博物馆，发现陈列最多的出土文物为各类青铜酒器，且制作精美，造型别致，可见彼时仕宦、富贵人家饮酒风气之盛。

齐威王醉眼蒙眬时，每每一手搂着美姬，一手把玩着像小船似的羽觞（酒杯），喃喃自语："当……当年……禹时，那个……那个叫仪狄的人呈上酿造的酒，禹……禹品尝后下旨禁酒，说后世必……必有以酒亡国者。但禁得住吗？这个东西太美妙了，让人快活赛神仙。至于亡国，亡什么？我这不是好好的？"

其实，齐威王没有意识到，齐国距离亡国仅剩一步之遥了。

连着很长时间，至深夜三四更，齐威王才被宫妃左拥右抱回寝室睡觉。至于朝政，则交由大臣去打理。他的脑袋大多时光处于酒精的深度麻醉中。朝野大臣见大王如此快活，很多人便照样"复制"。酒和色，谁不喜欢呢？这个东西，只要有权力资源，"复制"起来比病毒还快。也有大臣忧心忡忡，窃窃私语：这样下去怎么得了？这个国家马上就要成为周边诸侯国刀俎下的鱼肉了。但无人敢向威王进言，都知威王脾气暴烈，一不开心，拔剑砍来，脑袋就落地了。正万般焦虑时，有使来报，淳于髡求见大王。齐威王赐座后直接问："先生有何见教？"

淳于髡面色冷峻，若有所思，说："国中有大鸟，落在大王的庭院里，但是三年了，既不飞也不叫，大王猜猜看，这是一只什么鸟？"[1]

齐威王脑勺如棒击，顿悟："看我的，我会让这只鸟不飞则已，一飞冲天；不鸣则已，一鸣惊人。"

于是，齐威王不再沉迷酒色，抖擞精神，重振朝纲，"威风"又回到了朝堂。如同农夫倏忽换上了一套武士的铠甲，曾经

---

[1] 《史记·田敬仲完世家》。

的酒色之徒，转化为目光如炬的君王和智者。这转换太突然，乃至很多大臣酒未醒，眼皮还耷拉着，蒙蒙眬眬地不知道大王要出什么大招。

威王首先派特使去诸县领地，考察官员政务处理和百姓生活情况。

某日，在朝堂之上，威王召见即墨大夫，对之说："自从你到即墨任官，每天都有人对我说你的坏话。但是我派人到你的辖地察看，见到田野禾苗生长茂盛，百姓生活安详，官府太平无事，齐国的东方因你的精心治理而得以安宁。这是因为你把心思用在处理政事、安抚百姓上，而不是巴结我周围的人，谋求更大的好处、更高的美官。"说完这番话，威王当即口谕重赏即墨大夫一万户。

那些知真情、主正义的大臣面露喜色，而那几个成天传递诋毁之言的佞臣则面黑腿颤……

又一日，威王召唤阿地守官阿大夫上朝，当着满朝文武大臣的面，说："自你任阿地守官，几乎每天都有人向我传递赞誉你的美言，我的耳朵都快要听出茧子了！可是我派人到阿地去察看，发现那里田地荒芜，百姓生活困窘，常有贫病饿毙者弃之道侧。当初赵国攻打鄄地，你不发兵营救，卫国侵吞薛陵时，你不闻不问，毫无作为。但是为什么有很多人为你说话，把你吹成一朵花？我明白了，是你用重金买通了我身边的近臣。"说完，威王拔剑砍到殿柱上，大喝一声："来人，给我把阿大夫扔到油镬里烹了！"

齐威王赏一人、诛一人，不仅震动齐国朝野，也震动了其他诸侯国。接着，威王亲率兵马，收复失地。几乎兵不血刃，那些被侵占的土地又回归齐国。

《资治通鉴》记载："……于是群臣悚惧，莫敢饰诈。齐国大治，强于天下。"①

果真是"不飞则已，一飞冲天；不鸣则已，一鸣惊人"啊！

后人常常疏忽了，这一切来自淳于髡冒着被诛风险的隐喻劝谏。

将进酒，杯且停
（淳于髡与齐威王）

齐威王赏赐淳于髡美酒，要与他彻夜长饮，因为先生担任外交使臣，成功地解除了齐国的一次战争危机。

淳于髡借机献上一份影响国运的谏言。

公元前371年，楚国大兵压境，企图吞并齐国。齐威王决定派淳于髡出使赵国，请赵国出兵相援。威王起初给淳于髡随带的礼物是黄金百两，驷马十乘。

淳于髡看了礼物，仰天大笑，一连串的大笑回荡在殿堂。淳于髡笑得那么放荡不羁，笑得殿柱摇晃、杯盏跳舞、宫女绷脸蹙眉想笑不敢笑……乃至殿堂檐角新结的蛛网也被笑声抖落。淳于髡的喉管几乎喘不上气来，系帽的带子也被笑断了。

① 〔宋〕司马光编撰，沈志华、张宏儒主编《资治通鉴》，中华书局2009年 5月版。

很难想象，一位普通的稷下先生、一位即将出使邻国的使臣，面对君王，居然发出如此狂放的笑声。这笑声穿越几千年，让今人也感到荡气回肠……

笑什么？有什么值得如此狂笑？

有趣的是，威王并不立即阻止淳于髡的狂笑，而是像友人那样，只是用狐疑的目光看着他。等笑声平息，威王不解地问："先生觉得礼物少了吗？"

"岂敢岂敢！"

"那你为何要笑呢？"

淳于髡未正面回复威王的疑问，而是说了一个他亲历的故事。齐威王喜用隐语与臣子交流，而淳于髡也用隐语表述自己的想法。在今人看来，那个年代的君王与臣子似乎都成了"文艺青年"。

淳于髡说，今天我从东边来，看到路边有一农人正在祈祷田神，他祈求田神保障他五谷蕃熟，收获的谷物装满所有篝篓，需要用车不停地拉几天，谷仓里盛满新粮，脱去谷粒的秸秆，堆成一座座山包……但我看到他用来祷告的祭品，只有一只猪蹄、一盅酒，因此我笑他奢求太多，而祭品却少得寒酸。

用不着作任何解释，威王明白了笑从何来。当即命人将出使礼物增加到黄金千镒（镒，古代黄金重量，一镒约二十两，另说为二十四两）、白璧十双、驷马百乘。

淳于髡持礼物至赵国，赵王很爽快地拨十万精兵、革车千乘援齐。楚国兵马闻听赵国援兵将至，连夜撤回。[①]

---

① 《史记·滑稽列传》。

淳于髡有滔滔雄辩之口才，但这回能顺利撬动赵国援兵，靠的不是口舌之能，而是礼物的分量。从心理学角度分析，淳于髡肯定是摸透了赵王的秉性：重礼到，援兵出。

淳于先生成功出使归来，轻松地用黄金千镒、白璧十双、驷马百乘就消弭了一场大战，齐王怎么奖赏也不为过啊！

齐威王在后宫摆上了丰盛的酒席，召淳于髡进后宫对饮，并让最宠爱的宫妃为淳于髡斟酒。牺尊（酒壶）装满了佳酿。在威王看来，寡人将臣子视作家人，以家宴酬劳，算是对使臣的最高奖赏了。

酒斟满，杯将举。威王问："先生酒量几何？饮多少会醉啊？"今天他打算与这位功臣一醉方休。

淳于髡答："我饮一斗会醉，饮一石也会醉。"

这样一个模棱两可的回答，让齐威王感到不解。不过威王已经习惯了与淳于髡这类貌似"哑谜"的交流，从"怪异"的背后了解他的想法，于是问："先生饮一斗就会醉，怎么会饮到一石呢？这里有什么道理，可以说来听听吗？" 一石是一斗的十倍，饮一斗就醉的人，怎么可能有一石的酒量呢？

于是淳于髡顺着大王的提问，讲了一番不同处境下饮酒的高论——

与大王在一起饮酒，旁边站着执法官戒备，又有御史臣睁大眼睛监察，臣心里紧张，每饮必恭恭敬敬俯伏在地，这种情况下，臣饮一斗即醉矣。

如果父母亲属有宾客来，我陪同，给客人不停地敬酒，客人也连连回敬，这类场合，我喝两斗就醉了。

假如朋友聚会，久未见面，开怀畅饮，大伙在一起畅叙友情，频频举杯，心情愉悦，我大约可以喝到五六斗。

碰到另一种情况，有时酒量就控制不住了。友好的族人举行集会，男男女女席地坐在一起，没有时间的限制，可以成双结对地畅饮，嬉笑怒骂，打趣逗乐，还可以玩六博、投壶一类的游戏。有的人摘下耳环，也有的拔下发簪，气氛极度宽松，这时候我最惬意，所以不知不觉能喝到八斗，稍有醉意。天黑了，满席杯盘狼藉，缸里的酒也快喝光了，堂屋里灯光飘忽，明明暗暗，朦朦胧胧，这时客人已经散去，主人独将我留下来，让美姬佳人伴我同饮。此时二人对饮，美人的罗襦裙带已经解开，阵阵微香沁入我的鼻窍，此时我无法自控，能喝到一石。醉倒后不能自已……因此，我认为酒极则乱，乐极则悲，万事皆然。事不可极，极之必衰。

齐威王听到这里，豁然明白淳于髡先生所说"一斗"与"一石"的用意，放下酒杯，拍手称"善"。此后，威王罢掉了彻夜长饮的癖好。[1]

"好色"易，"好才"难
（淳于髡与齐宣王）

稷下学宫，创始于齐桓公，经齐威王推动，到齐宣王执政时

---

[1] 《史记·滑稽列传》。

期达到鼎盛。

齐宣王为齐威王的儿子，公元前319年即位。其人雄心勃勃，试图完成父亲未完成的称霸中原的伟业，对稷下贤才则加倍尊崇。他给七十六位稷下先生以"上大夫"的待遇，进一步完善修筑稷下学宫的"硬件"：康庄大道，高门大屋，使得稷下学宫成为"总百家之伟说"的士人向往的求学、发挥才华的精神圣地。

如是观察，齐宣王当然是尊贤爱才的典范，但笔者从史料中又看到了一则与此矛盾的故事。该如何解释这一现象？

这个故事发生在淳于髡与齐宣王之间。

《说苑·尊贤》记载："齐宣王坐，淳于髡侍……"从这里我们只知齐宣王与淳于髡在一起，宣王坐着，淳于髡陪侍一侧。他们的对话在什么地方？在正殿？后宫？或宣王特地到访稷下？一概不知。淳于髡在什么情境下，以什么身份陪侍也不知。只知他们之间有一段看似闲聊却又非同寻常的对话，淳于髡用一根"刺"，如针灸般刺向了齐宣王的"穴位"。

齐宣王问："先生说说，寡人喜欢些什么？"

这是一个具有超级难度系数的话题，等于让臣下评价君王。一言不慎，脑袋不保。

淳于髡似乎不假思索就回答："我知道古人最喜欢四样东西，而大王喜欢三样。"

宣王又问："古人喜欢的东西与寡人喜欢的东西，有什么不同吗？"

淳于髡对曰："与古人作比较，大王的喜好有同与不同之处。古人喜欢骏马，大王也喜欢；古人喜欢美味，大王也喜欢；

古人喜欢美色佳人，大王也喜欢。不同之处在于，古人求才若大旱之盼甘霖，而大王却不喜欢。"

宣王为自己辩解："现国中缺少有真才实学的贤士啊，如有，我怎会不喜欢呢?"

淳于髡回应："古时候那些著名的千里马，骅、骝、骐、骥，现在虽然没有，可大王却在很多马中反复挑选，大王的马厩里现在养了很多宝马，说明大王很喜欢马；古时有用豹胎、象胎烹调而成的美味，现在虽然没有，但大王仍在无数美味佳肴中寻找最好吃的，说明非常喜欢美味；古时候有名闻天下的美人毛嫱、西施，现在虽然没有，但大王不停地派人四处寻找中意的宫妃，说明大王痴迷美色。如果大王一定要等待尧、舜、禹、汤这样的贤人出现，才会去喜欢，那么即使有禹、汤这样优秀的贤人在世，也不会被大王发现的。"

宣王沉默。①

笔者相信这则故事，因为我坚信人的本性是好"色"易，好"才"难的。如孔子云："吾未见好德如好色者也。"

这则故事告诉我们：宣王并不是天生就重视广纳贤才的，正是在稷下先生的规谏和劝导下，才如梦大醒，把稷下学宫的建设推向了一个新的层级。

---

① 王天海、杨秀岚译注《说苑》"尊贤"，中华书局2019年12月版。

抚琴与"抚"国

（邹忌与齐威王）

　　齐国有"三邹"：邹忌、邹衍、邹奭，皆一时风云之士。邹忌劝齐威王纳谏（详见后文），引出威王一段"赏谏"名言，成为千古佳话。而邹衍、邹奭也是名震战国的响当当的人物。《文心雕龙》中称："邹子（衍）以谈天飞誉，邹奭以雕龙驰响。"所谓"谈天飞誉"，是指邹衍擅长阴阳五行学说誉满天下；所谓"雕龙驰响"，是指邹奭对邹衍学说，不仅有延伸，而文采更是让天下绝倒。惜乎二人著述大部分失传，让后人无缘一窥其堂奥。

　　史书上关于邹衍、邹奭的记载甚少，因此这里且将此"二邹"搁置。单说邹忌。

　　邹忌（约公元前385—公元前319年），齐国人。此人靠一把古琴，敲开齐威王宫殿的大门，一举登上相位。但邹忌之学，是否成之于稷下，仍是一道待解之谜。他活跃于威、宣二代。稷下学宫创办于之前的齐桓公，他是如何成为士人极品的？难道与稷下学无关，另有名师指点？从当代人的各种著述看，有将邹忌列入稷下之士的，也有不列的。列入，更符合情理。

　　从邹忌猛然蹿升至相位时，淳于髡携一众先生，对邹忌进行了一番"面试"看，邹忌在登上相位前，无论是否曾寄学于稷下，都还是一个寂寂无闻的书生，则是肯定的。

　　邹忌早年虽有满腹才学，却苦于无人引荐，空有一腔建功热血，得不到齐威王的赏识。不知道是在哪月哪日哪一个神秘的时刻，他的灵光乍现：齐威王沉迷于弹琴，而本人也弹得一手好琴，且又精通音律，为何不找威王，从弹琴、论琴开始？

史书上并未记载，邹忌是否背了一把古琴去求见齐威王。这里笔者揣测，邹忌理当携琴而往，这样更能凸显他的身份标志和要展示的才艺，否则如何让齐威王眼前一亮？况且，邹忌是自报有琴师求见，怎能缺少做一个高级琴师所需要的标配？

某日，齐威王正在雪宫饮酒、鼓琴作乐，忽有侍从来报，有一位自称琴师的人求见。

"好啊，好啊，寡人正愁无人切磋琴艺呢！"

当邹忌来到齐威王面前时，吸引齐威王眼球的，不是邹忌肩上的那把古琴。大王的宫里啥都不缺，如何在意一把古琴？吸引威王的，首先是邹忌挺拔的仪表和从布衣中透出的书生气质，这般仪表堂堂又儒雅睿智之人，不仅在琴师中难觅，即便在满朝文武大臣中也没有见过。似乎威王的王座上，坐的应该是他，而不是自己。

第一感觉甚佳，在行过通常的礼仪后，接下来的交流就非常流畅了。当然这流畅，如同山涧喷泻的泉水，有跌宕，有回旋，有冲撞……

邹忌说："听闻大王喜好弹琴，臣特地来献上一曲，为大王助兴。"

"太好了，谅先生的琴艺定是非同寻常，寡人愿闻天籁。"威王让宫女搬来一架外饰华丽、乌黑发亮的古琴。而邹忌则卸下肩上自备的古琴，虽然看上去无宫中古琴经过雕饰后的精致，却也是用难得一见的古楠木打造而成。

邹忌席地坐下，将古琴搁在双腿上，只是用双手在琴弦上比画，做一些似弹非弹的模拟动作，却不去触碰琴弦。

威王面露不悦："先生这是玩的什么花招？是戏弄寡人吗？"

"非也非也。"邹忌问，"大王能让臣在弹琴前，先聊一聊琴理吗？"

"可以呀，这正是寡人很少听到的。"

邹忌先是用手指重重拨了一下大弦，大弦发出的响声如同远山虎啸滚滚而来，回旋在殿堂。邹忌说："大弦沉稳而宏阔，如同一国之君王。"接着，轻轻拨弄了一下小弦，说："小弦清澈激荡，如围绕在大王身边的群臣。"然后，手指哗啦一下滑过所有琴弦，说："群弦共振，如同快乐生活的百姓。"

"经过编曲弹奏，虽然不同的琴弦发出不同的声音，但能组成和谐的乐曲，这和治理国家是一个道理啊！早年伏羲制琴，之所以长三尺六寸六分，寓意为三百六十六日也；广六寸，象征六合也；前广后狭、上圆下方，法天地也；五弦，象征五行也；后来文王武王各增一弦，合于君臣之道也。君臣相得，政令和谐，民众欢腾……治国之道与抚琴之道是相同的。所以说：琴音调而天下治。"

威王似乎对这番制琴、抚琴的奥理兴趣不大，急迫地催促："请先生赶紧弹一曲，让寡人享受一下美妙的琴音吧！"

但邹忌依旧无意于弹琴，继续用双手在琴弦之上，比画来比画去，如燕雀飞翔于平静的水面，却无意触碰，让平静的湖水荡出层层涟漪。威王眼睛随着他的手指转悠，几乎要冒出火来了。正待发威，邹忌陡然站立起来，用沉重的语调说："大王放心，臣为琴师，自然能弹得一手好琴。而大王的职责在治国理政，却在九年间沉迷于弹琴作乐，弃万民生计于不顾，朝野为之心焦，这与身为琴师不弹琴有什么两样呢?"

关于齐威王初登大位后不理政，《史记·田敬仲完世家》记载："威王初即位以来，委政卿大夫，九年之间，诸侯并伐，国人不治。"

可见邹忌是在齐国存亡危殆之际觐见威王的。

邹忌最后一席话如马蜂的针深深刺痛了威王，他似乎猝然从醉眼蒙眬中醒来，"砰"地一敲坐席："原来先生是用抚琴向寡人进谏，善哉，善哉!"

于是留下邹忌深谈国事，三个月后，邹忌登上相位。①

邹忌之镜与淄水之镜
（邹忌与齐威王、田巴与齐湣王）

"人虽至愚，责人则明；虽有聪明，恕己则昏。"这是人性普遍存在的弱点。所谓"知人者智，自知者明"，现实生活中能达此境界者罕见。这里不仅有人性的局囿，更有各种迷障会遮蔽事物的真相。尤其是身处大位者，需要炼就一双什么样的火眼金睛，才能识别那些绝世佳人却原本是蜘蛛成精?

邹忌与齐威王的这则故事，虽然进入各种选本书籍，几乎习汉语者尽人皆知，但仍值得我们反复回味。

---

① 《史记·田敬仲完世家》。

脱去布衣、换上相服的邹忌，身材高大，具有儒雅气质，更何况有那身雍容华贵的衣饰加持，更显仪表非凡，几成国人心中完美男子的偶像了。男人自惭于身坯和地位无法与之比肩，而女人，谁不想嫁一位内外兼修、位极人臣的成功男人呢？

某日上朝前，邹忌穿上了朝服，在镜子前左照照、右照照，问其妻："我这面容、身材与城北的徐公比，谁更美呢？"那时的镜子是一个用青铜铸成的面盆，里面盛满了水。照镜子是面对青铜盆里的水。

妻子娇声应答："当然是夫君美，徐公哪能与您比呢？"

城北的徐公何许人也？值得邹忌拿他来做比照？史书上无明确记载，只知道此人的"颜值"，在齐国上下皆曰"美"。在那个年代，一个人的容貌之美，弄得人人皆知，可不是一件容易的事。中国著名的潘安等几大美男中，未将徐公列入，实在是一大缺憾。笔者揣测，不知道这位徐公，是不是齐国另一位神童才子鲁仲连的老师徐劫？

此问题且悬置。

邹忌对来自妻子的赞美不自信，复问小妾："我与徐公比谁美？"

小妾不假思索地说："这还用问，徐公哪能与夫君比呢？"

隔一日，有客来访，邹忌与之闲聊之际，又提出同样的问题："先生看我这模样，可以与徐公比一比吗？"

客答："徐公之美，只在身段。论气质仪表，哪能与邹相比呢？"

又一日，与邹忌相交甚笃的徐公来访。邹忌目视徐公良久，又去镜前自照，终于得出结论，徐公的"帅"气，绝不是浪得虚名，比起他来自己不是逊色几分，而是"远甚"。不知徐公面对邹忌的一些异乎寻常的举动，是否觉得有些蹊跷？此人怎么了，不专心饮酒聊天，却去镜前照来照去？

诸人皆称誉本人美，其实不如徐公美，如何解释这一现象呢？毕竟是书生，懂得透过现象看本质。夜半醒来，邹忌幡然憬悟："妻子称誉我比徐公美，是掺入私情；小妾赞誉我赛过徐公，是对我有畏惧心理；而客人对我溢美，是有事欲求于我也！一个人要听到真正的肺腑之言，是多么难啊！"

第二天上朝时，邹忌将自己与徐公比美的经过及感悟告知威王："……大王拥有土地千里，一百二十多座城邑。宫中的嫔妃们无不对大王怀有私情；朝野臣吏无不对大王存有畏惧心理；四境之内民众皆有求于王。受这些因素制约、遮蔽，大王要听到由衷的真话，真是比登泰山还难啊！"

"说得对啊！"威王听毕拊掌叫好。随即下达诏令，开门纳谏："群臣吏民有能面刺寡人之过者，受上赏；上书谏寡人之过者，受中赏；能谤议于市朝，闻寡人之耳者，受下赏。"

诏令下达后，反响之巨，如同强台风卷过之处，海浪与礁石撞击激起的冲天水柱。登门庭献言者，如集市般人头攒动。可以想象，齐威王的一双耳朵肯定是不够用了，需要众多的大臣参与；至于书面谏言的竹简，"哗啦啦"堆满了殿堂。随时间推移，面刺、书刺威王者渐稀，原因无他，想献"刺"而无"刺"可找了。

此举同时震撼了其他诸侯国。常言："好事不出门，坏事传千里。"也不尽然，非凡的好事同样会疯传千里。燕、赵、韩、魏等国闻"风"遣使赴齐朝拜，一为取经，二为探虚实，三为察民心，四为一睹齐国此举后的气象。移用孙子之言，可谓：不战而屈人之"朝"。

如何战胜自我，脱去他人罩在自己身上虚幻的"新衣"，几乎是整个人类之困。齐威王此举，岂止震撼了其他诸侯王，同时也刻到了历史的竹简上，穿越数千年仍闪烁着不灭的气度之光。①

另有一面"镜子"，姑且称之为"淄水之镜"，曾闪耀在田巴与齐宣王之间。

田巴（约公元前340—公元前260年），是活跃在齐宣王、齐湣王时期的稷下学者。其口若悬河的辩才，驰誉稷下，据称曾一日驳倒千人。此说可能过度夸张了。

齐宣王召田巴问政。田巴整顿好衣衫准备出门，问小妾："你看我这模样去拜见大王合适吗？"

小妾情意绵绵地凝视着田巴："您不仅衣饰美，容貌也是一等一的啊！"

田巴听了心里自然很受用。他前去都城，在乘舟渡过淄水时，对着波平浪静的水面，特地又照了照，发现自己的衣饰和外表，都不似小妾说的那么百体完备，倏然顿悟：小妾是出于爱自己，才会不吝赞美之词啊！

田巴在面见齐宣王时以此为例，说："……政在正身。正身之本，在于群臣。今齐之臣如妾谀王者，岂非特二人。大王如常临淄水见己之恶，过而能改，斯齐国治矣。"②

① 缪文远、缪伟、罗永莲译注《战国策》（上），中华书局2012年6月版。
② 《太平御览》卷六三《地部二八·淄水》，参见《稷下学宫资料汇编》，山东教育出版社1989年10月版。

从古至今，镜子是人人生活中最常用的物品。如今谁的家中没有几面镜子？

邹忌之镜、淄水之镜——有着特殊的不凡的功能，其复杂性在于，乃至今日软件工程师也未必能编制出一套适用的程序来。否则，为何无数上位之人，却不敢用它来照一照自己的"尊容"呢？

即便豁达如齐宣王，也难逃邹忌、田巴之困。齐宣王喜爱炫耀他的臂力，可以拉很硬的弓。他把常拉的弓给左右侍臣看，左右侍臣也都试着拉一拉，但拉到一半便不拉了，装出咬牙切齿使出浑身之力也拉不开的窘态，自惭臂力不够，拉不动了，说："这张弓没有九石的臂力休想拉开，大王太厉害了！"其实呢，这是一张三石的弓。宣王一辈子都以为他拉的是九石弓（古代一百二十斤为一石）。

《吕氏春秋》曰："亡国之主不可以直言。不可以直言，则过无道闻，而善无自至矣。无自至则雍。"[1]

此言是说，凡亡国的君主都听不得真话，既如此，他就无法认清自己的过错。贤达的善言不会抵达他的耳边，他的双目就会被厚厚的尘土雍塞。亡国是其难逃的宿命。

发生在齐湣王身上的悲剧，则是这一论断的最好佐证。

齐湣王在多国讨伐下，逃亡至卫。他仍不明白自己怎会混成了亡国之君，把桓、威、宣诸王励精图治积攒的家底，败落一空。他问跟随他的臣子公玉丹："我已亡矣，而不知其故。"公玉丹回

---

[1] 陆玖译注《吕氏春秋》（下）"雍塞"，中华书局2011年10月版。

答："臣以为大王已经知道缘故了，原来还不知道。大王之所以亡，是因为大王的贤明啊！那些诸侯王都是些小人，他们嫉恨大王的贤明，所以来围攻齐国。这就是齐国之所以亡的原因啊！"

"噢——"齐湣王慨然长叹，"原来做一个贤明的国君，居然要遭受这般的磨难和痛苦！"[1]

一个愚蠢至极的国君与一个厚颜至极的谀臣，共同涂抹了中国历史上最为荒诞的笑谈。

"保民而王，莫之能御"
（孟子与齐宣王）

记得中学时代（20世纪70年代），舆论界大批孔孟之道。老师布置写批判文章，愚某少年无知，完全不解孔孟之道为何意，只能从报上东抄西摘，敷衍成文。

成年后似乎稍稍沾些皮毛，仍是懵懵懂懂。某年有机会去山东曲阜孔子故里观瞻，心有戚戚焉，发现历代帝王大肆宣扬的孔子之术，与孔子本身完全不在一个"道"上。

近现代屡屡掀起批孔孟浪潮。但不甚明白衮衮诸公，是批帝王之"孔孟"，还是批孔孟之"孔孟"？

罗根泽言："历代君主之尊孔孟，为尊君卑臣也，至所谓仁政，所谓重视民人，皆不措意，明太祖以孟子有'君之视臣如草

---

① 陆玖译注《吕氏春秋》"审己"，中华书局2011年10月版。缪文远、缪伟、罗永莲译注《战国策》"齐策一"，中华书局2012年6月版。

芥，臣之视君如寇仇’之言而欲罢其配享……”①明太祖算是真读孟子之论了，因而脑门上火星四溅，乃至要将孟子从庙中"踢"出去。更多君王及侍臣，揣着明白装糊涂，以"朕意"代"孔孟之意"。斯为历史常态。

孟子名轲，未知其字。生卒年不详，学界有多种考论，无定说。约生于公元前370年，卒于公元前290年左右。②

孟子曾游学多国，其中在齐国多年，历威、宣两朝。《孟子》中有多篇文字，记载孟子与齐王论政，以及与其他稷下先生的辩论。

孟子生年距孔子卒约百年，其学虽与孔子有脉络传承之联系，但相距甚大，称其为"亚圣"也未必精当。孟子自有其伟大高光之处，为先秦其他诸子及后贤所不及。《孟子·离娄》中孟子自述："予未得为孔子徒也，予私淑诸人也。"

孟子就是孟子。

罗根泽先生概言："孟子之学，植基性善，而以仁为归宿。"

夫子一句"富贵不能淫，贫贱不能移，威武不能屈"，如一杆高扬的旗帜，不知激励了历代多少仁人志士！

其喟然长叹之语："夫天未欲平治天下也！如欲平治天下，当今之世，舍我其谁也！"③夫子悲天悯人之阔大情怀，拯民于血火之恢宏伟志，至今仍磅礴如百丈悬崖之瀑布！

---

① 罗根泽《孟子传论》，吉林人民出版社2013年3月版。

② 同上。

③ 杨伯峻《孟子译注》"公孙丑章句下"，中华书局2018年11月版。

这是一段孟子与齐宣王的对话。

孟子曾任齐国客卿。这个职位不具有实际权力，应该是享有卿大夫待遇的高级顾问。君王不明白的问题会向他咨询，有关治国的方略会向他请教。

这天，齐宣王与孟子共处一堂，齐宣王向他咨以国事。

齐宣王问："齐桓公与晋文公的事情，先生知晓吗？能否说给我听听？"

提出这一问题的宣王，或许是多多少少了解春秋时齐桓公、晋文公成就霸业的事迹的，想通过孟子了解得更多一些。宣王对齐桓公、晋文公格外关注，说明其政治倾向很明确，也很想效法这二位君王，成就称霸的大业。

孟子答："孔子的弟子，从不说有关齐桓、晋文的事情，因此不传于后人，我未听说过。"

齐桓、晋文之时，孟子尚未出生，未亲历亲睹其事，但说他不知晓，那倒未必。战国时期的大学者，对春秋之事得无闻乎？其实，孟子是对这一话题不感兴趣，在他心目中，齐桓公、晋文公是不值得效仿和称道的，因此不愿意加以评说。

春秋时期，战乱频仍，百姓苦不堪言，到了战国时期，各诸侯王急功近利之心更甚，都想在这大争之年，存亡危殆之际，让辖地立于不败之地，乃至成为天下归一的新一代"周王"。正如罗根泽先生所析："案即《孟子》一书观之，梁惠王一见（孟子）即问何以利吾国，齐宣王一见即问齐桓晋文之事，则时君之心理，可以睹矣。"以诸侯王心理折射时代氛围，可感知君心是何等浮躁。

邹国亚圣公 孟轲

孟轲

孟子接着说："不了解齐桓、晋文之事，但能否让我聊聊以德治天下的为王之道呢？"

"不了解"是一个托词，"不屑于一谈"才是孟子真实的心态。

"用德如何可以称王呢？"宣王语气急迫地追问。

孟子答："保民而王，莫之能御也！"

孟子语意为，如能让黎民百姓安居乐业，那么，大王的江山则没有人能够撼动。孟子直奔主题，道出君王如何有所作为，一言以蔽之，在于安民。

齐宣王继续问："像寡人这般，能够做到'保民'吗？"在宣王看来，能做到"保民"很不容易。他有些忐忑不安，对自己缺乏足够的自信。

"完全可以！"孟子的回答斩钉截铁。他的依据是什么呢？随后他抽丝剥茧般层层推进，说明宣王是可以践行"保民"理念的。

"大王身边的臣子胡龁曾告诉我一件事，大王坐在殿堂上，见到有小吏牵着一头牛从堂下经过。大王问：牵这头牛准备去做什么？小吏答：杀了用来祭钟。大王说：算了吧，我不忍心看它浑身哆嗦、眼中似有泪水流出的可怜样子，就如同将一个无罪的人押赴刑场。小吏问：那么用牛血祭钟这件事就废了吗？（古时钟为邦器，用牛血祭钟其意为被除不祥。对于这样的祭祀礼仪，是不能废的，因此牵牛者对此不解。）大王答：当然是不能废的，另找一只羊来替代吧！请问大王，是否确有其事？"

"是有这件事啊！"

"大王有这样的不忍之心，就可以实行真正的王道了！百姓皆误以为大王以羊换牛，是因为爱财，舍不得那头牛，才以小换大。他们没有看出来，这是因为大王有恻隐之心啊！"

明刻《孟氏宗传祖图碑》之《齐宣王问治国》拓片

"先生所言极是，" 宣王说，"确实有些百姓评说，是因为寡人舍不得那头牛，所以用羊替换。齐国虽然不算很大，也不至于宰一头牛也吝啬。我是不忍心看它哆嗦、恐惧的样子，就如无罪的人而被处以死刑，所以下令用羊来替代。"

孟子说："大王不必责怪百姓有这样的看法，因为他们只是看到了大王以小易大的表面现象，哪里知道大王内心的感受？如果大王是因为痛惜牛无罪而被宰杀，那么宰羊与宰牛有什么区别呢？"

这么一问，宣王笑了起来："先生提出的问题，让我也觉得是这么回事。究竟是什么原因呢？我确实并非吝啬钱财才以羊换牛，像百姓所误会的那样。"

"这是因为大王根据亲睹产生的心理感受做出的选择。您见到了牛被宰杀前的恐惧模样，没有见到羊是什么样。见与不见在您心中的反应是不一样的。人们常言：'君子之于禽兽也，见其生不忍见其死，闻其声，不忍食其肉，是以君子远庖厨也。'"

这里孟子进一步推导。宣王是因为有恻隐之心，才下令放弃宰牛祭钟。之所以用羊换之，因为目未见，不会直接刺激内心之"痛"，与大小、财产无关。

宣王非常钦服孟子的分析，脱口借用《诗经》里的一句话，"他人有心，予忖度之"，称赞孟子能够真实地揣度、把握他的心理活动。而他只是依凭本能做事，却没有意识到这一点。他接着问：

"寡人虽有是心，为何凭借这一点就能推行王道，以德服天下呢？"

孟子顺着宣王的思路说："如果有人对大王说：我有能够举

起三千斤重物的力气，却无力举起一根羽毛；我的眼睛可以清楚地看见秋天鸟兽新生的绒毛，却无法看见装满整车的柴草。您相信这样的话吗?"

"当然不会相信。"

"今日大王的恩泽施及禽兽，却未能施及百姓，究竟为什么？举不起羽毛，是因为不愿用力气；看不见整车柴草，是因为目光未及；百姓之所以无法安居乐业，是因为大王的恩德未能用到广大百姓身上啊！"

"不能做与不去做，有什么区别吗？"宣王继续追问。

孟子接着以气势如虹的语气，对宣王详细阐述他的施政理念：

"挟持泰山跨越北海这样的事情，对人说我做不到啊——这是真做不到。但是年幼的人向老人行拜揖之礼，这是举手之劳的事情，却对人说我做不到啊——是不愿意去做。因此做君王的不愿意推行德政、王道，并非类同挟持泰山跨越北海，而是像给长者行拜揖之礼，是不愿意做罢了。

"敬重自家的老人，并把敬重之心推及广大的老人；爱护自家的孩童，并把爱心推广到广大的孩童：如果大王也能这样，将恩德推行到广大民众身上，天下就如同在您掌心中，可以运行自如了。（原文："老吾老，以及人之老；幼吾幼，以及人之幼：天下可运于掌。"）

"《诗经》说：自身立得正，并推及自己的妻子、兄弟，以此方式管理国家。说的也是同样的道理。（原文："'刑于寡妻，至于兄弟，以御于家邦。'言举斯心加诸彼而已。"）

"因此，做人君的如果将恩德普及天下，可保四海平安。如果做不到，连自己的妻子也难保同心同德。古代为人称道的有为之君，没有别的秘诀，都是善于普施慈爱保民之心。今日大王的恩德能够施行于禽兽，却不能惠及百姓，是什么原因呢？世间万物都存在权衡轻重、利弊的问题，人心更是这样。还请大王在心里掂量掂量！

"唉，我看到大王出兵攻打邻国，陷入内外困境。对内，广大将士、臣民生命财产受到损害；对外，引发、加深诸侯的怨恨，难道大王觉得这么做心里才痛快吗？"

对此，宣王立即回应："不不不！我岂是求得心中一时痛快，我是要追求一个更大的欲望。"

是什么欲望呢？宣王笑而不语，显然不愿意一下子说破。因此面对孟子的追问，仍然沉默不语。

短暂的沉默后，孟子连发六问。孟子当然知道宣王的"大欲"是什么，但他也不愿意直接捅破这层窗户纸，而是期待宣王自己表白。这里有君臣之间微妙的心理博弈。表面看起来月明风清、波平浪静，水面下却波涛汹涌。

孟子问："大王的'大欲'，是因为佳肴美味不足以满足口腹之欲吗？是因为华丽光鲜的衣饰，还无法体现君王的威武吗？是因为各种色彩还不够绚丽，不足以吸引大王的目光吗？是因为箫管钟鼓演奏的声音，还不能让大王产生愉悦吗？是因为身边供驱使的宠臣还不够多，不能满足处理各种事务的需求吗？我看到朝廷上下有足够多的各级臣吏，大王怎会缺少供使唤的人呢？"

对这些问题，宣王用一句"吾不为是也"，统统加以否定。这些都是"小欲"，宣王怎会缺这些微不足道的东西呢？孟子用排除法，将常人的各种欲望排除后，道破宣王所谓"大欲"之所在：

"这么说，我明白大王的想法是什么了。是为了开疆辟土，让诸侯国归并大王麾下，完成莅中国而抚四夷的霸业。但是以大王现在的做法，要达到这一宏大目的，就等同于爬到树上去捕鱼啊！"（原文："以若所为，求若所欲，犹缘木而求鱼也。"）

"怎么会是这种情况呢？"宣王心中陡然掀起一丝不悦的波澜，但语气仍很委婉，"先生恐怕言重了。"

"我的比喻算是轻的了。"孟子回答，"爬上树去捕鱼，虽然不会有收获，但也不会带来严重后果。但以大王现在四处出兵侵占邻国领土的做法，必然会给本国百姓带来严重灾害。"

"会有什么灾害呢？能否说来听听？"

孟子以反问语气，借以指明灾害所在："大王认为邹国与楚国间发生战争，谁会获胜？"

宣王不假思索地回答："楚国获胜。"

其因当然是邹小楚大、邹弱楚强。历史上以小胜大、以弱胜强的不乏其例，但非常态。通常情况下，正如孟子所指出的："小固不可胜大，弱固不可以敌强。今海内之地，拥有千里之域者有九，齐国只占有其中之一。'一'要征服'八'，与小小的邹国要吞并疆域大得多的楚国，有什么区别呢？这么做是违反王道的。如果大王推行仁政，使天下的人才皆欲立于齐国殿堂，为齐国效劳；让耕作于垄间的农夫，皆欲在大王的辖地安家耕种；让那些从事商业活动的人，都愿意来齐国的集市做买卖；那些外出旅行的人，都乐意行走在大王辖地的旅道上；天下对本国国君厌恶的人，都愿意归顺到大王的麾下……仁政施行达到这样的效果，还有什么能够阻止大王成为天下归一的圣君呢？"（原文："今王发政施仁，使天下仕者皆欲立于王之朝，耕者皆欲耕于王之野，商贾皆欲藏于王之市，行旅皆欲出于王之涂，天下之欲疾其君者，皆欲赴愬于王，其若是，孰能御之？"）

可以想象，齐宣王听了孟子这番话，双眼一定瞪得溜圆如牛眼，手不停地拍打坐席，嘴唇一翕一张，"啊，啊"不停地喘着粗气。宣王心中所需要的，不正是这样一种天下来归的太平盛景吗？成天琢磨铸造兵器、攻城略地，不正是要让天下归依吗？但宣王显然未领悟到，天下归依的前提是人心归一。靠兵器是征服不了人心的。孟子给他指明了治国的战略之途：发政施仁。但采取何种方式，他仍在雾中，找不到方向。因此他才又发问：

"我脑子里昏昏然，不知道该如何行此仁政。期待先生给我明确的教诲。我虽然不一定做得很好，但愿意努力去尝试。"

孟子用铿锵的语气阐述了他的具体理念：

"没有持久的固定资财，而能安贫乐道，保持恒久的善心，只有文化层次较高的人才能做到；对于普通大众，如果缺少维持基本生活的资财，就很难做到保持善心。百姓因生活所迫，放弃善心，就会铤而走险，为谋取生活资财，去触犯刑法，成了陷入牢狱之灾的罪民。有为之仁君，岂可做陷害百姓的事情？因此，贤明的君主必定想方设法让百姓都拥有个人资产，使得他们对上足以赡养父母，对下可以让妻儿体面地生活。逢上好年景，固然食饱衣暖无忧，即便遭遇灾害之年，也不至于因困馁而死亡。如果做到这样，再引导广大民众积善心，行善事，就很容易做到了。而今，我看到多数百姓拥有的资财，对上不足以侍奉父母，对下不足以养活妻儿，即便丰年生活也苦不堪言，遇上灾年，就难免去逃亡、乞讨乃至饿死荒野。连全家人的性命都难自保，哪里还顾得上行礼仪之道呢？"

紧接着，孟子以具体的案例来说明为民"制产"的内涵：

"大王要实行仁政，就要从根本问题上着力。请让我以八口之家来说明吧。如果这家人拥有五亩之宅，周边种上一些桑树（养蚕、织布），家人就都可以有衣可穿了。再不失其时地养一些鸡和猪羊之类禽畜，这家人就碗中有肉了。再加上有百亩耕地，按照时节，及时地耕种收割，就不会有饥荒之忧了。然后通过教育引导，告诉大众什么是孝悌之义，道路上就不会出现头发花白的老人还背负重物辛苦劳作的凄惨景象。长者无衣食之忧，百姓无饥寒之苦。有这样安定祥和的社会，做君王的不能获得天下人的拥护爱戴，从古到今我未见过啊！"（原文："王欲行之，则盍反其本矣。五亩之宅，树之以桑，五十者可以衣帛矣。鸡豚狗彘之畜，无失其时，七十者可以食肉矣。百亩之田，勿夺其时，八口之家可以无饥矣。谨庠序之教，申之以孝悌之义，颁白者不负戴于道路矣！老者衣帛食肉，黎民不饥不寒，然而不王者，未之有也。"①）

"独乐"不如"众乐"
（孟子与齐宣王）

齐国大臣庄暴特地向孟子请教一个问题。这个问题其实是齐王向他提出来的，他不知该怎么回答，一时语塞，可以想见当时神色是多么尴尬。为了找个台阶下，也许他只得用"容臣再思量"这样的话来敷衍了。

---

① 〔清〕焦循《孟子正义》"梁惠王章句上"，中华书局2017年6月版。

他将这个问题转述给孟子，希望从孟子这里得到一个高明的答案。

这个问题既简单也棘手。齐宣王私下征询庄暴的意见："寡人喜好音乐，你怎么看呢？"

如果联系《孟子》原句后文看，宣王指的音乐，不是宫廷礼仪活动中演奏的雅乐，而是源于赵国的"郑声"，是流行于民间的为民众喜爱的通俗音乐，活泼、本色，甚至有男女相互调情打俏的野味。它与古板的宫廷雅乐风格完全不同，至于有文人雅士称之为"淫声"，无疑是一种偏见。宣王如果喜欢的是宫廷雅乐，这不会让他产生疑惑；正因为喜好的是民间俗乐，才让他觉得不知是否合适，从而征询庄暴的看法。庄暴吃不准，转而求教于孟子。

孟子对庄暴的回答，也是有点含混不清的。联系下文看，孟子的看法差不多该是，君王喜欢音乐以及娱乐这件事，本身无所谓对错，需要统观齐国社会治理和百姓的生活状态来作出判断。

孟子回复庄暴："如果大王非常喜欢音乐，那么，齐国的治理应该相当好了！"（原文："孟子曰：'王之好乐甚，则齐国其庶几乎！'""庶几"是"差不多"的意思，杨伯峻译为"那齐国便会很不错了"。）

过了几日，孟子面见齐宣王，问："大王曾对庄子说过喜爱音乐，有这回事吗？"

本来面带微笑的齐宣王，神色蓦地变得严肃而有些难堪，还有几分愠色，觉得庄暴不应该将此类私密谈话透露给他人。在他看来，此事似乎羞与人言，于是坦诚告之："寡人喜好的不是先王欣赏的古乐，是喜欢流行于民间的俗乐。"

孟子用同样一番坦诚的话，打消了宣王喜爱俗乐的顾虑：

"大王喜爱音乐很好啊，今日流行的俗乐与古时的音乐，没有什么区别啊！"

"先生所说古今乐同，是什么意思呢？"

如果沿着宣王的思路，孟夫子该对古乐与今乐、雅乐与俗乐的区别，进行一番学术探讨了。与君王聊这样的话题，似乎太无聊了。孟子意不在此。但他用反问的方式，把对话"岔"到另一个更为重要的话题。

孟子问："一个人独自听音乐，和与他人一起听音乐，哪样更快乐呢？"

王答："当然是与他人一起听更快乐。"

孟子又问："与少数人一起听快乐，还是与众人一起听更快乐？"

"当然是与众人一起听。"

"请允许我来谈谈'独乐'与'众乐'的不同，"孟子说，"同样是君王娱乐这类活动，百姓会因为所处的生活境况不同，而产生完全不同的反应呢。"

"会有这样的情况吗？"

孟子口若悬河地说出自己的观察：

"有时候，君王的宫殿内钟鼓齐鸣，箫管悠扬，但老百姓闻之却蹙额皱眉，奔走呼号：我们的大王在宫里享受钟鼓之乐，为什么我们却处在无比困苦的地步，父子不能相见，兄弟妻子离散，家人不能团聚？

"有时候，大王率将士去游猎，老百姓听到车辚辚、马萧萧的声音，看到游猎马车上飘扬的彩旗，却痛苦不堪地奔走互告：我们大王沉醉于田猎的快乐，为什么我们却处在无比困苦的地步，父子不能相见，兄弟妻子离散，家人不能团聚？

"为何百姓对大王喜爱钟鼓之声、田猎之趣，发出痛苦的声音？是因为大王只想到自己的快乐，没有看到百姓是否生活得也很快乐。原因无他，不能上下同乐。

"但也有相反的情况。有时候，百姓听到大王宫殿的钟鼓、箫管之音，会跟着音乐的节奏手舞足蹈，喜笑颜开地奔走互告：我王何以能享受钟鼓之乐呢，证明他的身体很健康啊！有时候，百姓听到大王田猎车马的踢踏声，看到彩旗上精美的羽毛，也会非常欣喜地奔走相告：我王能够到野郊打猎，证明他的身体很健康啊！让我们为他祝福吧！百姓之所以乐于见到大王享受钟鼓之音、田猎之趣，是因为他们生活得很快乐，感谢大王的恩德，对大王充满了拥戴之心。"

孟子从宣王喜欢音乐，进而引申为君王的娱乐——享乐，强调应该上下同乐，甚至后民之乐，普天之下才能呈现快乐祥和的气象。[①]

苑囿成"陷阱"
（孟子与齐宣王）

齐宣王问孟子："听说文王的苑囿，有方圆七十里，先生知道这个情况吗？"（苑囿，养禽兽、植树木的地方，特指古代帝王游乐打猎的场所。）

[①] 〔清〕焦循《孟子正义》"梁惠王章句下"，中华书局2017年6月版。

孟子答："据传言是有的。"

"这个园子是不是太大了？"宣王问。

"但老百姓并不觉得大，反而觉得小了。"

"真是奇了怪了，"宣王又问，"寡人的园子方圆只有四十里，百姓反倒说太大了，这是什么道理呢？"

孟子为其解惑：

"文王的苑囿，虽然有七十里广，但他不私享，对老百姓是开放的。百姓可以随意进出，需要柴草的农人，可以入园区刈草砍柴背回家，喜欢打猎的人也可以在里面驰骋捕兔。这么一个与百姓共享的园子，百姓不觉其大，反觉其小，不是很正常吗？（扬雄《羽猎赋》有语："麋鹿刍荛，与百姓共之。"说的也是类似现象。）

"记得我刚来齐国时，到了边境，必须先反复问清齐国有哪些禁令，然后才敢入关，可见齐国对入关的人戒心有多重。到了都城，听说王的苑囿方圆四十里，由士兵严加看守，一旦发现有人偷偷入园捕杀麋鹿，则以杀人罪惩处，大王的园子成了让百姓恐惧的陷阱。猎人用来捕捉野兽的陷阱，通常也就丈尺大小，而大王设在国中的'陷阱'，却有四十里，百姓觉得大也不奇怪。"

同样是苑囿，一为君王与百姓共享的乐园，一为置百姓于罪民的"陷阱"，大者百姓不觉其大，小者百姓反觉其大，上位之君岂可不深思？

面对孟子的一席刺耳之言，宣王的态度如何呢？是虚怀纳言，开放苑囿，还是支吾不语，我行我素？典无记载，不得而知。

孟子答宣王问询，说的是皇家苑囿的大小，但有更广义的指向。正如焦循先生所言："讥王广囿专利，严刑陷害民也。"[1]

弃"小勇"，求"大勇"
（孟子与齐宣王）

齐宣王向孟子询以交邻国之道——

"与邻国交往，有什么规则可遵循吗？"

"当然有，"孟子回答，"只有施行仁政的大国君主，能够以谦谨的态度对待小国，绝不以大凌小。因此商汤虽大，能谦和地对待小国葛伯，文王虽大，能谦和地对待西戎小部落混夷。这是因为他们有仁者之心。至于小国如何对待大国呢？那就得有智慧了，因此太王初年，能够与强大的獯鬻（匈奴）相安无事，越王勾践屈尊甘为吴王夫差牵马当臣子。无论是以大事小，还是以小事大，也都有一个共同的规则：'乐天'与'畏天'。大者乐天保天下，小者畏天保其国。就如《诗经》中所说的：'敬畏天道运行的规律，才能顺应时势获得安详。'（原文："诗云：'畏天之威，于时保之。'"）"

宣王觉得孟子讲述的道理过于"高大上"了，只有远古的圣贤才能做到，因此，他坦承自己有一个改不掉的毛病：喜欢逞强好勇，该如何是好？

孟子围绕何为君王之"勇"，继续阐述他的理念：

---

[1] 〔清〕焦循《孟子正义》"梁惠王章句下"，中华书局2017年6月版。

“请大王弃‘小勇’而求‘大勇’。

“何谓‘小勇’？拔剑在手，双目圆睁，大呼：谁敢来与我一试高下？这是一夫之勇。即便剑术再高强，被你打败的也仅一人而已。

“何谓‘大勇’？《诗经》里说：‘我王见到莒国受到别国侵略而勃然大怒，于是整其军旅而出，遏制了侵略者，周王朝的正义威名传遍天下。’（原文：“诗云：‘王赫斯怒，爰整齐旅，以遏徂莒，以笃周祜，以对于天下。’”）这就是‘大勇’，文王一发怒而天下的老百姓就获得了安定。

“《尚书》说：‘上天养育了黎民百姓，又派君王来让他们获得安定祥和的生活。天下之民，无论是有罪和无罪，责任都由君王承担。还有谁敢与我争夺这份大任？’（原文：“书曰：‘天降下民，作之君，作之师，惟曰其助上帝宠之。四方有罪无罪惟我在，天下曷敢有越厥志？’”）

“周武王以某人不能顺应天道、暴虐其民为耻，因此率兵讨伐，这就是武王之勇。武王一发怒，天下老百姓就讨上了太平安定的日子。今日大王效文王、武王，一发怒而使天下安定，民众唯恐大王不好勇啊！”

孟子对宣王论与邻国交往之道，核心在是否遵循天道之势，出发点在是否安民，忌在逞一己之私而陷民于水火。逞私欲为“小勇”，胸怀天下百姓安危者为“大勇”。[①]

---

① 〔清〕焦循《孟子正义》“梁惠王章句下”，中华书局2017年6月版。

益民与虐民

（孟子与齐宣王）

齐宣王有一处皇家园子，名曰"雪宫"。这个雪宫是否为前文所写到的苑囿，不得而知。也许雪宫是仅供内人出游的园子，虽有亭台楼阁、花鸟林木、曲径流水，但不具备驰骋游猎的功能，因此，面积不需要那么大。这只是笔者的揣测，无史载可证。甭管是内苑还是外苑，其构建之豪奢、极尽皇家之气派，则是可以想象的，否则，宣王来访孟子时，面部不会那么写满得意之色。

孟子来齐国，宣王特意安排他先住进了雪宫的馆舍。在宣王看来，对于孟子这样被褐衣布、两袖清风的书生，受到此般礼遇，应该会受宠若惊、感激涕零吧？因此，他见到孟子，第一句话就问："贤能的人，住在这里也会感到很快乐吧？"

用今天的话说，这是齐国最高级的花园式五星级酒店，先生住在这里应该很舒适吧？

面对宣王来访，孟子的言行举止不卑不亢，对雪宫之奢华甚至露出些许不易察觉的不屑。

有一段孟子自道，可窥孟子处理与君王关系的一贯态度："向那些高高在上、颐指气使、自以为无比尊贵的大人进言，应该藐视他们。他们坐在高大堂皇的殿堂里，如果我得志，绝不这样做；他们用餐的台子大过丈余，上面堆满了吃不完的珍肴美酒，陪侍的姬妾嫔妃有数百人，我如果得志，绝不这样做；他们驰骋游猎，随从车马浩浩荡荡，如果我得志，绝不这样做。他们热衷的，正是我所鄙视的；我胸中所藏的是天道义理，面对他们，我有什么好胆怯的呢！"①

由此，我们可以理解，对宣王炫耀雪宫的话题，孟子一点也不感兴趣，而是借雪宫将话题引入他所要阐述的重要理念。

"有人得不到任用，总是埋怨、非议上位者不识己，此非君子所为。君子应该责己修仁，完善自己。而统辖一方百姓的大人，如果不能与民同乐，也是不对的。"（这里的弦外之音是雪宫是大王独享的园子，这有什么好得意的呢？）

"君王的快乐，来自百姓的快乐，百姓当然会与君王同乐；君王的忧虑，是来自百姓的忧虑，百姓也会与君王同忧的。以天下之乐者为乐，以天下之忧者为忧，能做到这样，必然会获得天下百姓拥戴的。"（原文："乐民之乐者，民亦乐其乐；忧民之忧者，民亦忧其忧。乐以天下，忧以天下，然而不王者，未之有也。"）

孟子接着以春秋时齐景公与其相晏子为例，来阐明君王如何对待出游之事。

齐景公曾询问晏子："我想去转附（山名）、朝儛（山名）巡游，然后沿着海边向南，到达琅邪（齐国东南边境小城）。我该如何做，才能像先王那样受到百姓欢迎呢？"

晏子称许景公所关切的问题："大王的问题提得好啊！天子出行至诸侯所在地，称之为巡守，是为了巡察他们对属地治理的状况；诸侯到朝廷来叩拜天子，是为了述职，汇报自己是否尽职

---

① 刘聿鑫、刘晓东《孟子选译》，巴蜀书社1990年第一版。

为属地百姓创造福祉。

"天子无事是不出游的。春天出游是为了看看百姓耕种是否缺少耒耜（农具），有缺少的农户，就责令守官帮他们补上；秋天出游，是为了了解百姓收获后，是否还有不足自给的，如有不足的，就由官员调剂帮他们补上，免除他们的越冬衣食之忧。夏禹时有句谚语说：'我们的大王不出来巡游，他怎么知道我们劳苦工作的情况呢？我们的大王不出来巡游，他怎么知道缺衣少食的百姓，需要获得赈赡呢？'因此，王者春、秋出游，是为了适时给百姓行恩布德，解百姓的疾苦，他的所作所为给诸侯树立了规则。

"但今日君王的出游完全不一样了，兴师动众，烟尘蔽日，为游而游。因为远行要运送粮草，或沿途征集，随行人员有的忍饥挨饿，有的过劳毙命，那些臣吏相互埋怨、诋毁，普通人也有的趁机做坏事。先王的助民之政，化为虐民之政。君王一众人，一路吃喝游乐，流连荒亡，诸侯们见了也都忧心忡忡啊！"

晏子接上言，特地对"流连荒亡"做了解读：

"何谓'流'？骄君出游，无所不为，浮水而下，乐而忘返谓之流。何谓'连'？逆水行舟，让劳工牵引而上行，君王舟上作乐，而牵引者苦不堪言。何谓'荒'？追求感官刺激，贪得无厌如同在荒野游猎追逐野兽。何谓'亡'？纵欲过度，饮宴过度，导致身死国亡……"

景公听了晏子的劝诫后，放弃了原先的远游计划，并出舍于郊，召见了七十位孤寡贫病老人，委吏开仓发粟每人三千钟，以此为始，施行惠民政策。景公得益于晏子的劝诫，特召来乐师，命谱写君臣和谐相悦之曲乐。这就是《徵招》《角招》（乐曲名）

的由来。乐曲词中说：'明君贤臣啊！'"

孟子讲毕齐景公与晏子的故事，话语戛然而止。[1]

货、色之王与鳏寡独孤
（孟子与齐宣王）

泰山下有一著名建筑曰"明堂"，原为周天子东巡时朝见诸侯的处所。周王室衰落，诸侯纷争，此处空余其"堂"，不再具有原先的功能。因年久失修，受风雨侵蚀，柱梁结满蛛网，已不复往日气象。便有少数民众会到堂内做些祭拜的事情。因此，有臣吏向宣王提议，这个明堂是周王室的遗屋，留着无用，索性用耒耜把它扒掉算了。

对此，宣王犹豫不决，就问孟子："很多人向我提议把明堂毁掉，是该毁掉，还是留着？"

孟子回答："这个明堂，是当年周天子施行王政的地方，如果大王欲行王政，还是留着它吧！"

在孟子看来，明堂的实际功能已不复存在，但它具有天子行王政的象征意义，留着更有价值，甚至无妨加以必要的修缮。

宣王又问："先生能否给我说说当年行王政的做法？"

"好啊！"孟子说，"文王在岐地时，发动民众开荒修田，让八户人家可以拥有耕地八百亩，朝廷征收的税率是九分收益抽其

---

① 〔清〕焦循《孟子正义》"梁惠王章句下"，中华书局2017年6月版。

一。从仕人家子孙不继承爵位，但可以继续享受受封的土地。在集市和关口，朝廷只负责稽查和监督，不另外征税。所有山川湖泊都与百姓共享，百姓可以自行出入砍柴、捕鱼。如果有人犯罪，只惩处本人，不会株连家人。

"社会上有四种人生活最为困苦，那就是鳏、寡、独、孤，男人老而无妻称为鳏，妇女老了无夫称为寡，老年无子称为独，幼童无父母称为孤。他们的生活没有依靠，难以自给，因此文王施行仁政，会优先救助这四类最穷苦的人。正如《诗经》中说的：'有财富家产的人日子好过得很快意，请哀怜老病孤独的人吧！'"（原文："老而无妻曰鳏，老而无夫曰寡，老而无子曰独，幼而无父曰孤，此四者天下之穷民而无告者。文王发政施仁，必先斯四者。诗云：'哿矣富人，哀此茕独。'"）

宣王称赞说："先生说的仁政很好啊！"

孟子问："既然大王觉得好，为何不尽力去做呢？"

宣王面有难色，坦诚告知不能推行的两个原因。宣王也是普通人，尚未到达圣人的境界，因此难以超越自身的人性痼疾。

他说的第一个原因是："寡人有个毛病，喜好财货。"

孟子以《诗经·大雅·公刘》中所歌咏的事为例，说明"好货"不会成为推行仁政的障碍。

《诗经》曰："笃公刘，匪居匪康。乃场乃疆，乃积乃仓。乃裹糇粮，于橐于囊。思辑用光，弓矢斯张，干戈戚扬，爰方启行。"①全诗共有六章，这是第一章，描述的是周人祖先公刘

① 程俊英、蒋见元《诗经注析》"公刘篇"，中华书局2017年8月版。

率领周民由邠（地名）迁往豳（地名）的一段美闻。原先生活的地方难以满足部落民众的需求，于是公刘决定率领百姓、将士，实行一次艰难而充满希望的大迁徙。在大队人马出发前，公刘做了积蓄粮草的充分准备，让所有人途中都有食物，尤其是那些老弱病残的人，让他们随身行囊中都装满干粮。于是百姓们都心甘情愿听从他的主张，迁往前景更辽阔的豳地。这是一段带领周民完成的史诗般迁徙的伟大历程。

孟子说："很早的时候，周人祖先公刘也'好货'啊，他带领百姓迁徙前，让百姓居者有积蓄，行者囊中有干粮，然后再整顿军马准备出发。大王如'好货'，像公刘那样，与百姓共享，这正是施行仁政所该做的，有什么问题呢？"

宣王又说出推行仁政有困难的第二个理由："寡人还有个毛病，喜好美色。"

孟子又给他端上来一盘菜，以《诗经·大雅·绵》所叙形迹为例，说明"好色"也不会成为推行仁政的障碍。

《诗经》曰："古公亶父，来朝走马。率西水浒，至于岐下。爰及姜女，聿来胥宇。"①这又是一首描述周王朝勃兴初期，化解重大危机的史诗。这三句是全诗的第二章。周文王的祖父古亶公与民众居于豳（也称"邠"）地，比周民更为强悍的狄人来侵犯，古亶公试图通过馈赠重礼的方式，兵不血刃地说服狄人退兵。先是派人送上大量兽皮和绸帛，但狄人不答应退兵；又派人送上若干匹良马，狄人仍然无退意；第三次派人

---

① 程俊英、蒋见元《诗经注析》"绵篇"，中华书局2017年8月版。

送去珠玉等珍宝，但狄人仍然不感兴趣。古亶公明白了，狄人发动侵略战争的目的，不是获得更多的财货，而是占有源源不断产出财货的土地。还有什么比肥沃的土地更珍贵呢？这是一个民族生存的根基。土地，是祖传下来的最珍贵的遗产，是宗庙、社稷所在的家园。但古亶公不这样想，他没有把土地看成自己的私产。他认为，土地本是养育百姓的地方，如今却成了给百姓带来灾害、磨难的处所，于是泣告民众，养人之地不能成为害人之地，父老乡亲们换一个君主照样可以生活下去。为了此地的安宁，免遭来犯者血洗，请允许我离开豳地，迁到别的地方去吧！

随后发生的事情是，亶公携妻子太姜，策马西行，前往岐山之下重新安营扎寨。诗中"爰及姜女，聿来胥宇"，是描述亶公与妻子姜女一起视察居住新址的情景。百姓们对亶公此举大为赞赏，奔走相告："这是一位有仁慈心的君王啊，我们怎能轻易地离开他呢？"接下来出现的一幕也许是中华民族史上罕见的君与民不离不弃的感人场景——

百姓们收拾家当，扶老携幼，追随亶公夫妇开始了一次从豳地前往岐山脚下的艰难的长途大迁徙。

孟子说："早年太王（亶公），非常爱他的妻子厥妃（姜女），而辖地的百姓也都内无怨女，外无旷夫，夫妻恩爱，家庭和睦，只要君、民同爱，大王的好色不影响施行仁政啊！"①

---

① 〔清〕焦循《孟子正义》"梁惠王章句下"，中华书局2017年6月版。

王顾左右而言他

（孟子与齐宣王）

孟子与齐宣王对话，连发三问，可谓咄咄逼人。

孟子一问："如果大王有一位臣子，需要出使楚国，临行时将妻儿家小托付给平时亲密的友人，请他帮助照料一下，友人满口应承。可是待到臣子从楚国归来，发现自己的妻儿并未获得照料，他们食不饱，衣不暖，生活得很艰难，臣子该如何对待友人呢？"

宣王回答："这样未尽友人之道的人，应该与他绝交。"

孟子二问："如果大王属下的监狱官，未能尽职治理好监狱，该如何处置呢？"

宣王态度鲜明："那就罢免他。"

孟子三问："如今大王管辖的四境，百姓生活困苦，社会治理混乱，该如何对待呢？"

宣王无言以对，面色如同一口气灌下去五牺尊酒，目光游移地左看看，右看看。沉默半晌，宣王岔开话题，谈起别的无关紧要的事情，也许长长地打一个哈欠，漫不经心地说："今天天气还不错，啊……"（原文："（孟子）曰：'四境之内不治，则如之何？'王顾左右而言他。"）①

---

① 〔清〕焦循《孟子正义》卷五"梁惠王章句下"，中华书局2017年6月版。

察人之困与去蔽之道

（孟子与齐宣王）

民间有语："不了解时结婚，了解后离婚。"为何不在婚前深察对方后再结婚呢？答曰："难！"不在一起锅碗瓢盆、油盐酱醋若干时光，何以能看清对方的秉性？

人与人之间相互了解本就是难题，因此才有"人生得一知己足矣"的感叹。那么，那些高高在上的大人物，要获得真实的讯息该有多难呢？比之攀登蜀道如何？

孟子为君王搭建了一条审察去蔽之道，不知在漫长的历史中，有几人能如此遵道而行？

先说识才之难，辨才之道。

孟子对齐宣王说："我们通常称誉一个国家存在多么长久，并不是说它拥有多少古老高大的林木，而是它曾经拥有多少贤能的名臣。而大王身边恰恰缺少能助王长治久安可托付信任的贤臣啊！以往所任用的一些大臣，今日作恶多端，应该诛责而弃才对。"

宣王感到疑惑："我怎样才能断定其人不才，而将之舍弃呢？"

孟子回答："国君任用贤能，一定要精心加以审察，如果不能明察，将会使卑下的人逾越尊贵的人（黄钟毁弃，瓦釜轰鸣），该亲近重视的能人与该疏远的庸人、小人在殿堂上颠倒。这么重大的事情，关系到一国之运，岂能不慎之又慎！

"如果君王身边的亲臣、宠臣，都说某人是贤才，不可轻信；如果朝中诸大臣都说某人是贤才，也不可轻信；只有民众都称誉某人是贤才，再派人进一步核实，证明确是贤才，然后再加以任用。

"如果君王身边的亲臣、宠臣，都说某人品行不好，不要轻听；如果朝中诸大臣都说某人坏话，也不要轻听；如果国人（广大民众）都说某人奸佞，那就应该派人加以核实，所议属实，就应该排斥远离，绝不让这类人上位。

"如果君王身边的亲臣、宠臣，都说某人罪愆深重应该诛杀，不可轻信；如果朝中大夫都说某人罪不可逭，也不可轻信；如果国人都说某人有罪该杀，然后再派人细细加以审察，确如所言，那就加以诛杀。这是把国人都认为有罪的人杀掉。

"如果能做到这样公平公正，统辖一方的君主就可以称之为民众父母。"（原文："国君进贤，如不得已，将使卑逾尊，疏逾戚，可不慎与！左右皆曰贤，未可也；诸大夫皆曰贤，未可也；国人皆曰贤，然后察之；见贤焉，然后用之。左右皆曰不可，勿听；诸大夫皆曰不可，勿听；国人皆曰不可，然后察之；见不可焉，然后去之。左右皆曰可杀，勿听；诸大夫皆曰可杀，勿听；国人皆曰可杀，然后察之；见可杀焉，然后杀之。故曰国人杀之也。如此，然后可以为民父母。"）

孟子这里列出三类人：贤人、庸人、罪人。君王治国理政，如何获取准确信息，对这三类人做出客观公正的判断呢？这件事必须格外慎重。否则，就会是非颠倒，错乱任用，冤枉好人。他提醒，身为君王尤其要注意，切勿轻信两类人提供的信息，一为左右亲臣宠臣，他们是那些奸佞之人试图通过不正当手段上位的主要包围拉拢对象；一为朝中诸大臣，他们为了扩大同党以营私，会向君王提供虚假的人事信息。那么，最可靠的信源来自哪里呢？来自国人、广大民众，他们不会为了某种私欲，异口同声地发出某些评判议论。即便这样，也还要细细加以考察核准，才能作出最后的判断。①

破坏仁义，谓之残贼
（孟子与齐宣王）

齐宣王问孟子："据传早年商汤放逐了桀，武王讨伐纣，是这样的吗？"

孟子答："史书上是这样记载的。"

因夏桀的暴虐、荒淫，百姓苦不堪言，于是成汤发兵讨桀。桀之不得人心，史书如此描述：汤将桀逐出了中野，百姓闻汤在中野，皆成群结队携带家资弃桀奔中野，桀则成了孤家寡人；桀率领部属五百人，南徙千里，到达不齐，不齐的百姓闻之，也弃桀而奔中野；桀与其部属又逃往鲁，鲁人又弃桀而奔汤；桀无奈，只得又往东南方向溃退，最终居南巢……桀就如魔鬼般，他到了哪里，哪里的百姓皆避之唯恐不及。

后人常言"得人心者得天下"，此之谓也！

关于周武王伐纣，《史记》中称："（周武王）闻纣昏乱，暴虐滋甚……于是武王遍告诸侯曰：殷有重罪，不可以不毕伐。遂率戎车三百乘，虎贲三千人，甲士四万五千人，以东伐纣。"②

①〔清〕焦循《孟子正义》"梁惠王章句下"，中华书局2017年6月版。

② 吕思勉《中国史》，云南人民出版社2019年1月版。

宣王问："这是臣杀君，先生觉得这样做合适吗？"

孟子答："破坏仁义的人，谓之残贼之人。其人不再是君王，而是一夫。我听说武王杀掉的是独夫民贼纣，没有听到百姓说这是杀君。"（原文："贼仁者谓之贼，残义者谓之残，残贼之人，谓之一夫。闻诛一夫纣矣，未闻杀君也。"）

孟子这里重新定义了君臣之道。为君之人，如作恶多端，不施仁政，是匹夫民贼，不得以君王论之。

坐在王座上的角色是可以转换的，贵为天子者未必是"圣人"。最核心的标尺是能否发政施仁。

话说到这个份儿上了，宣王是什么态度呢？《孟子》无载，可以肯定的是，孟子并未因此冲撞而获罪。[1]

匠人斫木与教人治玉

（孟子与齐宣王）

孟子对齐宣王说："建筑高大的房屋，需要负责工程的臣子寻找巨大的木料，等到臣子获得了巨大的木料，大王喜不自胜，觉得他很称职，给予他奖赏。当大王发现工匠按建筑需要，将巨木砍斫分锯时，勃然大怒，指责匠人不能胜任其职。

"这样的情况，也如同大王宫殿里获得一块重达万镒的璞玉，大王却亲自指导雕刻匠对美玉进行切割雕琢。

---

[1] 〔清〕焦循《孟子正义》"梁惠王章句下"，中华书局2017年6月版。

"以此推论，治理国家也有类似现象。一位士人从幼小就接受教育，等到壮年已是饱读诗书的学士了，自然会运用所学来的知识，来履行朝廷赋予他的职能。但大王却对他说：'你把原先所学的一套，都舍弃到一边去，一切都听我的，这与不懂造屋，却愤怒于匠人斫木，不懂雕刻，却教人治玉，有什么两样呢？'

"国家地广人众，需要众人参与同治。君王应任贤使能，让专门的人做专门的事，各行其职，才符合治理国家的大道。"①

"吾甚惭于孟子"

（孟子与齐宣王）

燕国占地广大，被称为"万乘之国"。燕王因暴虐其民，不听劝谏，内政昏乱，给了齐国开疆辟土的机会。齐国的疆域、国力本与燕国旗鼓相当，齐国却只用五十天左右的时间，以摧枯拉朽之势击败燕国。

获得如此大捷，齐王的得意之色，就如同防洪大堤上的管涌，咕嘟咕嘟往外冒。于是，就有了与孟子这么一段对话。

宣王问："齐伐燕，有人劝寡人勿取，有人说应该拿下。出兵前有不同争议，亏得寡人决断。以齐国的力量伐万乘之燕国，只用了五十天，这显然不是人力所能做到的，大概天意如此吧！拿下燕国后该怎么样呢？"

---

① 〔清〕焦循《孟子正义》"梁惠王章句下"，中华书局2017年6月版。

孟子回答："如果征服燕国，而燕民喜悦欢迎，那就取之。在这方面，古代是有成功先例的，武王就是这么做的。武王伐纣，殷民悦之，说的就是这件事。如果征服燕国，燕民不欢迎，那就不当取。在这方面也有先例，周文王就是这么做的。有人提议文王伐殷，其时殷有'三仁'——微子、箕子、比干辅助，民心未失，不当伐。

"至于说，齐国与燕国同为势均力敌的'万乘之国'，为何燕国百姓挎着篮子，装满食物、酒水，夹道欢迎齐军将士的到来？没有别的原因，是因为燕王无道，燕国百姓不愿再在水深火热的生活中煎熬了，这就是时运带来的效应。"（原文："以万乘之国伐万乘之国，箪食壶浆，以迎王师，岂有他哉，避水火也。"）

齐人轻取燕国，疆土倍增，实力更强，结果给各诸侯国带来了生存危机。他们谋议联合发兵讨伐齐国，这让齐宣王格外紧张，一时不知道如何化解危机，征询孟子的意见。

宣王问："诸侯正在谋划征伐寡人，该如何应对呢？"

孟子对宣王的紧张、恐惧心理，先是表现出不理解。只要行事得当，不应当有这样的心理啊。

孟子说："据臣听闻，当年成汤起步只有辖地七十里，却依靠修德恤民获得天下。今日齐国拥有千里之地，却畏惧邻国，按常理说不通啊！"

孟子引成汤十一征而无敌于天下的掌故，来阐明成汤获得天下的原因，以此警诫宣王。成汤伐桀，是从葛伯开始的。由于夏桀"灭德作威"，"敷虐"百姓，成汤的仁义之师受到四方百姓的欢迎，乃至于盼望成汤大军到来，如大旱之盼甘霖。如果成汤的大军先征东方，西方的百姓则埋怨，为何不先到我们这里来呢？

如果成汤的大军先征南方，北方的百姓就会埋怨，为何不先到我们这边来呢？汤在灭掉桀后，发布《汤诰》，昭告天下，表示百姓有善行，一定加以阐扬光大；而朕有错，一定不敢自我饶恕……百姓有罪，全部由朕来承担责任；而朕有罪，则不会累及百姓。（《汤诰》原文："尔有善，朕弗敢蔽；罪当朕躬，弗敢自赦……其尔万方有罪，在予一人；予一人有罪，无以万方。"）①

孟子以成汤为典范，接着批评宣王征占燕地后所作所为带来的恶果："齐国能够一举征服燕国，是因为燕王暴虐其民，所以'箪食壶浆，以迎王师'。可是齐征燕后，又重蹈燕王覆辙，暴虐燕民，杀掉燕王父兄，株连其子弟，毁其宗庙，并将燕地的珍宝器物，源源不断地搬往齐地，这怎么可以呢？

"天下对齐国的强盛，本就存有戒惧心理，如今又占据燕国，疆域倍增，更主要的是不行仁政，让民众失望，这就是天下合众要灭掉齐国的原因啊！

"大王现在改弦更张还来得及。请迅速发出诏令，首先放还抓捕的燕国的族人老幼，停止搬迁燕国的珍宝重器，与广大民众共议，推举一位大家都崇敬信服的贤人来做君王，然后齐军离燕返国。如果这样做是可以让诸侯国停止发兵，避免灾祸的。"

接下来事态的发展，可用怅叹、扼腕、痛心来表述了。齐宣王未采纳孟子的谏言，停止触发内外众怒的行为。到嘴巴的肉要吐出来，谈何容易？其结局是因燕人奋起反抗，加上外部诸侯国的干预，齐国被迫从燕国败退。齐国不但一无所获，还因此次征伐行

---

① 王世舜、王翠叶译注《尚书》，中华书局2012年1月版。

为，在北方边境为自己树立了一个燃烧复仇火焰的"敌国"。

对此，宣王曾有悔意："吾甚惭于孟子。"①

君王有错与为卿之道
（孟子与齐宣王）

齐宣王问孟子有关卿大夫的事。《孟子》原文是"齐宣王问卿"。仅从字面看，很难理解，齐宣王所问涉及卿大夫的是哪一类事？是君王如何对待卿大夫，还是卿大夫如何对待君王？

联系后文对话内容可判定，是后者。

孟子反问："大王关心的是哪一类卿大夫的事？"

宣王感到不解："卿大夫还有什么区别吗？"

"是有不同啊！有与君王同族贵戚的卿大夫，有异姓卿大夫。"

宣王点点头，这么一说是有区别。他先问："贵戚卿大夫如何事君呢？"

孟子答："君王有大的过错，他们应该劝谏，如反复劝谏君王依旧不听，我行我素，他们就应该把君王换掉，推举更贤能的人来担任。"

宣王一听此言，浑身毛发几乎根根倒立，胸脯如同蛤蟆鼓噪般起伏，面色如同抹了锅灰，张大嘴巴却不发一言。

孟子语气平静地向宣王解释："请大王不必惊怪。既然大王

① 〔清〕焦循《孟子正义》"梁惠王章句下"，中华书局2017年6月版。

问臣，臣只能以实情相告。"

宣王的情绪逐步平息下来，又问："那么异姓卿大夫该如何呢？"

孟子答："君王有过错应该劝谏，如果反复劝谏不被采纳，就应该辞职。"

孟子说的应该是指君子级别的卿相吧？他们知进也知退，只为报效国家而入仕；假如为贪富贵，通常不会弃官而去。能直言劝谏已属不易，听不听干卿何事？只要俸禄不减就成。

后之学者考证，类似情况还有另一种处置方式：臣三谏而君不听，则辞职至边境等待。如君王赐以"环"（还），则示意请还。至于还与不还，卿大夫可自行决断。如君王知错而改，重返朝堂当然是顺水推舟；如君王无改错意，但仍想挽留臣下回朝，你是还还是不还呢？大概因人而异。孟子这个级别的"卿"是不会吃这种回头草的。

还有一种情况，如果君王派人送来"玦"（决），那就赶紧走人。①

圣人寡为与禁攻寝兵

（尹文与齐宣王）

尹文（约公元前360—公元前280年），大名鼎鼎的战国思想

---

① 〔清〕焦循《孟子正义》"万章章句下"，中华书局2017年6月版。

家。遗憾的是他的著述仅存两篇，收入《尹文子》一书。其人思想兼收并蓄，大致被认为是黄老学派的标志性学术大家之一，由道至名至法。

《庄子·天下篇》纵论天下学术，在第三章中将宋钘、尹文子并论："不累于俗，不饰于物，不苟于人，不忮于众，愿天下之安宁以活民命，人我之养毕足而止，以此白心（表白心愿）。"①尹文的思想中，尤其强调"人侮不辱，救民之斗，禁攻寝兵，救世之战"，反对诸侯间为开疆拓土、称霸天下而相互征伐，置民于水火之中，具有强烈的救民、反战情怀。他的主张虽不被诸侯所接受，仍孜孜以求地游走于各国，"强聒而不舍"。

呜呼，其人浩然之气回荡在天地日月间，过去及未来都会永远绵绵不绝于华夏精神血脉中。

齐宣王向尹文求教："如何做一个好的君主？"

尹文答："做君王的应该无为而治，对底层百姓有宽广的包容心。"随后他阐述了"无为而能容下"的具体含义。

他说："做事应该尽可能简单，这样百姓执行起来省力；法令则应简明，百姓容易遵守，也就会减少百姓犯罪的概率。遵从大道，就要有博大的包容心；君王有圣人之德，就应减少繁冗的苛政，让百姓有生息的机会。圣人减少繁杂的政事，是治理天下最得人心的行为。《尚书》中说：'睿智通达者才能成为圣人。'《诗经》里说：'周朝初年，因为古亶公有对百姓的仁爱之心，在

---

① 陈鼓应注译《庄子今注今译》（下）"天下"，中华书局1983年4月版。

受到外族入侵时，放弃让生灵涂炭的战争，从豳地迁往岐山，为后代子孙铺展了一条勃兴昌盛的大道。这么好的德行，后代子孙应该永远铭记啊！'"

宣王听了眼前一亮，赞道："你说得很好啊！"①

士人品行与受侮不斗
（尹文与齐湣王）

齐湣王继齐宣王后，执掌齐国大位。尹文先生像孟子那样，也成为经常被邀请入宫的高级顾问。

在这场与尹文的对话中，齐湣王遭到严厉的质疑与批评。

齐湣王对尹文自称："寡人很喜好士人。"

这当然是一个很好的"喜好"，应该得到鼓励。

尹文则问："请问大王，什么样的人可以称之为士呢？"

齐湣王茫然四顾，回答不出。

尹文以设问的方式，为湣王提供答案："现在有这样一个人，他侍奉父母很孝顺；侍奉君王很忠诚；对待友人讲诚信；居住乡间敬老爱幼，广获称誉，大王觉得这样的人可以称之为士吗？"

湣王回答："这样的人，当然是理想中的士人了！"

尹文继续追问："大王如果获得这样的人，肯任用他为臣子吗？"

---

① 王天海、杨秀岚译注《说苑》"君道"，中华书局2019年12月版。

"当然，当然，"湣王几乎迫不及待地回应，"寡人怕的就是得不到这样的人啊！"

"既然大王喜欢得到这样的人，假如这个人立于朝堂之上，虽受到他人侮辱，但却不与对方争斗，大王还会继续任用他为臣吗？"

"不，不，不会。士大夫受到侮辱，而不与对方争斗，这是甘心受辱。这样的人，寡人是不会任用他为臣的。"湣王答。

尹文顺着湣王的思维逻辑，找出其自相矛盾的破绽："像这样忍侮不斗的人，并未丧失士人的四种好的品行。刚才大王认为有四种品行的人是士，可以为臣，现在此人仍然保有四行，为何就不能为臣呢？"

或者换一种说法，大王刚才认为的士，因为受侮不斗就不是士了吗？

湣王又一次语塞，无法回答尹文的质疑。

接下来，尹文的语锋，直指湣王治国政务存在的严重问题："今有人在治理国家中，民众有错则去责罚他们，民众无错也去责罚他们，如此这般对待民众，却说百姓难治，这样做，大王觉得可行吗？"

湣王回答："不可以。"

尹文一针见血地指出："臣私下以为，大王的'下吏'就是这样治理齐国的。"

这里明说是"下吏"所为，实指湣王本人。湣王当然也很清楚。

他为自己辩解："如果寡人所做的，真像先生说的这样，那么，国家治理不好，寡人是不会埋怨他人的。先生说的果真如此吗？"

尹文举出实例为证，说明湣王治国理政的理念和方式是多么混乱："我这么说，绝不是信口开河，是言之有据的。请允许我做具体的说明。大王发布的法令中有这样的条款：'杀人者死，伤人者刑'。在百姓中有受侮而不斗的人，是执行大王的法令。而大王却认为受辱不斗是甘受侮辱，这是不对的。如果为臣这样做，却认为他们有罪，不能为臣。这是民众无罪、臣子无罪，而大王却以罪论处啊！"

齐湣王听到这里，第三次沉默无语。

尹文子所倡导的"见侮不斗"，不仅是劝诫君王，而且引导民众，有着更广阔的时代指向。

战国临近晚期，各诸侯国之间的互侵互斗更为剧烈。谁手上的刀把子强硬，谁就能蚕食更多的土地，拥有更多发号施令的权力。齐湣王也是最好斗的侯王之一。战国时期，齐国历经桓、威、宣的经营，至湣王时，国力达到鼎盛。刚愎自用的湣王野心膨胀，做起了扫荡诸侯、君临天下的美梦。正如《盐铁论·论儒》中描述："及齐湣王奋二世之余烈，南举楚淮北，并巨宋，苞十二国，西摧三晋，却强秦。五国宾从，邹、鲁之君泗上诸侯皆入臣。"齐湣王到处圈地，四面树敌，在吞并多国时也几乎耗尽国力。齐国成了一个表面风光无限，但内里不堪一击的虚弱的巨人，在遭到秦、赵、燕、韩、魏五国联攻后，节节溃败，几近亡国。齐湣王在溃败中身死莒城。从此，直至秦灭六国，齐国未再有往日之繁盛气象。

多年"红利"，耗散于湣。[1]

---

[1] 陆玖译注《吕氏春秋》"正名"，中华书局2011年10月版。

"士贵"还是"王贵"?

(颜斶与齐宣王)

颜斶，生卒年不详。从《战国策》记载的形迹看，其人与齐宣王生活在同一时代。颜斶本就是齐国人氏，早期应曾在稷下学宫求学，其人才名如雷，却长期隐居于马踏湖畔。他当隐士是真"隐"，不像某些高士以隐求得清流之大名，遇贤主，即出山一展才学，姜太公、诸葛孔明当属此类型。但颜斶却不看"主公"为何人，只想过素食当肉、安步当车的清静日子。越是这样，越是让宣王心里总悬着他的大名。

齐宣王召见颜斶。按常理推断，除了派人带着诏令，宣布大王旨意，也还要用专车将颜斶从马踏湖畔接到朝堂。

大王有令，岂敢违旨？颜斶随车来到齐国皇宫的"政事堂"。进入檐柱高耸、发散着皇家气派的殿堂，通常人心里就自觉矮了三分，心怦怦跳，脚板颤悠。但这个一身布衣的颜斶气定神闲，在距离宣王丈余远处停止了脚步，不再往前叩拜宣王。宣王不明白他为何止步不前，急迫地招手：

"颜斶，快，快，快点到寡人身边来啊！"

颜斶立定脚步不动，也大声说："请大王向前，到我面前来！"

宣王起初的满面喜悦之情顿失，双方一时僵持在朝堂之上。

左右大臣七嘴八舌地聒噪，他们绝不会料到出现如此尴尬的一幕。等他们回过神来，不知是谁发出指责颜斶的声音：

"大王是一国之君，颜斶你是大王属下的臣民。大王招呼你到他面前去，是给你面子，你却反让大王屈尊到你面前来，你这么做符合君臣之礼吗？"

颜斶回答："斶往大王面前走，是士人趋炎附势，图谋权贵；而大王离座往我这边走是礼贤下士。与其让斶成为趋慕权势、利欲熏心之徒，不如让大王成为礼贤下士的明君。"

虽然两者间仅一丈之遥，但谁向前迈过这"一丈"，却有着高山与沟壑的区别。距离是这么近，近得伸手就可以触蹠；距离又是这么远，远到如在地球的两端。中间隔着一条无垠的大洋，这条大洋的名字叫"尊严"。

宣王的情绪显然已难自控，声音几乎有点嘶哑了：

"是国王的身份尊贵，还是士人的身份尊贵？"

颜斶的回答稍稍停顿了一会儿，为的是让被愤怒情绪裹挟的宣王能够回归理智，以便听清他一字一顿、如重锤落砧的声音：

"士人的身份尊贵，国王的身份不尊贵！"（原文："士贵耳，王者不贵。"）

宣王几乎有点失态："你这么说，有何道理依据？"

"当然是有道理依据的。"颜斶娓娓道来，"大王是否知晓，早年秦国攻打齐国，秦王下令说：'如果有人胆敢去柳下惠（原鲁国大夫，著名士人，与孔子同时代人。原名柳下季，死后赠谥号"惠"，故又称柳下惠）的坟地五十步内砍柴，或破坏坟地，当处以死刑。'又发号令说：'如果有人砍掉齐王的头颅，封万户侯，赐金千镒。'两相比照，活着的国王的头，不及一个死去的士人的坟墓值钱呢！大王认为谁尊贵呢？"

颜斶用这样一个案例来说明"士贵，王不贵"，可谓为数千年中国士人的尊严设定标准，也向那些手握权力就自觉尊贵的肉食者敲一大棒。

宣王自觉下不来台。此时一帮大臣摇动舌头，向颜斶发起攻击："颜斶，还不赶紧上前叩拜大王！什么士贵、王不贵？大王具有千乘之地，建有千石钟、万石虡①，天下那些贤能高士，无不竞相投奔到大王的麾下，为大王效力，把自己的才识、智慧，都贡献出来。在齐国的土地上，有谁敢不服从大王的号令呢？大王需要什么物件，就会有人呈上什么，可谓万物皆备于我，而百姓们对大王也都非常亲近。至于今天的士人们，虽自觉清高，也不似你说的那样尊贵，皆被人们称之为匹夫，耕作于乡间田垄，更等而下之的也只能在小邑闾里看守大门，做个普通的监守人员，地位之贱当然不用说了，还有什么尊贵可言呢！"

颜斶面对身边那些傲气十足、口水横飞的臣子，掠过几丝不屑的微笑，静待他们把话说完。等到聒噪之音停息，他才语音平静却字字如有千石之力地给予回击。

他对那只庞大的"千石钟"不感兴趣，钟声即便如雷，也不代表所处之地就是礼仪之邦。他也不需要把自己的嗓音，弄得声嘶力竭，似乎不敲出洪钟的音量来，就无法证明自己义理在握。

他面对衮衮诸公，还有那位双目圆睁的宣王，声音如汩汩流淌的泉水：

"诸位所言不对，把是非完全搞颠倒了。我听说很早以前，大禹拥有天下时，诸侯国多达万家，都臣服于禹的统领，原因

① 钟，用于举行礼乐活动的悬钟。虡（jù），用于悬挂钟磬的立柱。

何在呢？因为禹尊德重道，得到高贵饱学之士的襄助。舜本是乡间普通农人，可以说是社会最底层的人了，但也修成了天子的功业。到了汤的时代，其辖下的诸侯国尚有三千家。而当今之世，能够自称寡人的诸侯国仅剩二十四家了。纵观诸侯的兴衰，最核心的根由就在得士者兴，失士者亡啊！当诸侯国衰落，直至灭亡时，国王想放低身段，但求保命，做一个闾里的看门人可得乎？

　　"所以《易传》上这样说：'身居高位却不具备相配的德行，反而喜好虚假的名声，这样的人骄奢傲慢，灾祸必然跟随而来。'于是，我们常常看到，上位之人无实际才能而徒慕虚名，国家都会走向衰落，没有崇高德行而谋求更丰厚的福报是很难的，没有建立功业却享有薪俸是不光彩的，这些行为都会带来深重的灾祸。他们都是些贪求虚名荣华而缺少高尚德行的人。因此人们常说：'傲慢的人建立不了功业，徒慕虚荣的不会得到实际的收获。'

　　"因此，尧能够起于田垄而登大位，是得力于有九位德能高强的士人辅佐；舜能拥有天下，受到百姓拥戴，是身边有七位高人成为他左膀右臂；禹功业显赫、誉满天下，是因为有五位贤能助手；而汤呢，辅助他成就宏伟事业的是三大贤臣。自古至今，能够靠虚名而获得天下的，从来没有过。因此，贤明的君王遇到问题，就立即向有才学的士人求教，不耻于向地位低下的人学习。正因为如此，尧、舜、禹、汤、周文王能够德高望重、扬名于世。"

　　给宣王和诸臣上完了"历史课"，颜斶又以《老子》的理念为主要教材，给他们上了一堂既形而上又形而下的"哲学课"，将他的为君治国的思路，提升到"道"的高度。

"所以说：'看起来无形的事物，却是有形事物的主宰；似乎摸不着头绪的事物，却是事物本质的体现。'圣人能够洞察人世间万物运行的基本规律，无论上溯它的源头，还是顺其势向下的流向都能明察，做任何事情都能如其所愿。老子说：'贵与贱、高与下，都是相依相成的。无贱则无贵，无下则无以为高。'（原文：'老子曰："虽贵，必以贱为本；虽高，必以下为基。"'）天子诸侯自称孤、寡、不穀（不穀，得不到养护的穷人），这是他们自觉地以贱为向上攀登的基础。社会上被称为孤、寡的人，都是孤苦无依最困难最底层的人，但天子诸侯却以此自谓，这岂不是自处卑贱的位置而表达对士人尊贵的敬重吗？早年尧把天子位传给了舜，舜把位子传给了禹，周成王任用周公旦，他们被世世代代的百姓称誉为明主，是因为他们知晓贤能之士是多么尊贵！"

听到这里，宣王豁然顿悟，连声长叹："哎呀，哎呀，寡人误会先生了。像先生这样的君子岂可轻慢呢？是寡人有错。听君一席话，才明白什么是小人的行为。恭请先生收我为弟子，可随时聆听教诲。先生只要伴随寡人左右，吃的一定是牛、羊、豕等美食，出门必有马车随驾，妻儿都穿华丽的衣服。"

颜斶对宣王的美意，表示诚挚的谢意。他是用什么动作和肢体语言表示谢意的，史书未作记载。只知他在表达谢意的同时，也婉言谢绝了宣王许诺的所有诱人待遇，坚持要回到马踏湖畔，过平静自在、洒脱不羁的布衣生活，不再与闻政事。

他如斯表述：

"美玉生长在大山之中，如果被开采出来加以雕琢，虽然也很

明　张路《老子骑牛图》

珍贵，但已失去了它朴然无痕的形态。士人出生于田垄鄙野，待到饱读诗书后，被推举到朝堂任职享受俸禄，当然看起来很尊贵，但他的形神已没有了淳朴书生的模样。我希望回到我的住所，晚上随意吃些谷蔬，就像吃肉一样香。出门漫步，也像坐在车上出行一样快乐。一生没有犯罪的行为，就自觉很尊贵了。与山水草木为伴，以清静独行正直做人为娱。该向大王尽忠建言的是颜斶，如何考量决断则是大王的事了。臣该说的已经说得很详细了，无需再赘言。希望大王开恩赐臣安稳顺利地回到我的湖边小屋。容臣在此拜辞！"

颜斶的态度肯定让宣王很失落。左右大臣是否面有惭色不得而知。

后续事态的发展是，颜斶终生不仕。可能也正因为他声名不显，因此卒于何年、享年几何，皆无记载。据说，后人在马踏湖畔修建了五贤祠，所列五贤塑像为：颜斶、鲁仲连、诸葛亮、苏东坡、辕固。

马踏湖波光粼粼，芳草萋萋，鱼虾互戏，柳枝摇曳，鸟语啁啾……层层波影叠现着颜斶安步当车的伟岸身躯。[1]

---

[1]　缪文远、缪伟、罗永莲译注《战国策》"齐宣王见颜斶"，中华书局2017年6月版。

缝冠与举士

（王斗与齐宣王）

王斗，生卒年不详，著名稷下先生。从史载形迹看，似与齐宣王生活在同一时期。

关于王斗的这则故事，部分内容与记载他人史实似有重叠。前半部分内容与颜斶相似，后半部分内容与淳于髡相似。笔者很难断定，是后人记载有误，还是类似形迹发生在不同人的身上，折射出那个时代某些共同的风尚？

重复，也是修辞中常见的重要方式，用于强化某些重要的叙事元素。

好故事是不怕重复的。更何况，王斗之"刺"也有其特别之处。

某日，王斗先生求见齐宣王。稷下先生求见齐王，在当时应该是一个常态，只要对国事有话要说，是可以随时求见的。

齐王闻报，立即派负责接待的官员去宫门外迎见。

王斗问接待官："大王是要让王斗进宫去拜见吗？臣如去宫内拜见，会被人看作攀附权势，图谋荣华富贵。如大王出宫召见王斗，则为礼贤下士，大王准备怎么做呢？"

接待官说："请先生稍等，我去向大王报告后再回复。"

宣王闻言，马上表态："请先生稍候，寡人即到宫门外迎见。"

"有幸见到王斗先生，欢迎，欢迎！"宣王至宫门外迎见王斗，拉着他的手一起步入宫内。双方坐下，宣王说："寡人继承先祖功业，昼夜忐忑不安，但愿能不负先祖重托。期待先生面刺寡人之过，听闻先生正直敢言，如发现寡人有过错，但言无妨。"

王斗说："大王听到的关于臣的赞誉，不符合事实啊！我生于乱世，侍奉的是昏君，哪能做到正直敢言？"

这是什么话？这个王斗一开腔就将一柄利剑向宣王的胸口直直地"刺"过来。生当"乱世"？国王是"昏君"？寡人治下的齐国有这么糟糕吗？是寡人"昏"了，还是王斗先生"昏"了？史载宣王"忿然作色"，不悦之情挂在脸上。不过，仅仅是"不悦"，的确已经是不容易了。想想历代君王，有几人面对如此刺耳之言，还能与臣子继续对话？

双方沉默了一会儿，王斗说："齐国先祖桓公有五大爱好，所以能九次召集诸侯议事，周天子对他很信任，不仅授予他侯王的封地，还立他做诸侯的霸主，享有极高威望。而今大王比之先祖有四大爱好。"

宣王显然未弄明白，所谓与先祖比有"四大爱好"，是褒扬还是批评。宣王说："寡人愚陋，继承先祖宗庙，总想守好这份家业，不要失去，哪里来的四好？"

"不不不，"王斗说，"臣说的四大爱好，大王确实是有的。先君桓公喜欢马，大王也喜欢马；先君喜欢凶猛的猎犬，大王也很喜欢猎犬；先君喜欢香醇的好酒，大王也沉迷好酒；先君喜欢美姬佳丽，大王也喜欢美姬佳丽。独有一喜不同，先君喜欢贤达士人，而大王却不喜欢士人。"

这下说明白了。前"四好"是人之常情，无妨于国运，但最要害的区别在其中一"好"。先君好士，宣王不好士。

宣王双手一摊，作无奈状："当今之世没有士人，寡人想好，好谁呢？"

"错错错，"王斗驳回了宣王的提问，"当下虽没有骐骥、骒耳那样的千里马，但大王的马厩里并不缺少各种良马；当下没有传说的像卢氏那样的名犬，但大王游猎时，并不缺少猛犬；当下虽然没有听闻有毛嫱、西施那样的绝世佳人，但大王的后宫里汇集了齐国最美的女人；当下并非无士，是因为大王不好士。大王心中有士，何患无士？"

宣王仍作无奈状："寡人忧国爱民，当然期盼能得到贤能之士的辅助，把国家治理得更好。"

宣王想说的是，寡人好士，可士在何处？

王斗点出宣王所谓好士而不见士的原因所在。

"在臣看来，大王说的忧国爱民，不及大王喜爱那些用细纱织成的丝织品。"

"此话怎讲？"

王斗说："大王宫里需要织造那些冠带，不会让身边的人随意去做，而是派人找那些擅长穿针引线的工匠来做，是何原因呢？因为身边的人做不了，必须找那些有织造专长的人。而大王治理国家，却非身边亲近宠臣而不用，所以臣以为大王忧国爱民不及爱那些丝织品。"

至此宣王恍然醒悟，眼中无士人，是因为眼中只能看见围在身边的亲臣。于是起身行拱手礼，表示认错："先生所言极是，寡人有罪！"

经过此次对话，宣王力革用人唯亲、唯宠的弊端，选拔重用了五位贤能之士，齐国治理面貌果然大变，为其他诸侯国所瞩目。[①]

伟哉，"贵直"之士
（能意与齐宣王、狐援与齐湣王）

能意，生卒年不详。从史载形迹看，与齐宣王同时期人，在稷下学宫先生中，以正直敢言而著称。

狐援，生卒年不详。从史载形迹看，与齐湣王同时期人，是齐国大臣。是否曾求学于稷下，则难作定论。大概率应名列稷下先生。在《吕氏春秋》中，将能意与狐援同列"贵直"栏下，两相参照，具有特别的警示意味。

他们皆为齐臣，侍奉的是不同的君王，命运也迥然不同。

能意拜见齐宣王。宣王问："寡人听闻先生正直敢言，是这样的吗？"

能意回答道："臣哪里配称正直之士？人们都说，以正直为行事准则的士人，不会把家安在社会治理、政事混乱的国家，也不会屈身拜见头脑昏聩的君王。而我今日来拜见君王，又把家安在齐国，算什么正直之士呢？人们的称誉真的让臣汗颜无地啊！"

这位能意果然是名不虚传的正直之士，一张嘴等于是指着宣王的鼻子，将其臭骂了一通。这让傲气十足的宣王，心里怎么能

---

① 缪文远、缪伟、罗永莲译注《战国策》"先生王斗造门而欲见齐宣王"，中华书局2012年6月版。

・ 103 ・

承受？于是宣王勃然大怒，吼道："这是个不懂规矩的鄙野之人，来人哪……"

正在等待狱吏来将能意严加惩处时，能意不动声色地说："臣在年轻时就心直口快，说话不绕弯子，年长了也是一贯如此，大王难道就不能容忍鄙野之人说几句心里话，以此向天下之士彰显大王善于纳谏的气度？"

"罢、罢、罢……"宣王向闻声赶来的狱吏挥挥手。

能意因直言不讳激怒宣王，但仍幸运地得以生还。而供职于齐湣王朝堂的狐援，就没有这么好的结局了。其命运之悲壮，等同另一个屈原。

面对齐湣王四处征伐，国内民怨沸腾、国外诸侯嫉恨、国势殆危的险况，狐援劝谏湣王：

"殷朝的鼎器陈列在周的殿堂，殷祭祀土神的地方之所以被用棚屋覆盖，其宫廷之乐被用于人们游乐，原因何在？按常理，亡国的鼎器不得陈于朝，亡国的音乐不得在宫廷中演奏，亡国的祭祀场所不可见于天日，这么做就是为了诫勉后人，以免重蹈亡国之朝的覆辙。希望大王也以此为戒，不要让齐国的大钟，陈列到别国的殿堂；不要让齐国祭祀土神的地方，被别国用棚屋覆盖；不要让齐国的宫廷音乐，用于他国的游乐……"

正常人只要没有被酒水浸泡得神志昏迷，都会明白狐援等于在大声疾呼："这样下去齐国就要亡了，大王快醒醒吧！"

湣王断然拒绝了狐援的劝诫。是采取何种方式拒绝的？是派人将狐援架出宫门，还是处以更严厉的责罚，不清楚。

但狐援没有就此罢休，继续采取他的另类方式劝诫。

他泪流满面，在大街小巷到处哭喊："危险啊，危险啊，先逃离的人可能有口饭吃，后逃离的人就要被关到监狱里去了。我已经看到很多人在仓皇无所适从地往东跑，他们不知道要跑到哪里才是安身的地方……"

正如老子所说，国家昏乱有忠臣！

湣王问狱吏："国家平安无事却哭丧的，该处以何罪？"

狱吏答："当斩。"

湣王口谕："按法令执行。"

狱吏将刀斧陈于都城的东门，出于良知，狱吏不想杀掉狐援，故意虚张声势，为的是让狐援赶紧逃离。奈何狐援不惧死，跟跟跄跄、跌跌撞撞、披头散发地主动来到行刑地东门。

臣不畏死，奈何以死惧之？

狱吏见之提醒道："哭国行为按法要斩首，先生是头昏了，还是老糊涂了？"

狐援回答："我头脑清醒着呢。"

又说："你知道吗？有一条小鲫鱼从南方游来，登上齐国朝廷后却像鲸鱼一样凶残，会把齐国变成一片废墟。（这里狐援用比喻，所指的是齐湣王四十年时，燕、秦、韩、赵、魏五国联手攻齐，楚国派大将淖齿率兵援齐，于是齐王任命淖齿为相。淖齿继而杀掉湣王，与燕国瓜分了齐国原来侵占的土地和宝器。狐援哭国之时，当在淖齿掌握大权，湣王尚未被杀期间。）殷朝有比干，吴有子胥，齐有狐援。我的忠言大王已经听不进去了，现在又要斩臣于东闾，臣现在引颈就戮，就请成全我与比干、子胥为伍吧！"

……

援助齐国的楚国大将淖齿，究竟是早有预谋，以援助为名，在获得齐王的信任后将之杀掉，还是淖齿见湣王是个昏庸残暴的家伙，趁势将之杀掉？从《战国策·齐策六》记载看，齐国在五国联军进攻下，接连溃败，湣王逃至莒城。淖齿见齐国大势已去，再无挽回可能，于是与湣王有这样一番堪称绝妙的对话。

淖齿问："在千乘（齐地名）、博昌（齐地名）之间，方圆有数百里的地方，天落暴雨，雨水中夹有血滴，大王知道这件事吗？"

答曰："不知。"

淖齿又问："在嬴（齐地名）、博之间，有大片土地开裂，从地下咕噜咕噜往上冒浊水，大王知道吗？"

答曰："不知。"

淖齿再问："在大王宫殿外有人听到凄厉惨痛的哭声，但走到近前却看不到人，离开时哭泣声又响起，大王知道吗？"

答曰："不知。"

淖齿三问，湣王三不知。淖齿告诉他："天雨有血，这是上天预兆齐亡；地裂涌泉，是地在告知齐亡；宫殿外壁发出哭诉，是人心告知齐亡。天、地、人都在告诫大王，而大王却浑然无觉，不知悔改，此时不诛该当何时？"随即，一道白光从湣王的脖子上闪过。另有一说是湣王被淖齿抽筋剥皮。[1]

此地为莒城一个名叫鼓里的小巷。湣王命丧鼓里倒也相配，因为他至死都蒙在不知天、地、人为何物的鼓里。

---

[1]　缪文远、缪伟、罗永莲译注《战国策》"齐策六"，中华书局2012年6月版。

拜与不拜

（闾丘与齐宣王）

闾丘卬，又称闾丘邛（下面简称闾丘），生卒年不详，齐国著名士人。闾丘年幼家贫，但聪颖好学，才华横溢，尤其能言善辩，让齐宣王为之折服。

在齐宣王出巡时，年方十八岁的闾丘站在路中，拦住宣王的车驾。宣王问："子为何拦路？"闾丘直言不讳："家贫，温饱难续。为了侍奉老人，请赐给我一份差事。"宣王先委婉拒绝了他："你还年轻，给你官做你也做不了啊！"

闾丘则振振有词："年龄不是问题。古时颛顼十二岁就治理天下，秦国项橐七岁就成了君王师。"

宣王又说："都说千里马能日行千里，但没听说还没壮大就能做到的。"

闾丘反驳宣王成见："常言尺有所短，寸有所长，那些世所著名的骏马，如果让它与野狸、黄鼬在厨房锅灶间一同做事，未必是野狸、黄鼬的对手；黄鹄、白鹤能够展翅高飞，但让它们与燕雀比试在屋檐廊柱间的敏捷，也会逊色；辟闾和巨阙是天下之利器，用之击石，则石头粉碎而刀刃无痕，但用它们来剔除吹入眼中的细沙粒，却不如细如针发的槁木。由此观之，以闾丘的能力，是可以做些别人做不了的事情的。"

闾丘的伶牙俐齿，让宣王止不住笑起来，喜欢上了这个在君王面前一点不露怯，居然还能雄辩、有见识的小年轻，当即承诺授予他职位。

从下面这则故事看，似乎发生在闾丘更为成熟的年龄段。因闾丘非同寻常的行为和谏言，宣王赏识他，要任他为相。

齐宣王率人到社山出猎，当地父老乡亲共有十三人挎着篮子，装着谷蔬菜肴慰问宣王一行。

闾丘也在这十三个慰问人员中。此时他是一位闾里的小吏，还是普通百姓，抑或是从稷下学成归来的士人？相关史书含混不清。

宣王跳下马车，走到父老中间，拉着他们的手说："父老们辛苦了！"然后对随行大臣说："赏赐父老们不用交田税。"父老们都跪拜，感谢大王恩赏。

但十三人中，独有闾丘站着没有跪拜。

宣王感到有些蹊跷，莫不是对父老的赏赐太薄了？于是，宣王又追加赏赐："各位父老从此不用服徭役了。"父老们激动地再次跪拜。

但闾丘仍旧站着，显得格外突兀。

宣王虽稍有不悦，但仍耐着性子，走到闾丘面前，问道："寡人两次赏赐父老们，他们皆拜谢，独先生不拜，难道寡人有什么地方做得不妥当吗？"

闾丘答："听闻大王来游猎，很高兴与父老一起来慰劳大王。借此也想获得自己希望得到的赏赐：希望大王能赐我长寿，希望大王赐我富裕，希望大王能赐我尊贵。"

宣王觉得闾丘提出的这些要求，都是不切实际的，但仍耐心解释："人的寿命是由上天决定的，寡人无法赐先生寿数；国库里虽然堆满了谷物、资财，但都是用来预防灾害的，不能用来赏赐先生；至于尊贵，现在朝廷里的重要职位都无空缺，小吏的职位又显得卑微，无法使先生尊贵。"

说得都有道理。

"大王啊，您说的这些都不是为臣所敢奢望的。"闾丘发现宣王误解了他的要求，也可以说闾丘故意绕弯子制造悬念，然后表述自己真正想要说的话：

"希望大王能选择有才学有教养的士人为官，公平公正地执行法度，这样臣生活安稳就会长寿了。

"希望大王遵守自然轮序的节气，适时地帮助百姓做好春夏秋冬该做的农事，不要干扰他们正常的耕作和生活，这样臣衣食无忧，生活得也会很充实了。

"希望大王发出号令，让年少的敬重长辈，年长的敬重老人，这样臣也就会活得很尊贵了。

"今日大王赐臣不必交田税，如果大家都不交税，会使国库空虚；大王赐臣不必服劳役，如果所有人都这样，官府里很多公务就无人做了，这是人臣不希望看到的啊！"

对于纳税和服劳役，都有个度的问题。如果免税和免役，仅限于参与慰问的十三人，对于广大百姓则是不公平的。反之，如果免除所有国人的税和劳役，肯定做不到。百姓需要的是尽可能少税和轻役。治国理政，需要从更高的层面上来运作。因此，宣王随意赏赐，未必是妥当的。闾丘不便直接说而已。

宣王听了闾丘的话，眼前一亮，觉得此人见识高卓，正是朝廷需要的人才，赞叹道："说得好啊！寡人请先生为相。"

由此可见，朝廷重要职位无空缺，也只是宣王的一个托词。

关键在于你是不是寡人需要的人才？是，则虚位以待；不是，有职位也不能给。职数不够，可以破例。

闾丘能成为齐国著名的大夫，大约是从此时起步的吧。[1]

"父重"还是"君重"？
（田过与齐宣王）

田过，生卒年不详。从史载看，约与齐宣王同时期。著名稷下先生，未见有著书遗世。有关田过的形迹，只有一件事，分别载于《说苑》与《韩诗外传》中。

齐宣王问田过："我听说信奉儒学的人，父亲离世了要守丧三年，为国君也是守丧三年。那么，在儒者心目中，是国君重要呢，还是父亲重要呢？"

"当然是父亲重要。"田过不假思索。

宣王听了，愤然反问："既如此，为何要离开父亲，不去侍奉父母，而要到朝廷来侍奉国君呢？"

田过并不因宣王的"愤然"而有丝毫紧张，仍然语调平缓地说出父重于君的理由："没有国君治下土地，臣无处安顿亲人的居住；没有国君发放的俸禄，臣就无谷米奉养亲人；没有国君授予的爵位，臣就无法让亲人活得更加尊贵。土地、俸禄、爵位都来自国君，但都用来奉养宅中老幼了。因此，儒者侍奉国君，是

---

① 王天海、杨秀岚译注《说苑》（下）卷十一，中华书局2019年12月版。

为了让父母亲人衣食无忧，生活得更好！"

听了田过的解释，宣王的怒色虽稍有减缓，但依旧郁闷不乐。

这则故事，或许可与颜斶的"士贵王不贵"参照来读。可见，在稷下先生的理念中，论国事，士人的地位大于国君；论家事，亲情的重要大于国君。

这些均可视作士人对君权的挑战。①

---

① 王天海、杨秀岚译注《说苑》卷十九，中华书局2019年12月版。

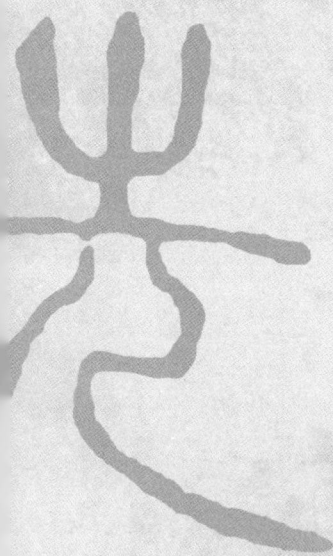

卷三

巅峰对决

> 人人自谓握灵蛇之珠，家家自谓抱荆山之玉。
>
> ——曹植《与杨德祖书》

在珠穆朗玛峰怎么烧，也不能把一壶水烧到100℃，说明环境的重要；在泥泞道路上行驶的宝马，怎么跑也跑不过高速路上的夏利，说明平台的重要。

可以说，正是优良的环境和平台，升腾起中国历史上首次呈现的云蒸霞蔚般壮观的"百家争鸣"气象。"百家争鸣"是后人的说法，《文心雕龙》用"百家飚骇"来描述，更让人感到震撼。

春秋战国时期，处在原始的农耕文明阶段，交通方式除了步行，便是牛车或马车。别嫌弃牛车马车的缓慢，在那个年代就相当于今日之高铁、飞机、轿车，只有王公贵胄或富豪人家，才拥有这样的出行工具。齐王用"出门有车"来吸引著名贤能颜斶伴随左右、为其所用就是证明。除了交通困难，便是信息传播的缓慢，某人的著述和学术思想，要传递到不同地域的学人视域和耳中，不知要经历多么漫长的时间。如果发生"争鸣"，也是相隔久远后的探讨，被"争鸣"的另一方早已化为尘土。严格来说，这不是"争鸣"，而是"单鸣"。作古之人，不可能面对不同声音，乃至在自己的学术意见被利用、误读、扭曲时，从棺木中爬出来为自己辩护。

孔子带徒授学，虽有问答、交流，多为老师在释疑解惑，是"争"不起来的；皇室的"辟雍"，是培养皇族子弟的学堂，灌输的是皇权延续需要的理念，更谈不上"争"。"争鸣"需要多个同级别的"家"狭路相逢，才能争起来，论起来。如同两军对垒，力量相差悬殊，难以形成激烈的交锋。

因此，只有到了稷下学宫，真正意义上的"百家争鸣"，高手过招，才得以呈现。四方贤才，各路学派汇聚一堂，先生和弟子在学室、餐室、卧室、路途时时相遇，抬头不见低头见，各种观念的碰撞、争辩，乃至面红耳赤的唾沫横飞就在所难免。

这就是"平台"创造的便利。

而齐国政府则不用独尊一家的态度对各路学派加以干扰，听由稷下先生们打嘴仗，不但言论自由，而且进出自由，"朝秦暮楚"不存在道德问题，以极度宽松、包容的胸襟让思想如江河奔腾，让身姿如鸿鹄高翔。

这就是所谓"环境"了。

据载，一位名叫田巴的稷下先生提出一个命题，吸引他人来论辩，居然"一日驳倒千人"。这实在是令人难以置信：田巴如何在与千人交锋时分配一天有限的时间（即使把睡眠时间也算进去）？如果不是夸张，笔者觉得只有一种可能：即在一个千人聚集的场所，田巴阐述他的命题，让他人提出质疑，田巴则以压倒性气势，让所有质疑者无言反击。

有史载提及，稷下学宫设有"啧室"，专供先生、学士们用来争辩。啧，《说文》曰："啧，大呼也。"《荀子·正名》注称："啧，争言也。"是谁想出了如此奇妙的名字？而稷下学宫在那个年代就专辟用于学术争鸣的场所，也算是古今中外学术史一绝了。

有争鸣才有交融。如果仔细研读诸子的著作，就会发现，有很多理念是逐步相互交融的。所谓的"家"，也绝非水火不相容。

让我们来一睹仅存于史料中的，发生在稷下学宫的部分"巅峰对决"。

救"嫂溺"的手救不了"天下溺"
（淳于髡与孟子）

淳于髡问孟子："男女之间不应亲手递送物品（授受不亲），《礼》是这样规定的吗？"

孟子答："是啊，按《礼》是这样的。"

淳于髡与孟子的这番论辩，发生在何种场合？是稷下学宫、孟子宅中，还是齐国朝堂？不清楚。淳于与孟，曾在齐国共事多年，经常会面是肯定的。此事应发生在孟子即将离开齐国时。

淳于髡又问："如果嫂嫂落水了，小叔子应该伸手去拉她吗？"

孟子答："看到嫂嫂落水不伸手救援，只有像豺狼一般凶残的人才会这么做啊！男女授受不亲，《礼》是这么要求的，但嫂嫂沉溺于水，男子伸手去救她，是出于善心的变通。"

淳于髡再问："眼看着现在天下的百姓都沉溺于水，过着困苦战乱的苦日子，夫子却不伸手去拯救，是何故呢？"

孟子反问："拯救天下溺水之人需施行大道，奈何道不能行。嫂嫂溺于水，伸手去救就可以了。难道您要我用手去拯救天下的人吗？"

淳于髡无语。他当然明白，施行大道的权柄不在孟夫子手中。[①]

书声的"琴瑟"弹不进君王的耳朵
（淳于髡与孟子）

孟子在向齐宣王阐述行善于天下的理念后，从宣王的表情看，似乎不以为然，面露不悦的神色。

究竟是什么言辞触碰到宣王的"痛点"，使得他不认同孟子之说，未见更具体的记载。

孟子在面见齐宣王时，淳于髡陪侍在侧。孟子的身份是"客卿"，通俗一点说是"说客"，劝谏齐王推行他的施政理念。以淳于髡处处为宣王辩护的口吻看，更像是一位侍臣。稷下先生与朝堂臣子的身份，经常会转换的。关键看君王是否需要。

两位书生在辞别宣王后，围绕宣王因何不悦，或者说为何不接受孟子之说而争论起来。

究竟是孟子论说流于空谈，难以实行，还是宣王缺少发政施仁的诚意？

是功利之心锈蚀了诸侯王的双眼，还是一种更高的文明形态，而囿于人性的动物本能？

在离开朝堂后，孟子与淳于髡对齐宣王的"不悦"之因，唇

---

① 〔清〕焦循《孟子正义》"离娄章句上"，中华书局2017年6月版。

枪舌剑了一番，谁也没有说服谁。

孟子问："今日我劝谏公之君，公之君不感兴趣，我想他是不明白什么是善，也不愿意行善吧？"

淳于髡的回复够尖刻的："我想夫子也没真正弄明白什么是善吧？早先瓠巴鼓瑟，美妙的音律，能吸引沉潜在水下的鱼浮到水面上来享受；伯牙在鼓琴时，周围食草的马也止不住仰起脖子……连鱼、马都知道善之为善，何况国之人君呢？"

淳于髡这里将音乐之悦耳等同于"善"，或许有不妥之处，但他用这个比喻传递的想法很清晰：不是人君不懂得善，而是夫子未将善是什么说清楚。责在夫子，不在人君。

孟子的反诘同样形象有力："狂风暴雨，雷电轰鸣，那些竹子被劈开，树木被摧折，天下无人不被敲击耳膜的雷鸣所震撼，但是这些能让一个耳聋的人感受到吗？天上的日月之光普照大地，但你能让一个盲人感受到光亮吗？今日公之君，与聋、盲之人有何区别呢？"

淳于髡在稷下以博学多才、擅长辩论著称，面对孟子的反诘，又轻轻把"剑"挡了回去："不是这么回事。很早的时候，揖封（著名歌手）出生在高商（地名），齐国人受他影响，都喜欢学他的嗓音唱歌；杞梁妻子悲伤地哭泣（杞梁，齐国将领，在齐襄公率军队攻莒地的一次作战中丧身）[1]，人们听到了也都为之垂泪。没有什么微弱的声音无法让人听到，再隐秘的行为也会留下痕迹。

---

[1] 郭丹、程小青、李彬源译注《左传》"齐襄公二十三年"，中华书局2012年10月版。

"夫子如果是真正的贤能之士，为何居鲁国的时候，并没有让鲁国强大起来，反而一步步衰弱下去呢？"

淳于髡的这番话，所举揖封、杞梁之妻的典故，几乎又重复了前次同样类型的案例。孟子考量的是"被影响者"存在的问题，而淳于髡强调的是"影响源"，"针尖"与"麦芒"不在一个维度上。最为刻薄的是最后一句，潜台词是夫子既然有济世之才，为何居鲁国，未能助力鲁国富强呢？你要创造一个成功的先例，才能说服他人啊！

此言几乎带有人身攻击的嫌疑了，等于是说孟夫子是浪得虚名了。道之不行，是夫子论道的功夫不到位。

孟子面对淳于髡的"攻击"，并未掀胡须、拍座席，依旧铿锵有力、不疾不徐地回敬：

"你说鲁国啊，不能任用贤能的人，衰弱下去有什么好奇怪的呢？能够吞舟的大鱼，不会在浅水里逗留，有才学的贤能之士，也不会与污浊的朝廷共谋。草木新萌发的枝芽，到了冬天也就要枯萎了，我的论说也到了衰微的时辰了。正如《诗经》中所说：'祸乱至极正当此时，已无可作为了。'难道我的生命正处在凋零的冬天吗？"

孟夫子似乎意识到，他的"理想国"与这个处处言"利"的世道，已经格格不入了。一个主张"君为轻"的人，无论你是什么栋梁之材，还能冀望获得"君"的赏识吗？他的施政主张，除了在空中逍遥游，已经无法阻遏滑向泥淖的历史车轮了。①

---

① 〔汉〕韩婴撰，许维遹校释《韩诗外传集释》卷六第十四章，中华书局2020年8月版。

贤者不与作恶的君王合污

（淳于髡与孟子）

淳于髡又一次与孟子论辩，是在孟子准备离齐而去之际。

孟子去齐的因由，留待后文再叙。淳于与孟的对话，既有理念之分野，也有淳于代宣王试图挽留孟子之意。

这次论辩似乎发生在孟宅中。孟子既然已经准备离开，除去礼节性地告别，通常不会再去朝堂拜会宣王了。

淳于髡首先发难："把建功立业放在首位的人，是胸怀天下众生的人；退而求其次者，是为了独善其身。夫子位居三卿，尚未见到建功济世的业绩就离开，难道仁者是这样的人吗？"

孟子微微一笑，回答道："如何选择进退，早先的那些贤人情况是不一样的：处在卑下的地位，不以贤者的身份，与作恶的君主合污，有伯夷；五次服务于汤，又五次服务于桀，有伊尹；不厌恶污浊的君王，也不在意做一个小官，有柳下惠。这三个人处理与朝堂、君王的方式都不尽相同，但他们的人格品行都是相同的，皆为仁者。君子内心和处事方式，只要是以仁为圭臬，何必用一个模子要求他们呢？"

其潜在话语是，我不愿意在齐国发展，难道就不是仁者吗？

淳于髡又抛出第二个问题："当年鲁缪公在位时，公子仪为相，任用子柳和子思为大臣，他们都有好的名声，但鲁国并没有强盛起来，而是渐渐走下坡路。由此观之，所谓贤人对治理国家并没有什么助益啊！"

淳于髡觉得自己提供的案例似乎无懈可击，因此对最后的结论持笃定的语气。

没想到孟子又给予了有力回击："虞国不用百里奚这样的贤能，很快就亡国了；秦穆公重用百里奚，从而成就霸业。不任贤使能，国家就会衰亡，这还有什么可疑的。"

孟子引用了另一个案例来反驳淳于髡，虽然没有直接剑指鲁缪公，淳于髡这么绝顶聪明的人当然明白，主宰国家兴亡的决定因素离不开那个处在上位的君王。你能指望一只羊率领一群狼，会形成"狼"的战斗力吗？

但淳于髡舌头卷动的速度是很快的，他又滔滔不绝地引述在另外一场辩论中引用过的掌故："早先擅长朗诵歌谣的王豹生活在卫地，当地的很多人受他感染，也学习朗诵；绵驹（著名歌手）生活在高唐时，受他甜美歌喉的影响，当地人也喜欢上了唱歌；齐国将领华周、杞梁在莒地血战中阵亡，杞梁妻子为之痛哭于城墙边，伤心至极，哀伤的哭泣声让国人挥泪。（据《列女传》载：杞梁之妻无子，内外无五属之亲，既无所归，乃枕夫之尸于城下而哭。内诚动人，道路过者莫不为之挥涕，十日而城为之崩。）做任何事情，内心的想法都必定会外现出来。髡从未见过，用心做一件事却不见点滴成效。

"难道是齐国没有贤能的人吗？如果有，凭我的眼光，一定能识别出来。"

淳于髡最后一句话，显得很不友好了。一方面自傲，另一方面质疑孟子的才能。

孟子的回答如同硬邦邦的石头包裹在棉絮里，多少让淳于髡面露尴尬之色："孔子当年在鲁国任司寇，他的治国想法未获得鲁王的重视。他在负责祭祀方面的活动时，该送达的祭肉迟迟不至，他就匆匆离开鲁国了。不理解孔子的人，以为是因祭肉安排欠妥而离开，知道内情的人，都以为孔子是因国君失礼而离开。对此，众说纷纭，孔子愿意背负一点小小的罪名而离开，不给人感到是随意离开的。

"君子的所作所为，普通人哪里能理解呢？"

那么，在齐国大名鼎鼎的淳于髡先生是属于君子，还是庸常之人呢？①

……

水之向下犹如人之本善

（孟子与告子）

告子，名不害，生卒年不详，大约与孟子为同时期人，稷下先生。是一个无论其品行还是学派面貌，都有些模糊不清的人。对于其品行，《墨子》记载：有墨家弟子告其师曰："告子言义而行恶，请弃之。"②另有记载称："告子，孟子弟子也。"也有人称道告子兼治儒墨之学，并赞誉："今读书穷理，以文章取功名止耳，求寝食不忘，谆谆性学如告子者，几无人矣。"

从告子与孟子论辩的口吻看，似已非师生关系。

---

① 〔清〕焦循《孟子正义》"告子章句下"，中华书局2017年6月版。

② 方勇译注《墨子》"公孟第四十八"，中华书局2011年10月版。

告子对孟子说："人性，就好像杞柳（树木）。义，就如同杯棬（泛指杯盏）。将人性等同于仁义，就好像将杞柳等同于杯棬。"

孟子说："你能顺着杞柳的原来形状，据其特性做成杯棬吗？还是要经过斧斫加工，才能将杞柳做成杯棬？如果要经过斧斫才能将杞柳做成杯棬，岂不等同于扭曲戕害人的本性而成就仁义？引导天下人祸害仁义的，一定是像你这样的人！"

告子无语。另换话题，仍离不开人的本性是什么。

告子比喻道："人的本性如同水，如果掘沟往东方引，它就会往东流；如果掘沟往西方引，就会往西方流。因此人的本性无所谓善与不善，就如同水会往东方流，也会往西方流。"

孟子顺着告子的比喻反驳："我相信水可以往东流，也可以往西流，这是人为使然。但水的特性是，就下不就上，这有什么疑问吗？人之性善，犹水之就下也。人无有不善，犹水无有不下。水往下流，如果用手拍打，就会激起水花溅到额面上；如果人为地阻止它，改变它，也可以使它蓄积在山上。但这是水自身的特性吗？这是人为的效果。一个善良的人，也会因为环境、他人的影响，成为不善的人，就如同水性，这不是它本来的特性。"

……

继续人性的话题。

告子说了一句含混不清的话："人本身就是性。"

孟子幽了他一默："你这么说，是说白色就是白色吗？"

"是的。"

孟子追问："你觉得白色的羽毛的白，就如同白雪的白；白

明刻《孟氏宗传祖图碑》之《公孙丑问浩然》拓片

雪的白，也等同于白玉的白吗？"

"是的。"

孟子顺着他的逻辑思路又问："那你认为狗的特性等同牛的特性；牛的特性也等同人的特性吗？"

换一种说法，人性等同于牛性与狗性吗？

告子蒙了。

……

又一轮关于人之本性的探讨，告子似乎向后退了一步。他把"仁"与"义"分开，承认"仁"存在于人的内心，而"义"是人的外在表现。

告子说："食色，是人的本性。但是仁，只存在于人的内心，并不必然从外形表现出来。义，不在内而在外。"

孟子问："你这个仁内义外的说法，能再具体点吗？"

告子回答："某人比我年长，所以我对他表示恭敬，这种恭敬态度表现于外，不是本来就有的；就好像某个物品是白色的，我才认为是白色的。这就是我说的'义外'。"

孟子又问："白马的白与人皮肤的白，也许相似；但对老马表现出的怜悯之心，与对长者的敬重有区别吗？所谓对长者的'义'，你指的是被敬者，还是敬者？"

告子与孟子关于"仁内义外"的争端，似乎在玩形而上的概念游戏了。

告子又举例说："因为是我的弟弟，所以我很爱他；如果是秦国人的弟弟，与我无关，所以我不爱他，这就是我说的内。敬重楚国的长者，与敬重我身边的长者，都是因为他们年长。这就是我说的外。"

告子这里的说明，并未说清楚：我的弟弟是因为有血缘关系，所以从内心爱他；而对于长者，如果他不是自己的父辈、爷爷辈，你会从内心爱他们吗？这里的内外如何区别？

孟子的回答也很有趣："你嗜好吃秦人做的烤肉，与嗜好吃自己亲手做的烤肉没有什么不同。这类事例举不胜举。难道喜欢吃烤肉有什么内外之分吗？"①

婴儿爬到了井栏边……
（孟子与夷子）

夷子，生卒年不详，稷下学宫墨家代表人物之一。墨家治丧以薄为其道，推兼爱之意，而不别亲疏。夷子与孟子的论辩，就是围绕此话题展开。二人虽同处学宫，并未能直接交锋，其中孟子的弟子徐辟在双方之间"搬砖头"。

夷子想面对面与孟子探讨一些学术观点。他跟孟子的弟子徐辟很熟，就托徐辟带口信给孟子，表示很想拜访孟子，当面求教一些问题。

孟子正好身体有些不舒服，就说："我很愿意见见，等我病好了我去拜见他，他就不必来了。"

过了些日子，夷子又表达了求见之意。

---

① 〔清〕焦循《孟子正义》"告子章句上"，中华书局2017年6月版。

孟子说："今天我可以见啊。见面不说真心话，则儒道不显；我一定会坦诚地相告。我听说夷子是治墨学的，墨家主张人死应该薄葬，认为这是值得称道、尊重的。夷子也试图以此来变易天下的风俗；但是夷子在安葬他的亲人时是厚葬的，这是以他所轻贱的方式来对待他的亲人啊！"

孟子这是用夷子的"矛"来戳夷子的"盾"。

徐辟把老师的"砖头"搬给了夷子。夷子听了，没有直接反驳孟子的质疑，而是把话题跳到了"兼爱"上：爱无差别等次。

夷子说："儒家津津乐道于古代君王对待百姓，就如同爱护初生的婴儿一样，这是什么意思呢？我认为兼爱万物不分等次，只是从最亲的人开始。"最后一句，也算是间接地为自己厚葬亲人做了一点辩解，但并无说服力。既然主张所有人薄葬，就不应分亲疏。

徐辟又将夷子言转述给老师。

孟子说了一番话，继续让徐辟告知夷子："夷子是不是以为，爱护其兄的婴儿，与爱护邻居的婴儿是同等的？在一种情形下，人们对婴儿的爱是无差别的，即：看到一个不懂事的婴儿爬到井栏边，眼看要坠入井中，人们看到都会伸手去抢救的。这是因为人皆有恻隐怜悯之心。所以天生万物，每一物都有它的本性，而夷子却认为物有两种本性。在很早的时候，有人在亲人去世后不埋葬，直接抛到荒野的沟壑中，暴露在日光下，引来狼狗之类的动物来啃咬、苍蝇蝼蛄来叮吸。有人路过，看到亲人遗骸如此毁败凄惨的样子，汗流满面，不敢正眼面对。这汗不是流给别人看的，而是因为内心哀痛，汗流于外，于是他赶紧跑回家中，拿来铲锹、笼子，重新将亲人尸骨掩埋。这么做是对的，凡孝子仁人，重视安葬好已故亲人，必然是有他的道理的。"

夷子从徐辟口中听了这番话，怅然沉思良久，说："受教了！"①

以利交者，利穷则散
（孟子与宋牼）

宋牼，宋人，稷下先生。对其名，在不同的史料中有不同的称呼。庄子在文章中称他宋钘，《孟子》中称宋牼，韩非子又称其宋荣子。这里统一采用《孟子》中的称呼。生卒年约在公元前370—公元前291年。从孟子尊称其"先生"看，应年长于孟子。其人的学派面貌，后世学界说法不一。《庄子》中将宋牼与尹文并列评点，称其"不累于俗，不饰于物，不苟于人，不忮于众。愿天下之安宁以活民命，人我之养，毕足而止"，主张"见侮不辱，救民之斗；禁攻寝兵，救世之战"。②荀子在《非十二子》中，将墨翟与宋牼并举加以批评，称其学"其持之有故，其言之成理，足以欺惑愚众"。从《管子》中收有"宋尹遗著"五篇看，其人似乎又该列入黄老之学。《管子》历来被称为黄老之学的代表著作，因此郭沫若将宋牼、尹文归入黄老学派也不无道理。

至战国后期，很多学派的思想相互兼容，常常难以做清晰的定位。对此不妨悬置。且来看看他与孟子的一段耐人寻味的对话。

---

① 〔清〕焦循《孟子正义》"滕文公章句上"，中华书局2017年6月版。

② 陈鼓应《庄子今注今译》"天下篇"，中华书局1983年4月版。

宋轻准备去楚国，在路上遇到孟子。孟子见其匆忙赶路的样子，就关切地问："先生准备去哪里啊？"

宋轻说："听闻秦国与楚国要交战，我准备先去楚国，说服楚王罢兵；如果楚国不听我的劝诫，我再去秦国，说服秦国罢兵。我相信这两国，总有一方被我说服的。"

孟子说："对先生去两国的详细想法我就不了解了，但我很想知道您要用何要旨，来说服秦楚休战呢？"

宋轻回答："我将用兴兵的利害关系来说服他们，交战只会给他们带来害处，不会带来好处。"

孟子不赞成他用这样的观点来说服秦、楚休战：

"先生的宏大志向和良好的愿望，我非常佩服，但您用来说服秦、楚的观点不可行。如果以利害关系来说服秦楚两国休战，秦楚因利害权衡止戈息兵，将士们也乐于因为有利不必去打仗；一国的臣子，怀利而事其君；在家庭中，做弟弟的怀利与兄相处。于是君臣兄弟都丧失了仁义之心，全都从利出发来处理双方的关系，这样的国家没有不灭亡的。先生何必用利害权衡来说服两国呢？"

不知隋代学者王通之言，是否由孟子之思演变而来："以势交者，势倾则绝；以利交者，利穷则散。故君子不与也。"

那么人与人、国与国应该以什么相交最能成其久远呢？根据孟子的理念，愚某补一句："以仁心相交，乃可持久！"[1]

---

[1] 〔清〕焦循《孟子正义》"告子章句下"，中华书局2017年6月版。

何谓"大丈夫"?

（孟子与景春）

景春，生卒年不详，大约与孟子为同时期人。稷下学宫中纵横家代表人物。有后人考证，《汉书·艺文志》中收有"景子十三篇"，疑为此人所著。

景子求见孟子，以钦敬的口吻夸赞几位声名显赫、"朝秦暮楚"的纵横家："公孙衍、张仪，其威名影响，堪称大丈夫啊！他们一发怒，那些诸侯王都感到心颤畏惧；他们不发声了，天下就安息了。"

孟子以一个比喻，说明他们面对君王如行"妾妇之道"，甚至还不是礼规中要求的顺从，就像"妾妇婢媵之流，徒以取容为婉媚耳"。然后对何谓"大丈夫"，作出了一个前所未有的、震撼数千年的定义。

"这些人如何称得上是大丈夫呢？"孟子用不屑的口吻说。紧接着，孟子问："你学过礼吗？应该了解，男子成年行加冠礼时，由父亲主持，并教导他做人的道理；女子出嫁时，母亲会在送她到门口时告诫她：'到了夫家，要孝敬长辈，顺从丈夫。'这是做妻妾的本分。

"何谓大丈夫呢？我以为，行仁义于天下，处在为天下谋福祉的正确的道路上，推行有益天下的大道；如果志向得以实现，则与民众一起顺势而行；如果志向无法实现，则退而独善其身，做顶天立地的人。不会因为富贵而乱其心志，也不会因为穷困卑微而改变自己的信念，更不会因为外部的威逼恐吓而屈膝求荣，这就是真正的大丈夫。"

（原文："居天下之广居，立天下之正位，行天下之大道，得志与民由之，不得志独行其道，富贵不能淫，贫贱不能移，威武不能屈，此之谓大丈夫。"）

纵横家大多用利害、权谋、法术来说服君王，鲜有以道义来征服天下的。拉低中国文明形态等级的，正是此类货色。张仪为秦相时，曾腰悬五国相印，意为联五国而事秦，估计中国历史上为相者独此一份。

但史上有几人称道其为"大丈夫"？风雨过后，只余一地枯叶，不知随风零落至何处？[1]

黄狗皮补不了狐裘洞
（淳于髡与邹忌）

邹忌靠鼓琴敲开齐威王大门，三个月即由一介布衣登上相位，速度之快，超乎寻常。而此前，淳于髡对邹忌并不了解，不知何方神圣，因此对邹忌的能力表示怀疑，否则，不会出现这场考辨；从双方的交流看，并未形成有分歧的争辩，全程只是一方提出问题，另一方回应，且获得提问方的高度认同。淳于髡与邹

---

[1] 〔清〕焦循《孟子正义》"滕文公章句下"，中华书局2017年6月版。

忌的对话，在何场所进行，《史记》中未有说明，从现有文字看，说淳于髡问了五个问题走出"门外"，可以肯定的是不会在道途相遇，不会在朝堂之上，当然也不可能在淳于髡宅院，最大的概率应该是在邹忌家中，淳于髡登门拜访。名为"拜访"，实为考查辨人。

两人相见后，淳于髡先说了一句褒奖对方却带有点酸溜溜的话："邹相的口才好生了得，在下佩服，佩服！"淳于髡在稷下学宫以能言善辩著称，能如此称誉一个人也不多见。虽然此前淳于髡未领教过邹忌的演说论辩水准，但凭口舌让威王如此信任，岂能是庸常之辈？没有等邹忌开口，淳于髡接着说："我有些愚见，想向邹相坦诚相告，请您指教！"

邹忌做谦卑状，说："我很乐意接受先生的教诲。"

淳于髡说："侍奉国君，如果能全面周到地考虑问题，各方面都会兴盛起来，否则，国家就会走向衰亡。"

邹忌回复："我一定按先生说的去做，把您的提醒铭记在心。"

淳于髡又说："用猪油涂抹的车轴，可以起到润滑的作用，但是如果涂抹在方形的孔中，油再多也无法让车轴转动起来。"

邹忌瞬即回复："明白您的教诲，我一定谨慎处理与周围人的关系。"

淳于髡继续打哑谜："用胶水涂在用久的弓上，可以矫正弓背，但无法弥补已出现的裂缝。"

邹忌心有灵犀，说："受教了。处理国家大事，我一定小心谨慎地依靠民众。"

淳于髡又跟上一句："狐皮袄破旧了，不能用黄狗皮去缝补。"

邹忌即答："说得对，我一定谨慎地选拔任用贤能的君子，防备小人夹杂在朝堂之上。"

淳于髡的最后一道题是："大的车辆，如果不时时加以矫正维护，就无法持久地负载重物；琴瑟的弦，如果不及时细心调校，就无法保持音准，奏出和谐美妙的乐曲。"

"是的，是的，"邹忌不假思索，"我一定认真细致地修订法律条文，严格督查那些渎职的奸吏。"

淳于髡准备好的试题用完了。

"邹相的确是治国之才。在下告辞了！"

淳于髡走出门外，对等候在外的仆人说："此人是难得的人才。我谈了五个问题，他都应声而答，无一差谬。估计时间不长，他就会获得自己的封地。"

淳于髡的话语果然成真。过了一年，邹忌即获封下邳，号成侯。①

"千人敌"遭遇"千里驹"
（鲁仲连与田巴）

鲁仲连，战国末期著名思想家、辩论家，稷下学宫后期代表人物之一。生卒年不详，据钱穆考辨，享寿约七十。著文十四篇，散佚不传。但其形迹，多见记于《战国策》《太平御览》《史记》等多种典籍中。

---

① 《史记·田敬仲完世家》。

鲁仲连虽雄辩超人,他与纵横家的截然不同在于,他以论辩救国救人之难,却不以此获取功名。他用言辞创造了许多难解的奇特案例,却视富贵如浮云。《史记》中为其与邹阳并列作传,文末"太史公曰:鲁连其指意虽不合大义,然余多其在布衣之位,荡然肆志,不诎于诸侯,谈说于当世,折卿相之权"。

左思在《咏史诗》中夸赞:"吾慕鲁仲连,笑谈却秦军。""功成不受赏,高节卓不群。"李白在诗中将鲁仲连引为同道:"齐有倜傥生,鲁连特高妙。明月出海底,一朝开光曜。却秦振英声,后世仰末照。意轻千金赠,顾向平原笑。吾亦澹荡人,拂衣可同调。"

这位鲁仲连在稷下学宫最为史家所津津乐道的是,在年仅十二岁时,居然三言两语将那位号称"一日折服千人"的辩士田巴驳倒。

田巴在学宫与诸先生、学士们辩论,几乎无人能敌。他是一位具有批判与质疑精神的学者,是名家学派的代表人物之一,专好"名实"之辩。他将三皇、五帝、春秋五霸一路"骂"过来,凡挺身与他较劲的人,都败下阵来。

与田巴同为稷下名士的徐劫,对田巴说:"我这里有个弟子,刚刚十二岁,好学聪颖,可称得上是千里驹。他很想向先生讨教一些问题。"

"好啊,我很乐意见见这个少年后学。"

于是徐劫将鲁仲连引荐给了田巴。

这对老少在论辩时,徐劫估计未在场,未听到他在两人中插话,而是事后有交流。

一见面，鲁仲连对田巴施以先生之礼，然后就问："田先生，马的鬃毛向上长，都很短；马的尾巴向下长，都很长，这是何故？"

田巴看着鲁仲连苹果色的稚嫩脸蛋，捋捋下巴："这道理很简单啊，马的鬃毛向上逆长，所以短；马的尾巴向下长，所以长。"

鲁仲连接着问："照先生这么推算，为何人的头发向上逆长，却长得很长；人的胡须向下长，反而长得很短呢？"

自以为无所不通的田巴一下子"噎"住了。

鲁仲连接着说："我听说厅堂里的垃圾没有清扫干净，就不急着去田地做锄草的事情；两人刀剑相拼时，顾不上观察从远方飞来的箭矢，做任何事情都需要分轻重缓急。现在齐国正处在生死危亡之际，楚兵在攻南阳，赵军在伐高唐，而燕国人的十万军队占据聊城不肯撤兵，先生有何策救齐国之危？"

田巴这回真的结巴了："没……没法子。"

"唉——"鲁仲连长长叹了一口气，面部表情显示出与他年龄不相称的沉重，"先生在此国将不国时，不能帮其转危为安，转亡为存，怎么称得上是有智慧的大学士？如今我要用计罢去南阳的楚军，退高唐的赵军，让燕军放弃聊城。先生在这里高谈阔论，发出的声音像猫头鹰叫那样让人厌烦。但愿先生别再这样继续空谈了。"

……

难能可贵的是，田巴以善厚长者的心态，听着这位年轻学子的诘难，不以为忤，反觉得欣慰：稷下学宫后继有人啊！他轻轻拍拍鲁仲连的肩膀，表示认同他的批评："老夫受教了！"

第二日，田巴遇见徐劫，对鲁仲连大加赞赏："先生之驹，岂止是千里驹，骐骥骅骝也有所不及，乃神童也！"[1]

"鸡鸣狗盗"式特殊人才
（鲁仲连与孟尝君）

孟尝君是战国时期载入史册的"四君子"之一，《史记》中有列传，《战国策》收录了多篇有关他的记载。孟尝君是齐国贵族后裔，父亲是齐威王的小儿子，接不了君王的班，只能获得一块封地，当一个小君，过自己的快活日子。虽然是小地方"鸡头"，也属皇族的分支，权力、嫔妃、锦衣玉食啥都不缺。此类角色，权大财厚气粗，粗得两个鼻孔出气是不够的。一般人岂敢与此类人较劲？

其时，侯门望族养士成为一种时尚，首先为蓄积人才，以待大用；其次，起码可博得一个礼贤下士的美名。孟氏门下号称食客三千。人数之多，规模之大，简直可以与稷下学宫有一拼。但并未听说过其门下曾走出过孟子、荀子这样的大学者。真正的高才，大约不会到小君门下谋一碗饭，因此多"鸡鸣狗盗"之徒也就难免。说来，"鸡鸣狗盗"这个成语，说的就是有关孟尝君的事。秦昭王听闻孟氏能干，就悄悄派人去齐国斡旋，想"挖"孟尝君去秦国效劳。而齐国正值齐湣王这个昏君执政，巴不得这个潜在的对手赶紧远离身边。孟尝君也很愿意到秦国大展宏图，到

---

① 《太平御览》卷四六四"人事部一〇五·辩下"，《稷下学宫资料汇编》，山东教育出版社1989年10月版。

了秦国，给秦昭王献上了价值千金的白狐皮袄。这个玩意儿，不仅仅是值千金，关键是当世找不到第二件，可见其珍贵。孟尝君起初确实也被委以宰相重任，但秦王身边大臣进献谗言，说："孟尝君固然能干，但他是齐国王室的人，考虑问题必然先齐而后秦，秦国的前途堪忧啊！"秦王一听，冷不丁惊出一身汗，言之有理啊，于是立马翻脸，把孟尝君软禁起来，并拟诛杀之。这下孟尝君急了，本想大干一番，没有想到脑袋随时要落地，赶紧派人送重礼给秦昭王的宠妃幸姬，求其在昭王处说情放人。偏偏这个幸姬对任何礼物无感，只对那件"狐白裘"情有独钟。但这件"狐白裘"已经献给了秦王，该如何是好？恰好身边门客中有一人擅长"狗盗"，说："公子休愁，看我的！"此人深夜潜入宫中，居然从秦王的存衣库里盗出了这件宝物。孟尝君因此获得释放。由于害怕秦王随时变卦，连夜奔逃回国。途经函谷关时，天还未亮，关门紧锁。咋办？简直要让人急白头发。守关吏卒将鸡鸣视为天亮的信号。恰好食客中有一人擅长学鸡鸣，于是发出鸡鸣声，引发群鸡也发出一片叫声，关门为之大开，孟尝君一行人得以顺利出关。

他大概没有想到的是，此次能够从刀锋上逃生，还得感谢稷下高人鲁仲连此前一番严厉的讥讽和批评。

鲁仲连曾问："孟君养了这么多食客，是真的喜欢士吗？"

"当然是啊。"孟尝君不理解，鲁子为何发出这样的疑问。

鲁仲连毫不客气地撕掉了孟某爱士的面具："雍门子（人名）供养椒亦（著名士人），阳得子（人名）供养某某（著名士人，原文人名脱落），吃的、穿的主客都一样，所以他们都心甘情愿地为主公效劳，乃至肝脑涂地。而君家的富裕程度远远超过二公，所养的士人并未为君竭尽全力贡献智慧，是何故呢？"

答案已在质疑之中。可见孟尝君门下食客数量虽多，但是是用低成本来供养的。

对此，孟尝君不以为然："因为我的门下没有椒亦、某某那样有才能的士人，如果有，我也会让他们享受跟我同食同衣的待遇的。"

鲁仲连反驳道："看看君的马厩里，养着上百匹马，配的都是名贵的马鞍，吃的都是上好的菽粟，可是它们中有古时候骐骥、骈耳那样的名马吗？君的后宫里有十位宠妃，她们穿的是用最好的细丝、麻布裁制的衣裙，吃的是精选的优质小米和肉，她们中有毛嫱、西施那样才貌俱佳的名女吗？所以君养士，并不是真正从内心礼贤下士。"

孟尝君除了尴尬地"嘿嘿"几声，无言以答。

孟尝君的食客中，有一位让他看上去不顺眼，想把他扫地出门。其实这位食客自有一技之长，否则过不了孟家的入门关。鲁子为这位不认识的门人辩护："猿猱在林木丛中攀跳自如，但将它们扔进水里，肯定不及鱼鳖那么悠游自在；曹沫（鲁国名臣）在诸侯会集的盟会上，凭三尺之剑，发挥了千军万马也起不到的作用，逼迫齐桓公承诺归还侵占的鲁国土地，被赞为英雄好汉。但是如果让他放下三尺之剑，操农具下地去耕种，他的能力可能不如一个谙熟农事的普通农人。因此舍弃一个人的长处，只看到他的短处，再贤能的人也无法尽其所用。即便像尧那样的圣人，谁敢说他就没有瑕疵呢？今日君只看到某些人的短处，就要驱逐他；看到某人学习能力稍弱，就说他笨而嫌弃他。这些人就会怀恨在心，回过头来会想尽法子报复你，成为你的敌人，你觉得这是明智的养士之道吗？"

孟尝君听了这番推心置腹的劝诫，表示赞许："先生说得好！"

那个面临被裁员的舍人也就留下了。

但不知这个舍人，是否为后来救了孟公子一命的"鸡鸣狗盗"之徒？①

圣人·圣法·圣治
（彭蒙与宋钘、田骈）

彭蒙，齐国人，生卒年约公元前370年至公元前310年。主修黄老之学。一说是田骈老师，另有一说彭蒙、宋钘、田骈皆为公孙龙弟子。说法不一，待考。

宋钘（宋轻），前文已有简介。

田骈，齐国人，生卒年约公元前370年至公元前291年。师从彭蒙，主张万物"贵齐"，反对"好得恶予"，著有《田子》二十五篇，均散佚。

这是一场"铿锵三人谈"。彼此的语调都很平和。交谈的场所可能是稷下学宫的某个学室。古人记载此类事件，为简省文

---

① 缪文远、缪伟、罗永莲译注《战国策》（上）"齐策三、四"，中华书局2012年6月版。

字，都是直奔主题，忽略环境之类无关紧要的叙事元素的。

先是田骈提出问题："尧时社会平安祥和，靠的是什么？"

宋钘以不确定的口吻抢答："这是因为有圣人治理，才会有这样的社会气象吗？"

也许因为有彭蒙在场，出于对老师的尊重，他未下断语。

果然，思想更为成熟老到的彭蒙，拈着稀疏的胡须，慢条斯理地说出自己的看法："这是依靠圣法治理的结果，非圣人之治也！"

宋钘问："圣法之治与圣人之治，有什么区别呢？"

"你对'名'的不同，太不了解了！"彭蒙解释道，"圣人之治，皆为一己个人所为；而圣法不同，它是建立在公理基础上的。理出于个体，不是普遍认同的公理。是以个人的想法取代公理；如果个人的想法符合公理，那么公理常常是对个体意志的否定。所以圣人之治，是以个人意志去治理社会，而圣法之治是用公理去约束社会，对所有人都是平等的。但这样有利众生的法度，也必须有圣人来执行。"（原文："子之乱名甚矣！圣人者，自己出也；圣法者，自理出也。理出于己，己非理也；己能出理，理非己也。故圣人之治，独治也。圣法之治，则无不治矣。此万物之利，唯圣人能该之。"）

宋钘对彭蒙的解读有点不解，彭蒙又列举了几个生活中发生的笑谈，进一步来阐释他的观点。

其一，某个村子里的长者，给自己的大儿子取名叫"盗"，给小儿子取名叫"殴"。某日外出，大儿子在前面快步走，父亲在后面跟不上，就快步往前追，边追边呼叫大儿子的名字："盗，盗，盗……"适逢府衙有捕吏经过，听到呼叫就循声追上前，将其大儿子掀翻在地，用绳索捆绑起来。长者知捕吏误解了，但又解释不清，急忙连呼小儿子来帮忙："殴，殴，殴……"结果未等小儿子赶到，捕吏闻声对大儿子"盗"拳脚相加，几乎将其"殴"死。

其二，某户人家住在街衢闹市区，老先生将他的书童号为"善搏"，将其家中的犬号为"善噬"，结果弄得三年间无宾客登门。老先生感到奇怪，为何朋友都不来往了呢？就询问之，友人回答："你家中的书童擅长打人，家中的狗会咬人，谁还敢到府上拜访呢？"老先生明白其因，就将书童和家犬的名号都改了，于是家中又恢复了往日宾客不断的热闹。

其三，郑国人将未经雕琢的玉称作"璞"，而周国人将未经腌制的鼠肉也称作"璞"。有一郑国人到周国的集市欲买璞，不断地询问身边人："有璞吗？"有一周国人问他："你是要买璞吗？"郑人答："正是。"于是，周国人从怀中掏出用布包裹着的死老鼠，郑国买璞者见了恶心得直想吐，手掩鼻子快步离开。

为何会出现上述怪现象呢？因为认知上出现了有违常理的错误。何谓"盗""殴""善搏""善噬""璞"，在生活中已有名实的共识，它们给人传递的信息，不会有歧义。

彭蒙用这些笑谈来说明何为"理"。"圣法"建立在"理"之上，是人人应该恪守的法则。

田骈为彭蒙的观点折服，说："深刻啊！"

宋钘还是一脸的疑云。

让笔者感到惊诧的是，在战国时期，彭蒙就断然否认"人治"，提出了"圣法"这样的理念，更了不起的是又强调"圣法"必须有"圣人"来行使。否则，再完美的"圣法"，落到了小人、恶人手中，大概就不再是"圣法"，而是危害社会的恶法了。[①]

爱民而安　爱士而荣
（荀子与孟尝君）

荀子，名况，赵国人。生卒年约公元前298年至公元前238年（据王先谦《荀子集解》本）。对他有多种称呼："荀子""孙卿""郇卿"等。

荀子的学术地位，在历史上各个朝代起伏不一。近代将之与孔子、孟子并列为儒家三巨贤，已成共识。称孔子为圣人，孟子为亚圣，荀子为后圣。

荀子的学术思想，应归入儒，还是归入法，学术界、史学界仍争论不一。在笔者看来，这种争论没有多少实际意义，正如争论龚自珍是思想家还是文学家一样。历史上有很多大家都是通才。

他的两位弟子韩非子、李斯的面貌倒是非常清晰，归入法家无疑。

有不少学者称荀子为战国晚期"诸子思想集大成者"，愚以为此论欠妥。且不论老、庄、墨，荀子未能"集"，即便孟子，荀子也是与之鼎足而立的。他持"性恶"论，指名道姓痛批孟子的"性善"，似有水火不相容之势。至于说两者指向归一，那是后人的解读。荀子本人并不这么看。

[①]　《诸子集成·尹文子》，《稷下学宫资料汇编》，山东教育出版社1989年10月版。

荀子一生的足迹大致为，十五岁时至稷下学宫（据杨宽版《战国史》），齐湣王灭宋后，曾南游楚国，至齐襄王时重回稷下。后又应秦相范雎之邀入秦。因不为秦王所重，又游回故地赵国，最后至楚国任兰陵县令。楚国春申君去世后，荀子失去依靠而被免，最终在兰陵家居著书授徒。

荀子曾三为稷下祭酒，即学宫的最高管理者，相当于今日之校长。但史料中对他三任祭酒分别在何时，并无清晰的记载。通常不会指在某个时段连任祭酒，除非这个职位有任期制。从各种记载中，未见有任期制一说。

这里所录荀子对齐相孟尝君的劝诫，当在齐湣王时期。目睹齐国四处征伐，治国无道，民无宁日，荀子忧心忡忡，试图通过影响孟尝君来扭转齐国的衰颓之势。

荀子劝诫孟相是在何处？史无记载，只能借助一点合理想象了。但荀子所言，则句句皆有真实记录。

某日，孟相正在府中，忽闻门人来报，稷下学宫荀先生求见。孟尝君听报，亲迎至门。荀子来访，正是他求之不得的，在政局纷乱之际，他很想听听荀卿有何高论。

进入客厅，宾主坐定，寒暄几句，孟相便问：

"先生有何见教？"

荀子也就毫不客气地直奔主旨：

"处在战胜他国的势位上，顺势而为，将他国征服，天下人都觉得很正常，商汤、武王就是这样做的；虽然拥有战胜他国的权势实力，但不能顺道而行，终究会败亡，惨得连做一个普通人也不可得，夏桀、商纣就是这样的君主。因此，拥有势力不是最重要的，重要的是能顺道而行。"

孟尝君点头称是："请先生继续……"

荀子接着切入核心话题：

"处在君王、相国这样的位置上，手中的权势主宰着国家民众的命运，判断是非，做什么，不做什么，都举足轻重。如果摒弃一己的私欲而以公心公道行使权力，就会取得征服人心的效果。

"如今相国位高势重，对上获得人主的充分信任和依傍，对下，朝野大臣没有人不敢不听相国的号令，要论'胜人之势'，有谁能与相国比呢？

"既然有了'胜人之势'，为何不趁势施行改变国运的中正之道呢？广纳持公道遵义理的贤能之士来辅佐君王，有了贤才参与政事，就可以明断是非了。无论君臣上下，贵贱长少，乃至于普通平民，都无违反道义之事，都贵重道义，天下的人心也就向义而归了。

"贤士都愿意来相国任职的朝廷实现抱负，能人都愿意聚集在相国所在之朝做官，为生存而谋利的普通平民都向往生活在齐国统辖之地，如果这样，天下归一就是水到渠成的事了。"

道理似乎没有更多好说的了，下面荀子的言辞可谓句句戳心！

"如今相国不做聚合天下归一的道义之事，只是做那些世俗之事，导致后宫王妃作乱，奸诈之臣在朝廷上作乱，贪官污吏利用职权作乱，而下层百姓效法于上争相趋利违法作乱，上下乱象丛生，真个是乱、乱、乱啊，这样怎么能够让国家繁荣强盛呢？

"齐国的危亡就在旦夕，让有识之士心焦如火中青铜器！看一看齐国的周边——北方的燕国正磨刀霍霍，西壤的魏国正陈兵待发，东临楚国的襄贲、开阳，楚国拔剑即可入……只要一国发号令，则三国共伐，齐国就会重蹈三家分晋的悲剧命运了，那时号称万乘之国的齐国城墙上插满了他国的旗帜，必成为天下人的笑谈！

"是顺道而行，还是逆势而行，两者的结局完全不同。遥望早年，夏桀、商纣，也都是圣王的后世子孙，论其势，他们都是天下人尊崇的皇室后裔，拥有辽阔的千里之地，统领着亿万之众，为何天下倏然背离桀、纣，而归附到商汤、武王的麾下？没有别的原因，那就是桀、纣所为是众人所厌恶的；而汤、武所为，都顺应了人心，为众人所称道。大众厌恶什么呢？——是那些背离道义、礼仪，让人觉得污浊、奸诈、争夺、贪婪无度的行为。为天下人喜爱称道的是什么呢？——是礼仪、辞让、忠信。现在的国君，喜欢自比汤、武，可是他所做的一切，与桀、纣比，有过之而无不及，却要获得汤、武那样美好的声名，这不是很可笑吗？所以要获得征服人心的效果，不是去争夺，而是要付出；要得到人的尊崇，靠的是施行道义。道的含义是什么呢？就是礼让忠信。因此，有的侯王起初辖下只有四五万之众而能崛起，有的只有数百里辖地而能稳固安定，靠的不是蛮力，而是自修自正。

"当今有些国家，辖下已经有数万之众，却采取各种污浊的方式争夺不休；已经占有数百里封地，仍耗尽心力用非正常手段扩大领地，其后果是放弃本有的安强，而将自己蹈入危亡之地，用这样荒谬的行为，还想求得汤、武的美名，怎么可能呢？这岂不是等同于一个人趴在地上，却企图用舌头去舔天？去救一个上吊的人，却去拉他的双脚？（正如后来为史实所佐证的：齐急谋扩张而衰落，秦猛用暴力而短天。）这么做，只能是离自己追求的目标越来越远。作为臣子不考虑自己的行为是否符合道义，为了获取个人私欲什么样的污浊手段都敢用，就如同驱动一辆攻城车去钻小洞，是有仁者之心的人羞于做的。人都珍惜自己的生命，因为生命是最宝贵的；人都喜欢生活安定，这样才能让生命快乐。而获得这一切的途径，只有尊重礼仪。

"抛弃礼仪，就是想长寿而用刀去割断自己的咽喉，真是愚蠢到了不可言说的地步了。因此，作为国之君主，都应该明白：爱民而安，爱士而荣，两者无一焉必亡。《诗经》里说：贤达之士是国家安全的屏障，民心归附是国家安稳的围墙。"

荀子滔滔不绝、苦口婆心地畅论治国之道，孟尝君入耳入脑了没有？从后来的史实看，经历了秦昭王的羞辱，其人心中正燃烧着无法浇灭的复仇火焰。将一国之运绑架在一己私欲上，由此可窥孟尝君的气度和眼光，实在与"战国四君子"的名号相去甚远。当个人情绪裹挟了理智，遭殃的就不仅仅是个人。

当然，我们不能把齐国的衰落全部归咎于孟尝君，他的背后还有一个神经短路的齐湣王。[①]

士人训导武人
（荀子与临武君）

荀子一介书生，在赵国君王面前，与其重要武臣临武君论兵事，居然也让临武君和赵孝成王连连称"善"！

---

① 〔清〕王先谦《荀子集解》"强国"，中华书局2013年3月版。方勇、李波译注《荀子》，中华书局2011年3月版。

赵孝成王既是聆听者，也是裁判者。

说起这位临武君，他是战国时期的名将，但一段流传不衰的掌故，却让此人蒙羞数千年。他所有的赫赫武功，全被一只鸟的笑谈给取代了。

临武君是其号，真实姓名无考。有人揣测为孙膑，但两人的生卒时间相差太远，显然不靠谱。在孙膑身上发生如此"鸟"事，也不可信。史学大家钱穆认为应是赵国人庞煖。且不论。

临武君曾为楚国将军。楚国春申君黄歇统领五国联军伐秦，赵国大臣魏加来访，问："伐秦的主将确定了吗？"春申君答："确定了，我准备令临武君为前锋大将。"魏加笑了笑，问："臣能用一个比喻说明我的观点吗？"春申君也笑答："当然可以。"

魏加说："这件事是我亲身经历的。臣少时好射，箭技也还被人所称许。某日，臣与魏王同处京台之下，对魏王说，臣能只拉弓不射箭，就把天上飞的鸟射下来。魏王感到不解，问：卿的箭术之精，有如此神奇吗？臣回答，眼见为实。正好有一群大雁从头顶上空飞过，臣拉满弓弦，弦上无箭，一松手，随着弓弦发出的响声，一只大雁扑棱棱从高空跌落下来。魏王目睹这一幕，拆舌不已，说：卿果然有神功啊！我笑答：并非臣有神功，说来真是作孽啊！这只大雁飞得很慢，落在群雁后面，又发出悲鸣的叫声，证明它已经受了严重创伤，因此听到弓弦发出的空响，便惊落下来。（"惊弓之鸟"的成语由此而来。）"

说完这则逸事，魏加提醒春申君，临武君曾是秦将的手下败将，如那只受到创伤的鸟，怎么能让他担任攻秦的先锋大将呢？

但春申君对此不以为然，仍命临武君为主将，结果这只"惊弓之雁"被秦将打得落荒而逃。楚国回不去了，就只好回到他的出生地赵国。荀子与临武君围绕兵事的论辩，就发生在他回赵国之时。

赵孝成王最关心的国事是，如何通过军事行动，既自保，又能吞并他国。

赵王与荀子、临武君席坐一堂，首先发问："请二位谈谈如何用兵。"

临武君是武臣，自觉最有发言权，就抢答："上观天时，下观地利，然后掌握敌军的动向，出其不意地发起攻击。这就是用兵的基本原则。"

"非也，非也！"荀子一口否掉了临武君用兵"要术"，然后阐述自己的观点，"臣闻古先贤用兵，也是今日用兵的关键，首要在于统一人心。如同弓箭不调校好，即便善射的羿也难以射中目标；就如六匹马不能协调奔跑，即便是最擅长驾驭马车的造父，也不能驱动马车快速机动；如果将士民众的心不能与国家一致，即便商汤、武王当统帅，也不能获得胜利。所以用兵的首要在于统一民心。"

"不对，不对！"临武君与荀子杠上了，说，"用兵贵在看准大势和出兵的环境条件，善用诈术和计谋，让敌方感到诡异莫测，神出鬼没，当年孙武、吴起就是这样用兵的，可谓所向无敌，哪里还需要劳神费力去归拢民心？"

临武君抬出春秋名将孙武、吴起来佐证自己的看法，似乎无可辩驳。他面露几分得意之色，不自觉地朝赵王那边看了看。赵王面无表情，似乎在静待荀子的态度。

荀子立马应声反驳："非也，非也！"在荀子看来，要转变这个武人的军事理念，非三言两语能道清，须如同给弟子上课一样慢慢道来。

"我所说的是仁者如何用兵，是指有称王天下志向的人如何用兵。而君所看重的是如何使用权谋和利势，所采取的行动方式是如何变诈巧夺，这是无王者之志的诸侯所做的事。"

听到这里，赵孝文王双目圆睁，神经立刻紧绷起来。暂不论赵孝文王是不是一个平庸的侯王，有无君临天下的气魄和智慧，但他显然不满足于仅仅守住祖宗的封地。统一天下，几乎是所有诸侯做梦都在想的大业。君临天下，四方来朝，一言九鼎，万众仰望……

临武君的心态平静了不少，等待荀子继续阐述仁者用兵的理念。他显然有点小瞧了这位挥舞不了刀剑、拉不动强弩的书生，对"用兵"问题的深层思考与卓见了。临武君不懂得，军事不仅仅是军事问题，它其实是政治的延伸和其中一部分。

荀子说："仁者用兵是不会被欺诈的，权谋诈术挫败不了仁者统领的军队。那些容易被权谋、诈术挫败的军队，一定是军心涣散、怠惰、羸弱的军队，君臣、将士上下离心离德的军队。如果是桀这样的人，统率军队对付与桀同样状态的军队，靠巧谋诈术，是有可能侥幸获胜的。但是桀这样的人，用巧谋诈术对阵尧统领的仁者之师，就如同用鸡蛋去敲石头，把手指伸进滚沸的水中；就像跳入水火中，不被淹死也会被烧焦的。所以说，仁者用兵，将士一心，三军同力。臣对于君，下级对于上级，犹如儿子侍奉父母，弟弟侍奉兄长，是人的左膀右臂和胸腹头目的关系，是一个血肉相连的整体，与这样的军队对阵，你用什么手段，结局都是一样的。

"仁者用兵，如果他拥有的是十里之国，会获得百里外的消息；拥有百里之国，会获得千里外的消息；拥有千里之国，会获得四方之境的遥远的消息，因为人心所向的缘故，远方的民众会主动向他报告情况。因此他就会耳聪目明，整个国家上下像十根手指收拢紧紧捏成一个拳头。

"所以仁者用兵，无论是将士撒开或收拢成阵列，都会收放自如。伸出去就像莫邪长剑，斩彼即断；其锐利赛过莫邪剑刃，触者即会溃败；当其聚拢成圆形或方形阵，就如磐石般坚固，无论与谁对阵，都会让敌方摧折偃伏，丢盔弃甲。相反，那些暴国之君，谁愿意与他绑在一辆战车上，去抛头颅、洒热血呢？跟随他去作战的，当然是属地的人民，而他的人民会在两国的君主间做出自己的选择，他们看到仁者之师对待人民，犹如对待自己的父母一样，就会喜欢仁者像喜欢香草兰花一样；对比本国的君主，民众心中生起的厌恶之情，不亚于看到脸上被刺了字的罪犯。这样的部属，会为了他们厌恶的君主，去挥戈舞剑，去消灭、砍杀自己所喜欢的仁者之师吗？他们不会去杀戮自己喜爱的仁者，相反会倒戈去杀掉不仁不义、让他们厌恶的暴君。靠用权诈的手段，又怎能战胜固若磐石的仁者之师？

"所以一个国家掌握在仁人手中，这个国家就会一天天兴盛起来，而别的诸侯国就争相来依附，先归附的先获得安定，失去时机就面临颓危，与他作对的就必然加速自身的衰亡。正如《诗经》中所歌咏的：'武王的仁义之师出发了，将士们手执青铜大斧；其威猛之势如烈火般炽热，有谁能阻遏这样的队伍呢……'（原文："武王载斾，有虔秉钺，如火烈烈，则莫我敢曷。"）"①

荀子说到这里，临武君无言再争辩，赵孝文王与他几乎同时拍案："先生说得对！"然后两个人异口同声："请问先生，王者用兵应该设立什么样的教令才可行？"

原文称是赵孝文王与临武君同时提问，似乎不太可能。最关心此类实操问题的该是赵王，临武君大概是随声附和吧。因此，下面所论，是荀子面向赵王。

"一切取决于大王如何作为，将帅如何行动是次要的。请允许我来聊聊关系到国家存亡、安危的王者之道。君王贤能则国家治，君王不贤则国家乱；重视礼仪则国家治，践踏礼仪则国家乱。毫无疑问，国家长治久安就能强盛，国家昏乱就会走向衰弱，这是导致国家强弱的关键所在。在上位者，能让民众敬重信仰，民众就能为其所用；而上位者在民众心中不值得信仰，民众就不会心悦诚服地听从召唤。民众听从召唤，国家军队就会强大，反之，国力就会衰弱，这就是导致国家强弱的核心因素。崇尚礼仪，赏罚得当，是第一位的；重视爵禄，看重节操，是其次；等而下之的是，看重战功，忽略节操。所谓强弱的因素，离不开这几个方面。概而论之，好士者强，不好士者弱；爱民者强，不爱民者弱；政令信者强，政令不信者弱；民心齐者强，民心不齐者弱；重赏有功者强，赏轻则弱；用刑法得当则强，用刑不当则弱；兵器铠甲制造精良者强，器械粗劣者弱；慎重举兵者

① 程俊英、蒋见元《诗经注析》"商颂·长发"，中华书局2017年8月版。

强，轻衅战事者弱；号令统一者强，政出多门者弱。这些都是影响强弱的因素。

"齐国人很重视器械的操练，杀敌的技巧，作战中斩获敌一首级，则获赏金八两，不再根据总的状况给予奖赏，对付力量弱的敌军，以此激赏是能获胜的，对付强敌则无效用。面对强敌，军心涣散，就如天上四散逃离的飞鸟，这是亡国的军队，与从集市上雇用来充数的人没有两样。魏国的武卒，量其身体强壮程度符合标准者招用，穿的是三属铠甲（三属：指士兵穿的三片相连的铠甲，上身、髀部、胫部各一片），手中操持的是十二石弓弩，背负装有五十支箭的袋子，荷戈持弩，随带三月干粮，日趋百里。一旦被选中可以免除徭役，不必纳田宅税。采取这样的规章，历数年国力必衰竭，要恢复也难。虽然拥有的土地不可谓不大，但因税入太少，日久国家必危。至于秦国，处险固之地，用酷烈的刑罚威迫民众作战，斩敌多则重赏，打败仗则施以严苛的惩罚，秦民之活路，全由在战场的表现而决定，迫使他们为立功受赏而勇猛杀敌。根据杀敌数量获轻重不同的奖赏，获敌首五个，则获役使五户人家的奖励。因此秦国军队能够保持不衰的战斗力，历孝公、惠王等四世而步步走强，不是侥幸使然，是他们采取了持续有效的国策。因此说，齐国军队的战技，抵挡不住魏国坚固精良的铠甲，而魏国士兵坚固的铠甲，抵挡不住秦军将士的勇猛死斗，而秦军锐利之士，抵挡不了齐桓公、晋文公军队的严明军纪制度，而齐桓公、晋文公的'军制'终究敌不过汤王、武王的仁义之师，如若两军相逢，就是以卵击石、以指挠沸。秦、魏数国，皆是以利驱使将士死战，国家与作战将士的关系等同于利益交换，而不知仁义为何物。诸侯中有稍通仁义之道的人，则可以轻松地将他们挫败。因而，采用重赏罚、用权诈、尚功利的手段，也会获得一些效果，但行使礼仪教化，是统摄人心的大道。所以，用权诈的军队与同样也用权诈的军队对阵，可以在巧拙、高下上见分晓，但是用权诈的军队与经受礼义教化的军队比高下，就如同试图用一把锥子去毁掉泰山，只有天下愚蠢至极的人才会去尝试。当年汤王、武王讨伐夏桀、商纣的军队，如利斧劈柴般所向无敌，如同去诛杀一独夫般轻松。所以，民心归一则能统领天下。至于秦、魏那样的治兵方式，在相互争斗中，也就只能是雌雄莫测，胜败无常，存亡无算。这类等同强盗的军队，不是君子所愿驾驭的。像齐国的田单、楚国的庄蹻、秦国的卫鞅、燕国的缪虮，都是在世俗的眼中属于善用兵的人，大多靠权谋取胜，与'盗兵'差不多吧！至于齐桓、晋文、楚庄、吴阖闾、越勾践，他们算是擦到礼仪用兵的一点边界，但并没有掌握其精髓本义，所以做一时的霸主庶几尚可，至于王天下，他们还差得很远。"

荀卿说到这里，笔者觉得也许可以用六个字来概括他的论述了，曰：武道、霸道、王道。"三道"处在不同的层级，也可谓有了"王道"，余皆小道。赵王也好，临武君也好，你选择走什么"道"应该很清晰了。但他们似觉意犹未尽，因此荀卿的"课"还得继续讲下去。

"说得好啊！"这回赵孝文王与临武君几乎又是异口同声，然后又提了同一个问题。荀子扮演的角色，似乎已不再是一位被咨询者、一位论辩者，而是一位让他们拜服的智者、训导者、教诲者。

"请问如何做一个好的将领？"

荀子答："做将帅的智慧，无非是疑人不用、用人不疑，每一行动都经过慎重筹划减少过错，考虑问题周密就不会做后悔的事，不必苛求每一步都必然获得成功。发号施令要严格有威信；论功赏罚要有诚信；周密处置营垒财务防敌袭夺；进退自如，抓住机会则动如脱兔；多方面深入观察敌方动静；遇敌决战必建立在明确精准的思考之上。这是掌兵的六种战术。

"不以个人私欲来决定行动，完全根据实际需要来确定行止；不因急于求胜而疏忽对失败的防备；不要仅对内威严而轻视敌方实力；不要只看到有利的一面，失去对有害一面的考量；考虑每一步行动都要精心谋划，该奖赏时则不吝啬。这是为将者需时时权衡的五个问题。

"将在外，据战场实际情形做出决断，君命可不受者有三：即使被杀也不能让军队驻扎在不安全的地方；即使被杀也不能放弃可以制敌的战机；即使被杀也不可纵容军队欺负百姓。这是三条领兵的基本原则。

"既受命于主，又不拘泥于上意，一切按照基本原则处置，就能做到指挥若定。再加上兢兢业业、恪尽职守、殚精竭虑地处置瞬息万变的状况，这样的将领就可以称得上是近乎通神明的天下之将了！"

"说得好！"接下来临武君又请教一个问题，"王者的军队应该制定什么样的法度？"

荀子答："将士百吏闻鼓声而动，无论是进还是退，唯鼓声是从，即便去死，也不得违背号令。不杀老弱无辜百姓，不践踏稼禾，对不战而退的敌人不去擒拿，对顽固抵抗者将其杀死，对主动缴械归附的要善待。该坚决消灭的不是敌方境内的百姓，而是那些残害百姓的贼人……善待百姓，近处的人会赞美服从于你，远方之民会乐于竞奔而来归顺于你，真正是四海之内若一家，这就是仁者之师了。正如《诗经》中所称颂的：'自西自东，自南自北，无思不服。'……"

这场关于用兵的论辩，在临武君连连称"善"中画上句号。①

陈嚣、李斯问秦
（荀子与陈嚣、李斯）

李斯，生年不详，死亡年则在秦二世二年二月七月，被腰斩于咸阳。李斯的人生观，可谓在楚地上蔡任小吏时即已定型。其人见厕中鼠食不洁之物，见人犬则惊恐逃窜，而粮仓之鼠，终日食粟，肥硕胆壮，居仓庑之中，见人犬仍呈自若无事状，于是感叹："人之贤不肖譬如鼠矣，在所自处耳！"②

李斯闻荀卿大名，拜至门下为弟子，欲学帝王之术。李斯拜荀子为师，可谓"取法乎上"，但仅得乎下。荀子的"仁义"之道，在他看来解决不了现实问题，而荀子鄙夷的"权谋诈术"在李斯手中却玩得炉火纯青。

① 〔清〕王先谦《荀子集解》，中华书局2013年3月版。方勇、李波译注《荀子》，中华书局2011年3月版。

② 《史记·李斯列传》。

李斯特地向乃师问秦，应该是心中已有了为自己未来谋划的人生取向。

　　李斯问："请教先生，秦国四代君王治国理政，连续保持国力越来越强盛的态势，其军力威震海内，令诸侯畏惧，并不是以行仁义为圭臬，而是据实际情势制定法度，如何解释他们的成功之道呢？"

　　类似问题，荀子的另一位弟子陈嚣也曾提出过，或许在探讨这一问题时，陈嚣与李斯都在场。

　　陈嚣的问题是："先生议兵，经常以仁义为核心要义，仁者爱人，义者循理，与用兵有啥关系呢？两军对阵是要拼死争夺的！"

　　一人问的是秦国强大，无关仁义。

　　一人问的是杀伐争夺，谈何仁义。

　　下面是荀子为二人释疑解惑，在荀卿看来，二人对他所追求的治理社会的境界并未完全悟透。

　　先回答陈嚣的问题。

　　荀子说："这是你还不了解的。仁者爱人，因而厌恶那些危害他人的人；义者循理，所以厌恶那些破坏社会正常秩序的人。仁者用兵是为了禁暴除害，而不是去争夺。所以，你会看到仁者的军队所过之处，社会稳定，人民得到教化，就如大旱之降甘霖，滋润干枯的禾苗，百姓都感到分外欣喜。先圣的行为充分说明了这个道理：尧征伐驩兜，舜征伐有苗，禹征伐共工，汤征伐夏桀，文王征伐崇，武王征伐商纣，他们都是以仁讨伐不仁，以义讨伐不义，因而所向披靡，兵行天下，无人能够阻遏。周围的人因其善而归附，远方的人称誉其善德，远近皆称善，所以能够兵不血刃，以盛德使天下归服，正如《诗经》中所称道的：'善良仁爱的君子，他追求美好礼义的愿望是不变的。'"①

再回答李斯之问。

荀子说："你只看到了秦国的强大，并没有弄明白真正的强国之道是什么。

"你所说的秦国从实际情形行事，是弃高而就低，而我说的以仁义行天下，是从更高层面设计法度。以仁义治国，则政修而民心归。人民拥护君王为国家所做的一切，就会将个人生死置之度外。至于治军统兵之事，是次要的问题。

"秦国虽连续四代保持强大的态势，但仍然成天提心吊胆惧怕天下诸侯联合起来征伐他们，这是什么原因呢？因为他们用的是等而下之的统兵驭民之法，未掌握真正使国家强大的道统。只要细思一下商汤、武王战胜夏桀、商纣的原因，就会明白，商汤放逐夏桀，不是在鸣条用兵时一蹴而就的；武王诛灭商纣，也不是在甲子之朝猝然成功的。他们靠的是长期施行仁政，征服天下只是如淄水入海罢了。"

紧接着，荀子用非常严厉的口吻批评李斯：

"你不从根本上去探求天下一统的路径，只用功利短视的眼光关注末流之术，这就是舍本求末，也是当今之世乱象丛生的原因。

"国家以礼仪作为立国之本，强国之道，建功立业的总纲要，就不会外强而内弱，四方钦服而归顺，怎么会恐惧别国来吞并呢？圣王如此做就会获得天下；如果不这样做，国家就会

---

① 程俊英、蒋见元《诗经注析》"曹风·鸤鸠"，中华书局 2017 年 8 月版。

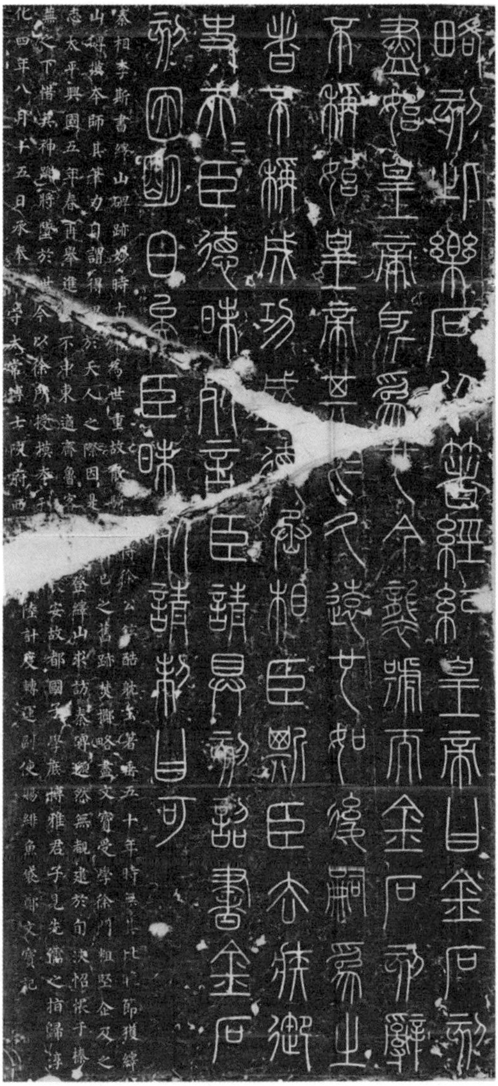

李斯　铎山刻石

衰亡。

"因此，坚甲利兵不能自恃获胜，高城深池并不意味着坚不可摧，严刑峻法不足以树立朝廷的威望。一切都在于是否遵礼而行。遵礼则盛，不遵礼则衰！楚国人用鲛鱼、犀兕的皮革来做铠甲，可谓坚如金石，他们用当今最优质的铜铁铸造成最锋利的矛刃，他们的将士作战骁勇，遗憾的是面对四国军队的进攻不堪一击，兵败于垂沙，战将唐蔑在交战中身亡，他们起用盗贼出身的庄蹻为将，国土四分五裂。

"难道他们是缺少骁勇善战的军队吗？非也！是因为他们对国家的治理未遵道而行。难道他们缺少可凭依的险要之地吗？非也，汝、颍、江、汉、邓林、方城（古地名），都是可以阻止敌军的峻岭江河，但是秦师势如破竹地攻下了楚国的都城，不是因为他们缺少固塞险阻，是因为他们治国无道，国家昏乱。

"古时商纣挖掉贤臣比干的心脏，囚禁箕子并施以炮烙这样的酷刑，残害忠良，臣子们都凛然战栗，因此武王的军队来临时，有谁愿意为商纣这样的昏君去赴死呢？他们不等仁者之师来到自己就把自己摧毁了。而先帝尧治理天下，杀了一人，惩治了两人而天下人皆服，其因何在呢？所以《左传》中说：'有威厉的权力但不轻易施加于人，有完备的刑法但不轻易动用。'

"对于赏庆、刑罚、势诈这样的方式，如何掌控使用，需要慎之又慎，用之不当，其效适反。如果以礼义忠信化育百姓，就不必轻易动用赏庆、刑罚、势诈这样的手段来逼迫驱动百姓获取短时的功效。……

"统辖百姓无非是三条路径：一为以德化人，以德服人；二为以威力逼迫使之服从；三是以厚赏财资来诱导使人顺从。贤君贵德，百姓慕其美好的名声，欣赏称誉其美德，就会洒扫门庭，欣欣然欢迎这样的君王到来。王师所到之处，百姓皆会心安，君王发布的号令也都会遵从。而次一等呢，靠坚甲利兵、威猛之力迫使百姓顺从，虽然获得了土地、民众，但立足难稳，人心摇动，外强而内虚。再次一等呢，就是靠财富来诱使人服，所谓委之财货以富之，立法度以治之，持续三年也会有效，但财尽而国贫，这样的做法能够长治久安吗？"

……

荀子在训导李斯的长篇谈话中，最后用一个现象来总结。这个现象他用一个"凝"字来概括："兼并易能也，唯坚凝之难焉。""凝"为凝结、坚固之意。此句意为，一个诸侯国兼并、吞并另一个诸侯国比较容易做到，或许依靠一位善战的将领，一支矛刃锐利的军队就能做到，但是占有之后，要长久巩固、拥有新的领地则非常难！

他举实例来佐证这个"兼"易"凝"难的判断：齐国吞并了宋国的领土，却不能持久巩固，被魏国夺走了；燕吞并了齐国的领土，也不能持久巩固，被田单夺回了；韩国的上党之地，方圆数百里，乃富庶之地，韩将之划割给了赵国，但赵国不能持久地巩固拥有，得之又失之，为秦国所夺。

这个"凝"字包含的意蕴实在是丰赡而博大。

能"兼"不能"凝"，则必然得而复失；不能"并"又不能"凝"，无疑会走向灭亡；相反能"凝"，则能"并"，并且步步扩大自己的版图。这是什么原因呢？古者商汤、武王最初的领土也仅百里，最终实现了天下归一的宏伟功业，就在于他们能"凝"善"凝"啊！以礼"凝"士，修政"凝"民，"礼修而士服，政平而民安"，"士服民安"，守则牢不可破，攻则势不可挡，令行禁止，王道之业也就完成了！

李斯明白了老师苦口婆心的教诲吗？遗憾的是，荀子活着时看到了秦国风卷枯叶般灭六国、扫六合，但没有看到秦帝国大厦如何在极盛之后訇然坍塌。历史事实为荀子的先见之明做了一个伟大的注脚。

"凝"之未达，其盛也忽，其亡也忽！①

性本恶，其善"伪"也
（荀子舌战群士）

性本善，是孟子思想的基点和触发点；性本恶，是荀子思想的基点和触发点，截然对立，似乎冰炭不同器。在后人看来，两人的思想基点持论虽异，然而殊途同归，都导向仁义礼智信。但荀子可不是这么认为的，他在《性恶》篇中三次提到孟子的性善说，并加以驳斥。荀子晚出于孟子近百年（另一说，荀子十五岁求学于稷下时，孟子尚在世），二人虽同为稷下先生，但未能在同一时段同一论坛来一番针尖对麦芒的雄辩。设想如果二人面对面对阵，必有精彩绝伦的思想火花喷溅四射，让后人惊骇惊叹！

荀子的"性恶"说，当是对战国中后期的社会、人心的观察

---

① 〔清〕王先谦《荀子集解》卷十"议兵"，中华书局2012年3月版。方勇、李波译注《荀子》，中华书局2011年3月版。

而得出的判断。对孟子的性善论与荀子的性恶说，孰是孰非，被誉为二十世纪三四十年代史学天才的吕思勉先生有一个客观论说，笔者深以为然。此且不论，留待后叙。

基于荀子的性恶说，扼制人性恶的法治理论被推向了巅峰，其代表人物正是荀子的两个大名鼎鼎的弟子：韩非与李斯。一个侧重于理论建树，一个侧重于实际运行。但法治理论稍有失度，就演变成严刑峻法，就滋生出害民的苛政、诈术，生长出背离荀子初衷的恶之花，如李斯在秦国一统天下后建议秦始皇焚烧诗书，就是中国历史上最臭名昭著的"恶"例。

荀子之伟说光耀千古，但荀子身后声名不显，一是与其弟子李斯被后人诟病有关；一是他的论说中有一"伪"字被人误读有关。

荀子曾在稷下学宫三任祭酒。按有关史传描述，荀子曾一度离开齐国，游历了秦、楚、赵后又回到学宫。此时的齐国经历了齐湣王的"折腾"，元气大伤，国运一蹶不振，几无重新崛起的可能，但在考察诸国后，荀了实在找不到能让他助力建立"理想国"的希望之地。回到稷下学宫讲学，也许是他无奈的选择。

荀子回到学宫后是否在讲堂（史称"啧室"）正式发表过关于"性恶论"的演讲，并在学宫引发强烈震动，不见有史料记载；

荀子在发表演讲中，是赢得了满堂喝彩，还是遭遇了诸多孟子生徒的讥讽和回击，也无史料可资论证；

稷下学宫宫室的结构是何样貌，当年"啧室"的构造与今日之讲堂有何区别，也难以考论；

……

相关传记，因为史料的匮乏，只能辅之以合理想象，试图再现彼时的情、景、人物形神，不至于让人读起来过于干涩。而一旦想象脱离了"合理"的轨道，则无助于理解荀子思想的内核。

荀子的性恶论完整留存汇编在《荀子》文集中。在诸子中，《荀子》是保存最完整的文集之一。

在《性恶》篇中，荀子有多次自我设问，"或曰……"如何，以便引出后文的论述，此种设问，也许正是他发表演说时遭到质疑的问题，笔者在这里依此也适度用一点合理想象。

"人之性恶，其善者伪也！"荀子站在"啧室"讲台上，用徐缓沉郁的语调，发出令稷下学子、先生们头脑訇然发蒙的声音。

"人之性恶"，固然已是空前异论，紧接其后又追加一句："其善者伪也"，更令人不可思议。后世学者，尤其是宋代学者对荀子不屑、笔伐的重要原因，尤在后一句。但绝大多数人误读了后一句的"伪"字。他们把"伪"理解成了"虚伪""伪装"，而战国时期"伪"与"为"相通，此处是"人为""作为"之意，是说人有善的行为、表现，是经过人为化育、改造、训导出来的，并非出自本性。通览全篇，这一点铁定无疑。

也许，荀子此语一出，众人一片哗然，叽叽喳喳的议论声久久不能平息。在经过"祭酒"助手大声吆喝"安静，安静"，荀子才得以详述他的思想依据。

"人的本性，生来就是趋利的，听由这一本性发展下去，人与人就会为利而争夺，而辞让之心就会失去；人生来就是有嫉恨之心的，如果顺其发展，人与人之间就会相互残害而忠诚守信的品行就不会养成；人生来就有耳目之欲，声色之欲，如果听由其纵欲发展，人就会沉湎于淫乱之中，从而丧失基本的礼仪和道德、伦理。因此如果任由人的本性发展，其结果必然导向人与人之间的争夺，破坏安定的社会秩序，让整个社会成为暴力横行的利欲争斗场。"

此时有人举手要提问，得到"祭酒"助手同意后站起来大声质疑："按先生这么说，这个世道只能永远争夺下去、杀戮不休吗？您如何解说从古至今也有很多遵道守礼的君子呢？"

这正是荀子要继续往下说的：

"因此要让人具有辞让的品格，符合文理的行为，使整个社会获得良好的治理，必须有师长对人进行法度的教化、礼义的引导。

"人的本性恶，是可以看得清清楚楚的，人有善的举动表现，是后天加以引导、教化而成的。那些弯曲的木头，必须使用工具矫正，才能使之变直；很钝的铜铁，只有经过砥砺、打磨才会变得锋利。正因为人的本性为恶，必须用法度来矫正，用礼义来教化。反之，无法度约束，人就会铤而走险地作恶；无礼义的教化，社会就会混乱无序。

"古代的圣王正因为看清了这一点，因此制定各种礼规、法度，来矫正、改变人的本性，如此使得人的行为合于道，社会得到治理。比较一下当下的君子所为和小人所为，君子都是经过礼义的教化成长起来的，而小人则是肆无忌惮、放纵性情导致的恶人。由此可以确证，人之性恶是无可置疑的，而人的善行则是后天化育、引导的结果。

"孟子说：'人们愿意学习，是因为其本性是善的。'这样说是不对的，他对人的本性没有更深的洞察，是混淆了人的本性和通过化育、引导后发生变化的区别。人的本性，是与生俱来的，不是通过学习形成的；之所以有具备礼义品格的圣人，是通过化育、熏陶而成的。人之本性与通过学习形成的品性，其本质区别在于，前者非人力可为，而后者依仗于人的作为。

"人的眼睛可以看到外界事物，耳朵可以听到各种声音，耳聪目明，不是通过学习可以获得的。孟子说'人之所以有恶，是因为丧失了本性'，这是不对的。相反，人生下来，如果顺其性，必然会丧失人的质朴品质而变得狡诈，脱离美好的资质而变得愚恶。人性本恶，再明白不过了。

"人饥饿了，就会想着吃饱肚子；天气寒冷时，就会想添加衣物；劳作疲惫了就想着休息。这些都是人的本性使然。如果在饥饿时面对长者不敢先吃，有辞让之心；劳作时疲乏了不敢休息，想着减少长者劳累；儿子谦让父母，弟弟谦让兄长，都有悖于人的本性。所谓孝子之道德，是后天导引、教化具有的。所以顺性情就不会有辞让之心，辞让不是人的天性。由此观之，人性本恶无可置疑，人之向善是通过教化、导引而有的。"

荀子讲到这里略作停顿，因为看到又有人举手要提问了。

"按先生所说，人之本性为恶，那么如何使人所行符合礼义之道呢？"不愧是稷下学士，所提问题都击中要害之处。这等于是要荀子拿出一套遏制人性恶的方案。听由"恶"的泛滥，肯定不是荀子提出这一理念的初衷。

荀子显然已有系统思考，因此继续娓娓道来：

"凡是懂得并遵守礼义之道的人，都是因为有圣人的导引。这就如同陶人将一堆黏土加工成器皿，木匠将木头经过斧斫锯切后做成木质用具，都要依仗于人力所为。圣人经过深思熟虑，延续前贤累积的经验，形成礼义规范，并制定约束人的行为的法度，以此对更多的人加以化育、引导，使之遵道守法。人的眼睛喜欢绚丽的色彩，耳朵喜听美妙的声音，嘴巴爱吃色香味俱全的美食，骨肉肌肤追求感官的刺激，这些都是人的本性、本能欲望，不需要加以引导就会具有的。有些行为，本性驱使人去做，而理智却约束他不可去做，这就得靠圣人的化育和引导。这就是本性驱使与人为化育的区别。所以圣人通过化育而改变人的本性。礼义生而法度出，需要圣人来完成。这就是圣人异于众人之处……因而人之有礼义，需强学而求之，思虑而知之。

"请允许我再重复一遍，孟子说'人之性善'是不对的。所有的善，都是通过义理的学习、法度的治理而形成的，不是人的本性具有的。如果人的本性就是善的，又何必要圣人以礼义来化之？正因为古圣人认为人之性恶，顺其性则社会悖乱，强者害弱，才需要立君王以势统领，明礼仪以约束，定法度以治理，施刑罚以禁止，如此这般才能使天下合于善、达于治……"

又有人责问道："按先生所言，礼义也是人的本性啊！只是圣人天生有，普通人没有吗？"语气咄咄逼人。

荀子回答道："不是这样的，圣人的本性与普通人的本性无异。就如同陶人用黏土制作成瓦器，但瓦器之性与黏土本性怎么会一样呢？匠人将木材加工制作成器具，但木器与木材的本性又怎会等同呢？圣人对于礼义，就像陶人做成的瓦器、匠人用木头做成的木器，也是人为制造出来的，怎么会是他的本性呢？

"我所说的人的本性，圣君尧、舜与残暴的夏桀、柳下跖是一样的；君子与小人是一样的，都是生来俱有的。那么，为什么我们会尊重尧和禹，尊重君子呢？也正因为他们能通过后天的努力、学习，改变人的本性，从而成为遵从礼义、制定礼义的人。圣人制定礼义，就像陶人制陶器、匠人造木器。由此观之，礼义是化育、导引出来的，哪里是人的本性呢？我们厌恶鄙视夏桀、柳下跖这样的小人，是因为他们放任自己的本性残害他人，贪利争夺。上天并非特别厚待、眷顾曾参、闵子骞（孔子弟子，以守孝道著称）、孝己（殷朝君王太子，以守孝道著称）而排斥其他的人，是因为他们懂理守孝而扬名天下。上天也不会对齐、鲁之地的百姓给予特别厚待，从而排斥秦地的百姓。齐、鲁百姓懂得父子之义、夫妇之别，遵从礼义孝道，而秦人则怠慢礼义、放纵性情、任意胡为，而他们作为人的本性是没有区别的。"（此处荀子对秦人痛加斥责，看来荀子经过对秦国的观察和游历后，留下了极差的印象，礼义不入秦，百姓无辜，症结应在管理者那里吧。）

又有人甩出了新的问题："人们常说道途之人（普通人）也可以成为禹那样的圣人，这是何故呢？"

荀子如此答问：

"禹这样的圣人，之所以能成为圣人，是因其懂仁义、守法度。而仁义、法度之理都是可以通过学习获得的。道途之人也具有学习、理解仁义、法度的资质，因此也可以通过化育、引导成为禹那样的人。……道途之人只要专心努力，伏案求学，内外兼修，通过春风化雨般的滋润，积善而不息，则通于神明、参于天地矣！

"圣人也是通过内外兼修、点点积累而成的。但由于人的本性的缘故，可为之事未必成为可能之事，恰如君子可以成为小人而不愿去做小人，小人可以成为君子而不愿去做君子，能与不能和可与不可，两者有很大的区别，这就是道途之人可以成禹，但未必都能成为禹的原因。从道理上说，人的脚可以走遍天下，但能足迹遍天下的人却罕有。（这一点，即便当下之人也做不到，也许你去过世界各地，但你借助了飞机、火车、汽车、轮船等现代工具；你也许有幸成为宇航员登上了月球，但要说有人用双脚走遍天下，即便有孙悟空翻跟头的功夫也难乎哉！）

"先帝尧曾经问舜：'人的性情如何看？'舜回答道：'人的性情不美，这是无可疑问的。男人有了妻子儿女，对于长辈的孝敬就淡薄了；物质富有了，对于友人就疏远了；获得了高官爵禄，对于君王的忠诚度反倒减弱了。'人之德行如此，还有什么好说的呢！只有贤能的人不会如此。不同类型的人有不同的理念，圣人有圣人的理念，士人君子有士人君子的理念，小人有小人的理念，役夫有役夫的理念。说话很多，终日思索事理、追寻现象发生的原因，虽然言语很多，但总离不开心中树立的道义，这是圣人的理念；言语简略，但所论皆遵循法度，就如用绳墨来矫正弯曲的木材，这是士人君子的信念；说起话来滔滔不绝，但言行不一，所做之事错者居多，这是小人的理念；做事庞杂无大用，言语零碎不成文，不论是非曲直，只知道以劳苦胜过他人，是役夫的信念。

"换一种说法，如果以勇敢的等次来区别人的不同，则有上勇、中勇、下勇——遵循先王之道，行先王之意；绝不重蹈乱世之君的覆辙，也不同流于乱世之民所为；心中有仁义，虽贫苦亦甘之如饴，如果不能践行仁义则视富贵如浮云；拥有掌控天下的权力，则与天下百姓共苦乐，不在上位则傲然独立于天地间。斯谓上勇也！

"恭敬礼仪，崇尚节俭，看重忠信而轻视财货；对于贤能的人不吝推举，对于小人则敢于废弃。斯谓中勇也！

"为了获取财货而罔顾身家性命，有错遭遇灾祸而仍用言语为自己辩说，不分是非，异于常理，却一味争强好胜。斯谓下勇也！"

说到这里，"啧室"里安静得出奇，只有荀子舒缓而铿锵的语调在屋梁瓦檐之间回荡。荀子又用一连串比喻和史实来为自己的立论作注，以一句《传》中的引语作结。

"繁弱、钜黍，都是古时精心打造的良弓，但如果不辅之以调校弓弩之器，就无法准确地发射箭矢；桓公的葱、太公的阙、文王的禄、庄君的曶，（吴王）阖闾的干将、莫邪、钜阙、辟闾，都是闻名天下的良剑，但未经人工砥砺则不能使之锋利，不经过人力剑技的发挥，也不可能斩断任何物件；骅骝、骥、纤离、騄耳，都是古时驰名的良马，但驾驭它们必须前有衔辔加以控制，后有鞭子加以策动，再加上造父这样的驭马能手驱使，才能一日而致千里。人即使有良好的资质和感悟能力，也必求贤师给予教诲，选择信奉礼仪的人为友。得到贤师的教诲，那么就会获闻先圣尧、舜、禹、汤所行之大道，与贤良的人交往，所目睹的都是忠信敬让的行为。如此身在其中，不知不觉就成为懂得遵守礼仪之人，这就是人为熏陶化育的结果。反之，如果日日与恶人相处，所听闻的都是欺诈诈伪的事情，所见到的都是污漫、淫邪、贪利的行为，等到自己犯了罪被押赴刑场时还不知道自己是如何成为罪恶之人的，这就是受不良环境长期浸泡的恶果。

"正如《传》中所说:'不了解你儿子是什么样的人,那就看看日日与之交往的都是什么样的朋友。不知君王是什么样的人,那就看看围着他转的都是些什么人。'"①

---

① 〔清〕王先谦《荀子集解》"性恶篇",中华书局2012年3月版。方勇、李波译注《荀子》"性恶篇",中华书局2011年3月版。

卷四

浩然之气

人之生，气之聚也。聚则为生，散则为死。腐朽复化为神奇，神奇复化为腐朽，通天下一气耳。

——《庄子·知北游》

稷下学宫如同一只巨大的聚宝盆，其"宝"不是千石钟、夜明珠、牺尊、白狐裘……而是天下英才、贤才；

稷下学宫是辽阔无垠的海空，有无数思想大鹏振翅逍遥；

稷下学宫是非人工能制造的巨型爆竹，不断升腾绽放缤纷炫目的智慧火花……

前二卷中描述的稷下先生形迹中，无不闪现着东方智慧之光。这里再随机截取某些因载于史册而被永远定格的片段。

自由飞翔的鸿鹄

"鹄"，即天鹅也。

淳于髡奉齐王之命出使楚国，途中遇到了一道超级难题。如果不解开这道难题，不仅完不成外交使命，而且个人性命也难保。

齐王将一只精心喂养多年的天鹅交给淳于髡，作为赠给楚王的重礼。出乎意料的是，在淳于髡的马车驶出城门后，这只天鹅鬼使神差地啄开笼门，顶开笼门，"扑棱棱"振翅飞向了湛蓝的天空。它大概不甘于长期在笼中，吃着投喂的宫廷美食，蓄谋已久，终于有机会获得了日夜向往的自由。天鹅远去的白色翅影和欢快的鸣叫，让淳于髡惊出一身冷汗。这如何是好？拿什么礼物去觐见楚王？返回再向齐王索取新物，岂不是将自己的头颅送到齐王的剑下？

虽说心脏一阵猛跳，但淳于髡很快让自己的情绪恢复平静，半躺在颠簸的马车上，眯上双眼，脑子里迅速地闪过各种应对"危机"的方案。

见到楚王时，楚王正蹊跷，按照正常礼节，齐国使臣会奉上齐王的"心意"，怎不见有任何礼物抬上来？只见淳于髡提着一只空笼子。淳于髡个子矮，笼子的高度几乎顶到他的脖颈。淳于髡叩拜时说：

"臣奉齐王之命，来向大王呈献珍禽天鹅，在经过淄水时，看到天鹅饥渴哀鸣，臣于心不忍，就令随行小吏让天鹅出笼饮水，没料到天鹅趁机飞了。我伤心得想用刀刺腹或用绞索将自己处死，但又担心世人会讥讽吾王仅仅由于鸟兽的缘故而令士人自杀。我也曾想过，集市类似的普通鹅有很多，无妨去买一只来代替，又想到这是欺骗吾王的虚假行为，恪守诚信之士是不可如此做的。我还曾想过索性逃奔到他国去，但又痛惜两国大王因此产生误会妨碍正常友好交往。最终我觉得只能在此向大王请罪，恭请大王惩罚我的过失！"

楚王听了这番话，连忙将淳于髡拉起身："卿快快起来，一只鸟何足轻重？齐王身边有先生这样有仁心、遵诚信的人，真令人羡慕啊！"话毕，赐予淳于髡厚礼。这礼"厚"到什么程度呢？

《史记》上是这么描述的："财倍鹄在也。"①

箫管里的春天

齐有三邹：邹忌、邹衍、邹奭，皆是战国时风云人物，也都曾为稷下学士。

史载邹衍初以儒术说服诸侯，不见重视，改研阴阳学术。这一改不得了，邹衍成为此说的一代大家，曾著有《终始》《大圣》等十余万言，遗憾其著未能完整保存流传于后世。

他的思维方式是，"先验小物，推而大之，至于无垠"。其意为先从人们常见的细小事物、现象的观察入手，把握其特征、规律，再推而广之到宇宙天象。他提出的中国非中心说，可谓震惊了诸侯、士人。他认为儒者所论的中国，是不能称之为"天下"的，如果天下有八十一，中国只居其一。所谓赤县神州者九，即常说的九州，不是整个天下。一州只是中国的一个区域而已，九个区域并称九州。

邹衍在其世所受到的优渥际遇，几乎超越仲尼、孟轲、荀子。其人先游学于齐之稷下，然后去梁，梁惠王亲自赴郊外迎接，执宾主之礼；后到赵国，平原君侧行撤席以待；到了燕国，燕昭王拜其为师，并筑建石宫，供邹衍讲学。

燕王请邹衍主管农事。某年春初，燕国有一个名为渔阳郡的

---

① 《史记·滑稽列传》。

地方，仍无春回大地的丝毫征候。屋檐上挂着长长的冰凌，怎么也不见融化呢？尖尖的冰凌，如剑刃似的戳在人们的胸口。寒风呼啸，如怪兽咆哮着奔跑在大地上。百姓们为之唉声叹气，焦心不已。这意味着会错过谷麦的最佳生长期，给他们的生计带来窘迫。来此巡查的邹衍跑到山顶吹起了箫管，生机盎然的曲调一波一波吹向辽阔的天地，吹醒了沉睡的万物，吹生了苍天的悲悯之心，也吹散了百姓的满面愁云。冰凌开始滴水，雪霜渐渐消融，草木绽出新芽，谷麦悄悄地舒展新叶。

李白为此作诗云："燕谷无暖气，穷岩闭严阴。邹子吹律管，能回天地心。"

邹衍真有如此神奇的法术？用一支箫管可以"吹"生大地的暖气？会不会是一个神话传说？

有后人认为，邹衍是深谙阴阳五行学说的气象学家，已预知春天的阳气在冉冉回升，他只是用箫管吹回了农人的信心。

可谓心中有苍生，春律满乾坤。[①]

如果此说有一定道理，另一个发生在邹衍生活中的现象，则不可思议了。

燕昭王驾崩后，燕惠王即位，邹衍的命运发生了逆转。嫉妒邹衍的宠臣，持续在惠王耳畔编造攻击邹衍的谎言，乃至说他图谋不轨。惠王令人将邹衍关进大牢。邹衍百口难辩，入狱时仰天大哭，这哭声有着撼天动地的震动力，使得上天产生了奇特的感应：本来正值沸水蒸腾般的夏日，却纷纷扬扬飘起了雪花，让燕

---

① 《艺文类聚》卷五"岁时下·律"，《稷下学宫资料汇编》，山东教育出版社1989年10月版。

国大地裹上了一层厚厚的雪被。无人不被这奇特的天象所震惊。据说，《窦娥冤》"六月飞雪"典故的源头就出自这里。于是朝野有良知的臣吏纷纷上书，为邹衍鸣冤：天象异常是邹衍蒙冤所致。一场"六月飞雪"使得邹衍免去牢狱之灾。[1]

对此现象，东汉的王充提出质疑："邹衍何人，独能雨霜？""一仰天叹，天为陨霜，何天之易感，霜之易降也？"质疑归质疑，王充却无法从史书中抹去这一记载。他给出了一个揣测性的说法，仍未跳出"天人感应"之理念。他说或许是燕惠王好用刑，导致寒气而生，适时邹衍被拘，于是臣吏百姓就将之与邹衍之叹联系起来。[2]

目光"射"入脏腑

在诸子中，淳于髡通常被称为"杂家"。《史记》对其人的评价是"博闻强记，学无所主"。淳于髡超群的辩才，构建在饱读诗书的基础上。

淳于髡常常被齐王派遣担任使臣，而每一次出使皆不辱使命，为齐国赢得美誉。他国君臣或许会从淳于髡的一举手一投足的行止中，感受到齐国兴盛的缘由。齐国有这样的能臣贤才，怎

---

[1] 《艺文类聚》卷三"岁时上·夏"，《稷下学宫资料汇编》，山东教育出版社1989年10月版。

[2] 王充《论衡·感虚篇》，《稷下学宫资料汇编》，山东教育出版社1989年10月版。

么可能不兴盛呢?

诸侯王对他的评价,甚至认为管仲、晏婴也有所不及。某次,淳于髡出使梁国。此前梁惠王只闻其名,未见其人。因此对面见淳于髡给予了特别规格的接待,梁惠王特地屏退所有人员,与淳于髡"私聊",看看能否从他这里获得治国理政的宝典。谁知,前后两次单独召见淳于髡,淳于髡皆沉默不语,不知他闷葫芦里卖的是什么药。梁惠王就对身边某臣说:"卿在寡人面前,极力举荐淳于先生,称其管、晏有所不及,寡人两次召见,未听到他说一句话,难道是寡人不值得先生献言吗?"

某臣将此言转告淳于髡。

淳于髡说:"确实如王所说,我未发一言。我前次见王,王的心思在马上;后一次见王,王的心思在音乐歌女上。因此我只好默然不语。"

其臣将淳于髡的回话报告给梁惠王,惠王大骇,连呼:"啊,先生圣人也!前次先生来,有人献来一匹宝马,寡人未及仔细观马,正好先生来了;后次先生来,正逢有人献歌伎,寡人未及试试她的嗓音,恰好先生来了。虽说屏退左右,但私心在彼,不在此。是寡人之过啊!"

于是梁惠王复召淳于髡,与之促膝"私聊",三天三夜也不感到疲惫,赞其果然是当世高才,管、晏有所不及,非浪得虚名。惠王欲挽留淳于髡在梁国,委之以卿相之位,淳于髡婉谢,不受。无奈,以厚礼相送,礼品清单为:安车驾驷,束帛加璧,黄金百镒。[1]

---

[1] 《史记·孟子荀卿列传》。

在齐国的使臣中，淳于髡级别的士人可谓绝无仅有了。

到了齐国末期，也是战国末期，齐国国运衰退，稷下学宫人才溃离，学宫大屋内杂草丛生、蛛网漫结，可想而知，其凋零、凄清，后人只能扼腕怅叹。

有一则类似淳于髡这样的外交事件，发生在齐国外遣使臣与赵国威后之间。此时闪烁智慧之光的不是齐国使臣，反倒是因皇子年幼，以皇太后身份代理政事的赵威后。

赵惠王驾崩，新王登位，齐国按照正常礼节派使臣前往赵国表示问候和祝贺。接见齐使臣的是赵威后。国书尚未呈上，威后向齐使连发七问，让齐使张目结舌，无言以对，其猥琐不堪状可以想见。

威后问："贵国今年的收成还好吗？老百姓的日子过得好吗？大王身体还好吗？"

齐使臣有点不悦，问道："臣奉王命来贵国问候太后，太后怎么不先问齐王，倒先问年景与百姓生活呢？难道是先关心卑贱者，再关心尊贵者吗？"

"你说得不对啊！"威后再反问，"如果收成不好，百姓怎会有安定祥和的生活？如果百姓生活不安稳，国君的天下怎会安稳？因此我才会这么问，难道你是让我舍本而逐末吗？"

真的是锥心之问啊！难不成孟子"民为贵，君为轻"的理念已渗入威后的心肺中去了？伟哉，威后。

威后又进一步问："齐国有一位隐居的贤士钟离子，他还好吗？这个人有粮食会分给百姓吃，自己无粮食也会想办法为无粮吃的人提供粮食；他有衣服会分给别人，自己无衣也会想尽办法让无衣者有衣穿。这是帮助君王抚养百姓的贤人，怎么见不到他被任用，发挥他的才干呢？

"齐国有个叫叶阳子的贤人，他还好吗？这个人啊，心怀仁义之心，全力帮助那些鳏寡、孤独、困穷的人，是在帮助君王安抚最底层的百姓，这样的人怎么至今见不到被任用呢？

"齐国还有一位姓北宫的女子，她还好吗？她因为家穷，把自己的首饰都卖了，换来衣食奉养老人，这是为百姓树立孝道的标杆啊，为何这样的人至今不为朝廷所重视呢？

"上面说的两位贤达不被重用，一位孝女不被朝廷彰扬，这样做怎么可能治理好齐国，让万民甘愿为国家效劳呢？

"于陵（齐邑名）那个叫子仲的属官，现在还活着吗？这个奸佞之人，上不忠于国君，下不能善待百姓，中不能与诸侯友好交往，这样的人于国于民都有害无益，为何还不杀掉呢？"[1]

记载这一事件的文字到此戛然而止。后人永远记住了威后的"威"名。齐使为何人？不知。从威后的一连串提问和批评中，可以感知齐国到了齐王建时期，政治生态已恶化到何种程度。

这让那些曾对齐国寄予厚望的名贤孟子、荀子、淳于髡情何以堪？因此秦灭六国，非仅仅是因秦国"不择手段"之强盛，更是六国的自我杀戮，借用孟尝君门人一句话，"事有必至，物有固然"也。

---

[1] 缪文远、缪伟、罗永莲译注《战国策》"齐王使使者问赵威后"，中华书局2012年6月版。

谈笑却秦军

一场剑拔弩张的大战在即，却因一条灵动善辩的舌头的转动，使无数将士、百姓的头颅免于落地。这条力拨千钧、撼天动地的舌头被史家用竹简铭刻，成为千古美谈。

摇动这条舌头的是从小就被誉为稷下神童的鲁仲连，吧嗒着小嘴驳倒"千人敌"田巴的少年学子鲁仲连。

这位义薄云天、才气如虹的能人，司马迁称其为"好奇伟俶傥之画策，而不肯仕宦任职，好持高节"。

西晋著名文学家左思在《咏史八首》之三盛赞鲁仲连：

> 吾希段干木，偃息藩魏君。
>
> 吾慕鲁仲连，谈笑却秦军。
>
> 当世贵不羁，遭难能解纷。
>
> 功成耻受赏，高节卓不群。
>
> 临组不肯绁，对珪宁肯分。
>
> 连玺耀前庭，比之犹浮云。

李白也曾有诗称誉鲁仲连。

秦、赵长平之战，是倾两国之力的关键一仗，这一仗的胜负决定了秦国和赵国的命运，也决定了秦与其他各国的命运。用赵公子平原君的话说："秦、赵相持于长平之下而无决。天下合于秦，则无赵；合于赵，则无秦。"秦为此一仗，以白起代王龁为主将，征集国内十五岁以上男子至前线。而赵王则中反间计，以"纸上谈兵"著称的赵括替代老将廉颇。结局是赵军溃败，四十万士卒被白起坑杀。经此一战，战败国固然国力大衰，而秦国也损失惨重。

秦军乘胜继续进攻赵之邯郸，赵国危亡之际，派人向魏国求援，魏国派出两批人员，一由将军晋鄙带兵到魏赵边境，但晋鄙畏秦，止步于荡阴（地名），似无真心助赵之意；二由将军辛垣衍进入邯郸，劝赵王尊秦为帝，等于让赵臣服，秦军自然就会退却。魏王试图通过此种方式既阻秦进攻，也自保。魏将辛垣衍通过平原君向赵王传话："秦军之所以包围邯郸，意在逞强获取帝号。前一段，秦王曾与齐王竞相称帝，因为齐王自己把帝号取消了，秦王也就不敢独自称帝。齐国渐衰，已无力与秦争强。秦国大军如今进攻邯郸，未必是贪求邯郸之地，而是企图称帝。如果赵国派特使前往秦地，尊秦昭王为帝，秦昭王一定会感到欣喜，就此罢兵。"

平原君听了辛垣衍的建议，一时拿不定主意。

而在此刻，正好鲁仲连也在邯郸城。鲁仲连听到魏使者有此建言，前去拜见平原君，问："您准备作何打算呢？"

平原君愁眉苦脸地说："我正不知道该怎么办。秦、赵长平大战，刚刚折兵百万，现在秦军围住邯郸不肯退却。魏王派将军辛垣衍让赵国尊秦为帝，此人正在我这里，我该怎么答复他呢？"

鲁仲连听了，表情平静而轻松，似乎并未把赵国面临的困局当回事，反倒嘲笑起平原君："我一直以为君为天下之贤公子，是有大才学的人，今日我才看出，君不像我早先知道的那样啊！"

平原君干咳了几声，以掩饰内心的尴尬，稍缓之后又问：

"先生有何高策？"

"魏国那位客人辛垣衍在哪里？让我来跟他谈谈，驳回他的建议，让他回去。"

平原君遂将辛垣衍请来，说："东边邻国有位叫鲁仲连的先生，他想拜见将军，与将军聊聊与秦国的事。"

辛垣衍挥挥手："我听说过鲁仲连先生大名，是齐国的高士，我是魏国的使臣，就不必见鲁仲连先生了。"

从后来辛垣衍自称，可知他原以为鲁仲连只是一平常庸人而已，此处他称誉鲁为"齐国高士"，也只能算是言不由衷的客套话。他不想见鲁仲连自有他的道理，算不得面对一普通士人所表现出的傲慢。

他是魏王派来的使臣，需要见的是赵王和赵国的政要，无关之人有何必要见呢？但平原君已无计可施，一定要促成鲁、辛一见，看看鲁仲连有何招数让辛垣衍改变主意，就说："我已把将军在我这里的情况告知鲁先生了。"既如此，不见就失礼了。辛垣衍无奈，只得同意。

鲁仲连无仕宦之职，也非赵国人，只是以游历赵国的士人身份，开始了与魏国来使辛垣衍将军的一次历史性会见。

这一会见不同于鲁仲连与田巴的论辩，让田巴拜服少年鲁子的超人聪慧，而是为赵国消弭了一场几乎灭国的危机，避免了可能给赵国带来的屈辱。

二人初见面时，相对而坐，鲁仲连久久未发一言，这让辛垣衍颇感蹊跷。既然主动求见，怎么不吭声呢？于是辛将军先发问："我看到现在留在围城中的人，大多是有求于平原君的人。从先生神采光艳的额面看，不像是有求于平原君的那种人，怎么也久居此危殆之地而不赶紧离开呢?"

"要真正了解一个人的内心,光看外表是很难的。"鲁仲连的意思是将军仅从外表怎么了解我的想法呢? 他以周代隐士鲍焦为例,鲍焦因忧愤于所处社会时局动荡,百姓如蚁受碾压,遂抱树绝食而死。可是世人却误以为他是因为心胸狭隘而自杀。随后鲁仲连谈起了秦国:

"秦国是一个不讲仁义礼仪的国家,他们以杀人首级的数量多少来奖励官兵,太残忍了;用法术苛政来驱使奴役人民,无所不用其极。如果秦王称帝来号令天下,(鲁)连只会蹈海而死,我是绝对不会做秦王子民的。今日我愿拜见将军,是想为赵国助一臂之力。"

辛垣衍用狐疑的目光打量着鲁仲连:"先生打算如何帮助赵国呢?"

鲁仲连说:"我将说服魏国、燕国援助赵国,至于齐国和楚国,本来就已在援助赵国了。"

"我相信先生所说的,燕国会帮助赵国的。至于魏国嘛,我就是魏人,你怎么让魏国帮助赵国呢?"辛垣衍的潜台词是,我是魏国将军,又是特派到赵国来的使臣,你总得说服我,才有可能通过我说服魏王。他似乎觉得鲁仲连的想法与赵括的"纸上谈兵"是一个路数,夸夸其谈,不能解燃眉之急。

鲁仲连回答:"魏国没有意识到秦国称帝带来的危害,如果让魏国看清秦国称帝的恶果,魏国就会主动帮助赵国的。"

"秦国称帝会有什么危害呢?"辛垣衍问。

"早年齐威王奉行仁义,在周王室衰微时仍率天下诸侯朝拜周天子。周朝已经衰弱到奄奄一息的地步,诸侯都不把它放在眼里，独独只有齐国坚持朝拜。过了一年多，那个平庸无能的周天子驾崩，诸侯王纷纷前去吊丧，齐王奔丧去迟了，新继位的周显王在发给齐国的诏书中称：'天子驾崩，山裂海啸，连新天子都要离开宫殿去吊唁，而东方的藩国之臣田婴居然迟到，应该斩首。'齐威王听后勃然大怒，回敬了一句：'呸！你妈是个贱婢！'这件事成为天下笑谈。周王室已经无能卑微到无人问津的地步了，还如此苛责属下，活着要朝拜，死了，继位者还如此嚣张，这很正常，因为坐在天子位上的人，就是这样的。"鲁仲连不说秦，而是先说周天子。一个已成僵尸的王朝，在天子位上同样视臣如草芥，秦王称帝后会怎样呢？

但辛垣衍对鲁仲连所说周天子与齐王之事，从另一个向度做了理解，说："先生应该见过那些做奴仆的人吧？十个奴仆服从于一个主人的役使，是因为奴仆的力气都不如主人，智力都不及主人吗？是因为畏惧主人，不得不听候使唤啊！"

鲁仲连用揶揄的口吻问："将军觉得魏国与秦国的关系，是奴仆与主人的关系吗？"

辛垣衍稍稍犹疑了一下，说："差不多吧。"

接着，鲁仲连蹦出一句让辛垣衍几乎惊掉下巴的话："那我会让秦王将魏王烹煮后剁成肉酱。"

辛垣衍虽未怒发冲冠，但脸上的肌肉扭成了一团："先生这话说得太过分了吧？你有什么能耐让秦王烹煮魏王？"

"将军且息怒，听（鲁）连慢慢道来。"鲁仲连以平缓的语调回复辛将军的问题，"在早先商纣为帝的时候，有三个臣属的诸侯名为魏侯、鄂侯、文王。魏侯有个女儿貌美超群，为了取悦商纣，魏侯就把女儿献给了他。谁知商纣嫌弃该女貌丑，反把魏侯抓来剁成肉酱。好心却被当作驴肝肺，鄂侯觉得这么做太过分，挺身为魄侯辩护，语气激烈了些，商纣一怒，又将鄂侯抓来剁了晒成了肉干。文王听到这样惨无人道的事，长长叹了一口气，纣王闻知就把文王抓起来，关到牢狱中百日，险些把他也杀了。为何有的人与他人同样称王，却要把自己降格到随时可能被他人剁成肉酱的地位呢？

"齐湣王去鲁国，夷维子执鞭伴随。（齐湣王继位后，以祖辈积下的雄厚实力，四处征伐扩张，一度成为超过秦国的强国，虽未正式取代周天子，却已开始以周天子的做派君临天下。）夷维子问鲁国接待人员：'你们准备以什么礼节来接待我国君呢？'鲁国人说：'我们准备用牛、羊、猪各十头的礼节来隆重接待齐王。'夷维子很不满意地责怪：'我们的国君是天子啊！这哪是接待天子的规格呢？天子巡守，诸侯应该让出宫室，交出宫殿的钥匙和锁，侯王应该提着衣袍恭恭敬敬地站立在案几旁，在堂下伺候天子用餐，等天子用餐完毕，再去处理本国的事务。'鲁国人听了没有回撑，而是把城门关上，拒绝湣王一行人内。

"湣王无奈，又去薛地巡守。（薛地属齐邑，任其如何摆谱，当然不会遇到障碍。）在去薛地途经邹国时，恰逢邹国君王死了。湣王欲入邹国吊唁。夷维子对邹国的新君说：'天子吊丧，要把灵柩移动到相反的方向，亡者面朝北，这样天子才能面朝南行吊丧之礼。'邹国的大臣一致反对说：'如果这样，我们都拔剑自杀。'夷维子赶紧劝谏湣王，打消了入邹吊丧的打算。

"邹、鲁都是弱小的诸侯国，平常免不了要看大国的眼色行事。但齐湣王要让他们行朝见天子之礼，朝野上下却挺起脊梁，断然拒绝非分要求。当下秦为万乘之国，而**魏**也是万乘之国，各为诸侯之王，就因为看到秦国打了一场胜仗，魏国就要屈膝称臣，看来三晋大臣连邹、鲁两国的仆妾也不如啊！

"再说秦一旦称帝君临天下，一定会行使权力更换诸侯的大臣，把他们认为不称职的换掉，任用他们认为贤能的；换掉他们厌憎的，任用他们喜欢的。也必然会派遣那些他们信得过的女子做诸侯的妃嫔，她们像奸细布满后宫卧榻，将军会觉得**魏**王还能安然坐在王位上吗？而将军您觉得会继续得到宠信和任用吗？"

鲁仲连话音刚落，辛垣衍"噌"地起身，接连向鲁仲连跪拜两次，说："我起初以为先生也就是一位庸常之人，今日一席谈方知先生乃天下罕见之高士也。我这就回国，不再说尊秦称帝之事。"

这一会见改变了**魏**国使臣辛垣衍的态度，产生了强烈的辐射效应。秦军将领闻之，率军后退五十里。**魏**公子无忌率领军队援赵，替换了原来畏秦观望不前的晋鄙将军，向秦军发起攻击，秦军只得撤军回国了，赵国邯郸之围得以解除。

平原君钦仰鲁仲连才干，欲封以卿相之位，鲁仲连三次辞谢，坚决不受。又设盛宴，答谢仲连，酒酣耳热之际，平原君命人抬上千镒之金相赠。鲁仲连端起杯盏，一饮而尽，仰天一笑说："君的美意鲁连领了，但礼物绝不可收。我鲁仲连之所以受到天下人的尊敬，就在尽己所能为他人排解忧患、疑难而无所欲求。如果有所取，我不就成了做生意的商人了吗？我不是这样的人啊！"宴后鲁仲连向平原君告辞，离开了赵国，又如闲云野鹤般，不知去何处游历了。

从此，平原君再未见过鲁仲连的身影。

他消失在不见踪迹的江湖中，但江湖上仍传扬着他的故事。[1]

一箭息兵戈

再叙鲁仲连的另一则"奇"事。

说鲁仲连的"奇"事，得先说另一个奇人奇事。"奇"上加"奇"，你想不惊奇都难。

另一人名为田单，是齐国田氏宗族的远房亲属，在齐湣王时期，只是京都相当于"街道办主任"的一个小官。其职位卑微得几乎无人知晓，他与皇族之间只有一点拐了十八道弯的勾连。

真的是应了"时势造英雄"那句老话，在齐国面临灭国之灾时，这位"街道办"的小官，一举成为战国后期挽狂澜于既倒的名将高士。

燕国派大将乐毅攻破了齐国都城，齐湣王逃往莒城，田单和同族诸人也逃离京都到了安平，但燕军追兵即至，安平距京都不远，绝非久留之地。田单指导同族人将车轴两端鼓出的部分全部锯掉，用铁皮包上，当安平城破，众人杂沓熙攘、相拥踩踏往城外逃时，很多人因车轴两端过长，在拥挤冲撞中轴断车毁，有的死于碾轧和乱剑，有的成了燕军的俘虏，只有田单同族数百人全都顺利撤离到即墨。这伙人都由衷钦佩田单有先见之明，用两块包裹的铁皮，让他们在乱军中捡回了性命。

---

[1] 缪文远、缪伟、罗永莲译注《战国策》（下）卷二十，中华书局2012年6月版。

燕军获闻湣王逃亡到莒城，于是猛攻莒城。楚国派至齐国的大将淖齿觉得湣王是个昏庸的累赘，就杀掉了湣王，率军坚守莒城。燕军久攻不下，转而进攻即墨。

　　齐国的领地只剩下莒城和即墨。莒城落入楚将淖齿手中，仅有即墨尚算齐地。即墨大夫出城与燕军交战，兵败身亡。自此即墨无守将，群龙无首，乱成一团，危在旦夕。田单宗族人一致推举田单出任守城将军，他们说："在安平时，多亏你出主意让我们去掉两端多余车轴，包上铁皮，保全了我们性命，证明你是一个足智多谋的人，这守城将领的重任非你莫属！"

　　"这，这……"田单做双手推让状。他大概从未想过一个"街道办"小吏要成为统领一城的大夫级别的首领。这头儿不好当啊，要保全一城父老乡亲不落入燕军刀斧之下，岂是一件易事？但推脱不掉啊，目睹乡亲将士的哀求，闪着泪光的双目，他一咬牙："好吧！"

　　就这样，田单临危受托被推上将军之位，成为大厦将倾的一根顶梁柱。

　　田单率兵与燕军相持，但不轻易出战。就在此时，燕国王位发生更替，燕昭王去世，燕惠王即位。田单听闻燕惠王与攻齐将军乐毅关系有隙，就趁机行反间计，派人去燕国散布谣言，挑拨惠王与乐毅之间的关系，说："齐王已经死了，但齐国仍有两座城没有被攻破，是因为乐毅不想攻破，他害怕功成之后回燕被诛，想在破齐之后称王。但因齐人的人心尚未归附，所以缓兵攻墨等待时机成熟。"又说："齐国人最怕的是燕国换一个将领来，即墨就无力自守了。"

　　燕惠王本就不喜欢乐毅，听到这些传言，觉得有道理，就派心腹将军骑劫取代乐毅。未等骑劫到军帐，乐毅自觉性命难保，就逃往赵国了。

乐毅痛别燕军，将士皆为他的离开而愤怨不已。

田单一条反间计，成功地赶跑了燕国能征善战的名将乐毅。

接下来，田单采取了一系列现代战争称之为"心理战""舆论战"的手段，既挫伤敌方士气，又激励己方斗志。

田单令城中百姓在吃饭时必祭祖，以祭祖之名撒下大量谷粒，引来漫天飞鸟于即墨城上空飞翔，燕军将士感到怪异，怎么会有那么多鸟落脚城中呢？田单此时发布宣告："这是天上有神来助我啊！"并令城中人呼应他的宣告："必定有神人到田将军帐中为师！"有一卒戏言："臣可以为将军神师乎？"本是一句冲动性的戏言，士卒说完拔腿就跑，惧怕将军治罪。哪知田单虎跃般腾起，伸手抓住他的衣领，大声说："你就是我的老师，请你面向东坐下，受我拜师之礼！"士卒吓得两腿哆嗦："这犯的是欺上之罪啊，我怎么做得了将军的老师？"田单示意："你什么也不要说。"于是，这个士兵不再言语，被田单奉为神师，频频公开露面，均端坐车驾上，俨然神师。田单每有号令、告示发出，都声称出自神师的谕示。有一些宣告因有神师的加持，增加了无数倍的传播效应。比如"齐军最怕燕军将俘虏挖掉鼻孔，推在燕军阵前，这样即墨必败"。燕军信以为真，照此言去做，反而激怒了守城的军民，都害怕被挖鼻充当燕军马前卒，守城之心愈加坚定。又造舆论称："齐人最害怕燕人掘城外先人的祖坟，这样都会寒心。"燕人果然上当，大刨齐人城外祖坟，城上即墨军民见之，怒不可遏，纷纷撸起袖子，挥舞剑戟，请求出城与燕人决一死战。田单见士气激昂，亲自操工具与士卒一起构筑工事，又将自己的妻妾分编到行伍中，为守城士卒送饭送水。自此，全城军民人心皆归田单。

见时机成熟，田单又出奇招。这一招被录入中国军史，成为以弱制强的奇策。

田单派人收买了城中千余头壮牛，在牛身上画上五彩图饰，再绑上红绸带，让人一眼望去，不知是从何而来的怪兽。然后又在牛角缚上刀刃，在牛尾捆上一束束浸透了油的芦苇。一切准备就绪，命军民连夜在城墙凿洞数十处。接着，将牛尾上的芦苇点燃，牛在被烧痛后蹿出墙洞，疯狂直冲燕军大营，燕军士卒见牛身上纹饰，皆以为天降神物，惊恐逃窜，相互踩踏死伤无数，将军骑劫在混战中被砍杀。田单又派五千精兵趁乱追击，燕军大败。

开战大胜，田单率军连战皆捷，军力不断壮大，在不长时间内连克七十多城，几乎尽复被燕、楚等诸侯国吞并的土地，迎湣王子于莒城回临淄都城继位，斯为齐襄王。

田单使奄奄一息、如同处在"重症病房"垂死的病夫齐国，一转身奇迹般昂然挺立，又成为与诸侯并峙的大国，令各诸侯国瞠目结舌，田单也因此一举成为威撼天下的名将。①

但在齐国复国后，田单仍有一"心病"未除：那就是齐国有一地名聊城的属地，仍为燕将率军死守，田单与之相持一年之久

---

① 《史记·田单列传》。

未能攻克，一时无计可施。善出奇招的田单，也有技穷的时候。田单此时已被任命为相国，却拿不下区区小城，这面子往哪里搁？这位燕将大名未见史书记载，只以"燕将"称之。但此人能与田单相持一年之久仍未见胜负，可见也非等闲之辈。燕将死守聊城还有一重因素，就是在他占据聊城后，有人在燕王面前说他的坏话，他害怕回国被诛。

这天，田单在军帐内自斟自饮，期待着酒精入脑，发酵出奇思妙想，此时有一人飘然而至，笑言："美酒岂能一人独饮，能分一杯乎？"

田单一看，啊——是鲁连子啊，是诸侯们打灯笼到处搜寻也找不到的高人啊！真乃神助我也。

"请进，请进，哪怕只有一杯酒，也要让先生喝！"

"将军身为相国，过谦了，过谦了！我猜，一人独酌，心有愁结，不就是因为固守聊城不退的那位燕将嘛！"

"先生真乃神人也。"

"先喝两杯，待会儿我来为先生解忧。"两杯酒下肚，鲁仲连喊道，"请笔墨侍候！"

几乎是倚马可待，鲁仲连挥就一封给燕将的书信，然后令士卒包裹在箭镞上射入城中，信中说：

"据我所知，有智慧的人不违背时势，去做损害自身利益的事，勇敢的人不会因胆怯而毁掉自己的声名，忠诚于国君的人不会先考虑自己安全再为国君着想。而您现在出于一时的愤懑不平，不考虑燕王身边缺将军这样的臣子，算不得尽忠；兵败而死于聊城，彻底丧失在齐国的威望，算不得勇敢；由此功名毁弃，不会获得后人的颂扬，算不得是有智慧的人。所以有智慧者不会在关键时刻犹豫不决，勇敢之士不会怕死。将军一辈子的死生荣辱、尊卑贵贱，就取决于您现在如何决断。但愿您权衡利弊，作出不与普通俗人见识等同的明断。

"且让我来为将军分析一下大势：前不久，楚国进攻（齐国）南阳，魏国进攻（齐国）平陆，齐国暂无力顾及南边，觉得南阳与聊城比，聊城更为重要，因此倾大部军力决计要收回聊城。而今秦国发兵支援齐国，魏国不再敢图谋平陆，而楚国也自顾不暇，魏、楚之兵退，燕国也不会派兵来增援将军。齐军与您相持一年之久，必定会攻陷聊城，将军试图据守聊城是守不住的。

"将军应该知晓当下燕国的乱象吧！大将栗腹与诸侯交战，以百万之众，五战连败，成了天下的笑谈。燕国以万乘之国，被赵国围困，君臣皆无计可施，正处在壤削主困之境。燕王孤立心寒，上无大臣可依恃，下无民心可归附，国家祸乱频仍。这样的国家，能成为将军后盾吗？而将军以穷困残衰的聊城，居然能与齐国相持期年，是如同墨翟那样深谙防御之术的人才啊；虽然城中断炊到以人为食的地步，但将士仍无一人背叛，上下一心，就是孙膑、吴起那样的名将也难做到啊！将军的才干已为天下人所钦服。

"我为将军设身处地考虑，有两条路可选：一为保全燕军车甲，全身而退，回到燕王殿下，燕王必定为您的归来而欣喜，而燕国百姓会箪食壶浆迎候将军归来，交口称赞将军的功绩。将军对上辅助孤立无助的君王，对下安抚人心焦虑的百姓，用心治理整顿社会秩序，正是可以建功立业于贵国的大好时机啊！还有另一种选择，将军也可考虑，那就是放弃归国，为齐国效力，齐国一定会给您一块封地，您可以在那里世代称孤，过着陶朱公、子贡（春秋时富商）一样富贵风光的日子。哪一种选择更符合将军的心愿，请您思量。"

信写到这里并未终止，鲁仲连又以春秋时齐相管仲与鲁国将军曹沫的际遇为例，进而说明大丈夫能屈能伸，方能成就大业。

管仲年少时常与鲍叔牙游，两人几同穿一条连裆裤的兄弟。因管仲家中贫苦，时常使些"忽悠"手段，从叔牙那里获取财物，叔牙倒也不介意，两人依旧是前蹿后脚的朋友。学业有成后，二人服务于齐国两位公子。管仲任职于公子纠属下，鲍叔牙任职于公子小白属下。二位公子为争夺王位而兵戎相见，在作战中，管仲一箭射中了公子小白腰带挂钩，险些让小白丧命。在王位争夺战中，公子小白胜出，管仲与公子纠避难于鲁国。小白继位后要以鲍叔牙为相，但鲍叔牙力推管仲，小白不计一箭之仇愿迎管仲回国任相。管仲因犯有"一箭"之罪，是坐着囚车回国的。这位曾经的"囚犯"果然具有非凡的治国才干，辅助齐桓公九合诸侯，成为五霸之首，留下千古名相的美名。

至于鲁将曹沫，其经历也非常具有戏剧性。他在率兵与齐国作战中，三战三败，失地千里，如果愤激于一时的失利脸面，他就该拔剑自刎了，但他没有这样做，而是退兵后与鲁君共谋长远之计。在齐桓公与诸侯设坛会盟时，曹沫面对诸侯，劫持齐桓公，拔剑指向齐桓公咽喉，要求他归还侵吞鲁国的所有土地，齐桓公无奈只得满口应承。曹沫在三战中的失地，凭一把短剑全部收回，其智勇果敢，令天下震骇。

鲁仲连在列举管仲、曹沫的经历后，在信中说：

"像管仲、曹沫这样的干才，他们不计较一时的失节失利，为小小的耻辱而死，觉得不应为小节而失去成就大业的机会，因此放弃一时的怨恨之心，不在意短暂的耻辱，终于成就千秋伟业。他们的功业可与禹、汤、文武三代圣王争高下，名声与天地并存。与他们比较，将军觉着应该如何行事，不是再明白不过吗！"

也许在鲁仲连意料之外，又在意料之中，燕将在读毕鲁仲连信后泪流满面，"泣三日"，选择了一条既不回燕，也不归齐的道路。为保全聊城军民的生命，他决定弃城，然后拔剑自刎。

混乱不堪的燕国他不愿回，做齐国的降将他不堪其辱，而固守也终将一死，且会让全城军民为之流更多的血，他拔剑成仁，堪称矗立于天地间的伟丈夫，铭刻于史册的大英雄。

燕将，燕将，他姓甚名谁不重要，后人只需铭记：战国末期曾经有这样一位"燕将"。

鲁仲连用一封信，终止了相持一年余的血战。田单要封给他爵位，鲁仲连逃隐去了海上，说："与其屈就于人过富贵日子，不如让我过贫贱而自在荡志的生活。"①

为君"市"义

王安石对孟尝君养士颇有微词："世皆称孟尝君能得士，士以故归之，而卒赖其力，以脱于虎豹之秦。嗟乎！孟尝君特鸡鸣狗盗之雄耳，岂足以言得士？不然，擅齐之强，得一士焉，宜可

---

① 《史记·鲁仲连邹阳列传》。缪文远、缪伟、罗永莲译注《战国策》"齐策六"，中华书局2012年6月版。

以南面而制秦，尚何取鸡鸣狗盗之力哉？夫鸡鸣狗盗之出齐门，此士所以不至也。"[1]

王安石的批评显然存在三个问题，一为齐之得士主要在稷下学宫，不在孟尝君那里。王安石显然对稷下学宫不甚了了。二为即便孟尝君得士，能否"擅齐""南面而制秦"，最终是由孟尝君说了算吗？他老人家弄变法，不是也得看神宗脸色吗？三为王安石对孟尝君食客的档次尚不能说全面了解，孟尝君养的食客中不仅仅是鸡鸣狗盗之徒，也有一等一的高人。

在孟尝君的门人中，有一人名冯谖。此人的大名在《史记》中写作"冯驩"，在《战国策》中被写作"冯谖"，一人也。这里一并以冯谖称之。冯谖是否为稷下先生，或是否曾在稷下学宫求学，无考。据常理推断，稷下学宫有不少学士，在学成后不能自食其力而投靠到某个侯王或公子门下应是当时的常态。并非人人都能叱咤风云，游走于诸侯王的朝堂。孟尝君的数千食客中必然也有曾在稷下学宫游学的人。这个冯谖因家贫，托人告知孟尝君，很想寄食至他的门下。孟尝君问："此人有什么喜好？"客答："无好也。"又问："此人有何能耐？"客答："未闻其能。"孟尝君笑了，心想：这样的人也要到我府里来？但他还是一口答应道："行，来吧。"

这个冯谖是否真的无学无能，或许所托之人传递的信息不准，反正负责食宿的门人，将冯谖视作一个无能的乞食者，安排

---

[1] 〔清〕金圣叹《天下才子必读书》"王安石读孟尝君传"，万卷出版公司2009年1月版。

给他住的是简陋的宿舍，吃的是低等食物。

没几天，冯谖倚在廊柱上，弹着腰上的佩剑，大声唱道："长剑啊，我们回去吧，吃不到鱼。"有人告知孟尝君，孟尝君说："给他鱼吃，以门客待之。"过了几日，冯谖又弹剑高歌："长剑啊，我们回去吧，出门无车可驾。"孟尝君闻之，笑了笑，大约觉得此人倒是一个有个性的人，就说："给他马车，以车客待之。"于是冯谖驾着马车去拜访友人，颇为自得地宣称："我现在是孟尝君的门下客。"谁知没过几天，冯谖又弹着剑铗高唱："长剑啊，我们还是回去吧，在这里养不了家。"孟尝君此时表现出超常的大度，也许这样的大度来自对冯谖书生气质的判断。孟尝君养的是"士"，并非什么人都可纳入门下，否则他的府衙变成天下粮仓，也养不了想白吃白喝的人。孟尝君问左右："冯先生家中有亲属吗？"答曰："有一老母。"孟说："给先生老母送上衣食，无使其匮乏。"从此，冯谖再也没有弹铗高歌了。

孟尝君所养门客太多，财资常常供不应求，他在封地放了很多债，但一年多了收不回利息。这天，他出示文告，征集会财务算术的人，为他去薛地征收欠债。这是一件很让人挠头的事。冯谖在文告上写了"能"字。孟尝君感到怪异："这是谁写的呀？"左右告之："就是那个弹剑要这要那的人。"孟尝君笑了："这位先生果真是有才能的人啊，我慢待他了，请他来面晤。"

孟尝君面见冯谖时说："我这人生性愚笨，为国事弄得身心疲惫，忙乱不堪，慢待了先生，还请先生包涵。你愿意为我去薛地收债吗？"

冯谖答："愿意前往，为君分忧。"

冯谖整理行囊，车上装满了需要征收债务利息的契约，在出发前向孟尝君告辞，问："收回债款，需要买些什么东西回来呢？"

孟尝君回复："先生看看我家缺什么就买点什么吧。"

对冯谖去薛地收债的所作所为，《战国策》的记载与《史记》的记载略有差异。

《战国策》中称，冯谖驱车至薛地，令当地官吏召集欠债人，与他们一一对照欠债的数额，能偿还的就约定还期，还不了的就将契约统统付之一炬，代传孟尝君的宣告："孟相放债，原本就是为了接济贫苦的乡亲们，有钱的就还，没钱的就不用还了。"

那些贫困户听到这一消息奔走相告，喜极而泣。

冯谖去薛地快刀斩乱麻地处理毕债务事宜，连夜回到齐都，一早便去孟府报告。孟尝君一边整理刚穿上的衣衫，一边问："这么快就把债收好了？"冯答："收好了。"孟尝君又问："那买了一些什么东西回来呢？"

冯答："君不是说看府中缺什么就买什么吗，我心下琢磨，君府中珍宝堆积如山，马厩里喂养着很多马，庭院里款款漫步着娇美的姬妾，君府什么都不缺，唯缺'义'耳，因此为君买回来的是'义'。"

在孟尝君看来，这个冯谖真是太搞笑了，问："你买的'义'是什么东西啊？"

冯谖理直气壮地陈述他的理由："孟君拥有一小块属于自己的封地（薛），不思抚爱属地的子民，反倒放贷牟利，这么做很不得人心啊！因此，我以你的名义行好事，命令那些还不起债务、生活困窘的百姓把欠债的契约烧掉，老百姓听闻都对君交口称赞。我觉得，这正是为君购买的义啊！君不觉得这事儿让你的脸面在百姓心目中陡然增光吗？"

孟尝君皱了皱眉头，淡淡地说了句："我知道了，先生休息去吧。"

　　孟的这个"休息"二字，或许有双重含义：一重是先生鞍马劳顿，速去速回，该"休息"了。另一重或许是，先生这事办得牛头不对马嘴啊，还指望我重用你？"休息"去吧！

　　随后不久，孟尝君失宠。齐湣王对孟尝君说："卿为前朝大臣，寡人岂敢以先君的大臣为臣呢？"这明摆着是找个堂皇的理由，将孟尝君"踢"回他的属地，不让他居相国之位成为自己碍手碍脚的"绊脚石"。

　　就在孟尝君的车驾灰溜溜地离开京都返回薛地时，出现了一幕让他涕泪湿襟的场景：薛地的父老乡亲扶老携幼，拎着果蔬壶浆，夹道欢迎孟君回府。此前哪曾见过此等场面？孟尝君幡然醒悟，对冯谖说："先生所说的为文（孟尝君的名）购买义，今天让我见识了！"

　　孟尝君刹那间真正明白了，那个叫作"民心"的东西是多么珍贵！它其实是买不来的。[1]

　　对于孟尝君被废，据载是秦、楚两国派间谍至齐国散布谣言，说孟尝君蓄养食客，广纳贤才，意在有更大的野心。又说，孟尝君的威权实际盖过了齐王，百姓都听他的，心目中无齐王。这些信息一波一波传到湣王耳中，即便是假的，他慢慢也就信以为真了，于是找个借口将心腹之患"打"回属地去。

---

[1]　缪文远、缪伟、罗永莲译注《战国策》（上）"齐策四"，中华书局2012年6月版。

薛地是孟尝君立足的"基本盘"，冯谖在薛地毁废债券帮孟尝君夯实了这个"基本盘"，接下来冯谖又干了一件帮助孟尝君"官场翻盘"的人生大事，不仅让孟尝君对冯谖才干的认知上升到新的境界，也让冯谖成了战国史上抹不掉的顶级高人。

孟尝君从相国之座跌落后，他的那些挤满门庭的食客，见主人成了弃臣，再追随他前景暗淡，大多作鸟兽散，甚至府上的厨师也跟着要大幅度"裁员"了。

薛地的"小窝"虽然滋润，但又怎能让"曾经沧海难为水"的落马孟相心情阳光起来？

冯谖说："主公不必犯愁，我有妙策可让您官复原职，且封地更大。"

这番话让孟尝君狐疑的目光足足在冯谖脸上盯了半晌。此人凭什么有此神通，能够左右齐王，将泼出门的水再收回来？

冯谖说："主公别急，看臣的。请您借臣一驾马车，捎上一些礼物，去一趟秦国。"

冯谖到了秦国，用礼物铺路，一直铺到秦王身边，使得秦王知冯谖为齐国高士，召见其人，询以强国之策。冯谖在秦王面前侃侃而谈："天下的饱学之士西入秦国，无非是为了帮助秦国强大，削弱齐国；天下的饱学之士蜂拥东入齐国，无非是为了帮助齐国强大，削弱秦国。当世诸侯，唯秦、齐最强，可一决雌雄，请问大王，秦国想为雄，还是为雌呢？"

秦王迫不及待地说："当然要雄、雄、雄！"

秦王口中的"雄"字，几乎是从牙缝里"砰、砰、砰"地射出来的。

冯谖接着问："大王知晓齐国废孟尝君相国之位吗？"

"知道啊!"

"孟尝君是当下诸侯争抢的能相。现被废,心中必生怨气而背齐,据知打他主意的侯王不在少数,秦国为何不趁机迎孟君来秦为秦国效力,如此,秦必雄,齐必雌矣!"

秦王一听,言之有理呀!于是抓紧派使臣驾车十辆携金百镒拟赴齐国,劝孟弃齐而为秦所用。

冯谖回到齐国拜见齐王,称有重要国事密告。齐王召见冯谖。冯谖几乎将对秦王说的那番大道理又雄辩滔滔地复述了一遍,无非是谁得天下能人,齐、秦即可立决雌雄。现在秦国已派车驾、厚币来齐国"挖"孟君去秦,齐国危矣!此时齐国只有恢复孟君相位,再多给些封邑之地,孟君就脱不了身了。岂有齐国之相,跑到秦国为他国效劳之理?如此,齐、秦对峙,谁雌谁雄,就得拭目以待了!

齐王一听,连称:"冯先生所言,句句在理啊!"于是连夜驰诏,召孟尝君进宫,连表歉意。不仅恢复了孟尝君的相位,而且又增加封邑若干,让孟尝君的地盘又扩展了一圈。

这就是曾叫板缺鱼、缺车、缺钱的冯谖。假如无孟尝君之大度,不会有冯谖;假如无冯谖,哪会有孟尝君被废弃后的重生?

王安石大约只知孟尝君门下蓄了些"鸡鸣狗盗"之徒,不知也有冯谖这般的高士。

事情到此似乎该结尾了,不,如同窖藏百年的好酒,抿一口,还有绵绵不绝回甘的味道沁润在喉咙间。

当孟尝君被废落魄时,他的数千门人,大多离府而去,如同觅食的鸟儿,去寻找更茂密的森林去了。当孟尝君重返相府,府库丰盈时,那些四散飞逃的鸟儿又陆续归附到孟尝君的门庭了。孟尝君对冯谖说："今赖先生得复往日荣光。那些势利的人，我倒霉时逃之唯恐步子太慢；今日见我复位又来投靠。这些家伙有何颜面来见我。如来见我，我一定要往他们脸上呸唾沫，羞辱他们！"

冯谖听了此言，一骨碌从马车上跳下来，向孟相拱手便拜。孟尝君将冯谖扶起，问："先生这是为食客拜谢吗？"冯回答："非为客谢也，为君之言失（你的话不妥啊）。夫物有必至，事有固然，君知之乎？"

孟尝君仍有不解，"先生说我言失，愚不解是何意？"

"主公，其实道理很简单啊。人生下来就会老而死去，这是无可抗拒的自然规律。富贵多士，贫贱寡友，也是世情常态。君不见，人们早上往集市里拥挤，到了傍晚人就走得不见踪影了，是因为他们喜欢早晨而厌恶晚上吗？非也，他们皆为物利而去，早上去可卖掉物件购买需要的物件，等到集市无物了，人们也就离开了。今主公失位或复位，宾客离去再复来也很正常啊，敬请善待他们，不可绝他们的生路。"

"先生所想的总是高人一筹，就听你的，跟往常一般对待他们。"

这个冯谖的智慧、见识总是高出孟公子。呜呼，那个相国之位应该由冯谖这样的高士担任才对呀。

奈何冯谖以贫贱之身，只能屈居孟公子门人，不能为人君所赏识。[1]

---

[1] 《史记·孟尝君列传》。

"人质"危机

慎到，也被尊称为慎子。生卒年约为公元前390—公元前315年。早年求学于稷下，曾是稷下黄老学派的重要代表人物，后来成为法家的重要代表人物。有著述多篇，《史记》称其有"十二论"，《汉书·艺文志》存目四十二篇，大多散佚，留传于世的仅有《威德》《因循》《民杂》《德立》《君人》《知忠》《君臣》七篇。

慎子思想中最经典的名句，莫过于《威德》篇中所云："古有立天子而贵之，非以利一人也。曰：天下无一贵，则理无由通；通理以为天下也。故立天子为天下，非立天下为天子也。"其意大致为，古时候，群龙无首，因此推举一人为天子，为的是天下得到治理。立天子是让他来为天下服务的，并不是将天下归属其一人或一族门下，让其占据天下而自贵自利。

这样的理念与现代文明是完全可以无缝对接的。

楚国太子被软禁在齐国当人质。类似现象在战国时多见，两国间为了建立互信关系，一国将太子送往他国做"人质"，以确保履行某种承诺，这样的方式成为外交手段之一。一旦两国关系恶化，"人质"有时也会成为一枚无用的棋子或牺牲品。

当楚太子父亲驾崩之时，楚太子向齐王请求回国继位。此时如不回，谁登楚王位就不好说了。也许楚国诸王子为争太子之位而兵戎相见，引发宫廷内乱。此时齐王觉得有利可图，开出条件："楚国如割地五百里给齐，太子即可回去。如不给，休想回。"

太子犹豫不决，回称："容我问一问我的老师。"

太子回居住屋，征求陪伴他的老师意见。

他的老师就是慎子。他是不幸的，成为两国利益交换的"棋子"；他又是幸运的，有慎子这样的绝世高人伴随在侧。

慎子告诉他："为了能回国，你答应献地给齐。如果因为爱地不能回国为父亲送葬，这是不义啊！"当然这样的决策背后还有利弊权衡。除了为父王送葬，在割地与继位间，秤砣该压向哪一侧，这不是明摆着的吗？至于如何满足齐王的无理要求，再另考量。

太子入见齐王，答曰："好的，我可以献地。"

于是齐王下发放行令牌。

一获授权，慎子伴随太子，星夜返楚。笔者揣测，当时慎子为防齐王变卦，一定是采用了最快速的交通工具，不用说肯定是雇用了最好的马车，且在途中不停地换下已疲惫的马。太子以最短时间回到楚国，登上王位，斯为楚襄王。

太子顺利回到楚国，一切事宜皆已按照预先构想完成。此时，齐王派使者驱车五十辆，前来向楚国新王索地。五百里，几乎相当于楚国国土的半壁江山了，给还是不给呢？

有难题，问老师："齐王派人来取五百里东地，如之奈何？"

慎子支招："明日早朝，君可令群臣献计献策。"

先后有三位大臣进宫献策。

名子良的大臣入宫拜见楚王。楚王道："寡人之所以能回到楚国为先王送葬，能够继承王业与大臣共议国事，是因为辞别齐国时许诺划出东地五百里给他们，现在他们派人来索地了，卿看如何应对？"

子良说："大王的许诺，分量如金口玉言，这地不能不给啊。如不给则有失诚信，以后还怎么能取信于其他诸侯国呢？不妨先将地划给他们，然后再视机会用武力收回。给予是恪守诚信，兑现许诺；武力收回，也有正当理由。"

子良离开，大臣昭常随即入见。同样的问题，楚王又复述一遍。昭常回答："这地不能给。楚国之所以位列万乘之国，就是因为国土面积大。如果割掉了五百里东地，相当于楚国土地的一半，这土地与万乘之国的称号还相配吗？大概连千乘之国也算不上了。因此，臣认为不能割让土地。臣愿意率将士为大王守护东地。"

昭常告辞，另一位大臣景鲤入见，面对同样的问题，景鲤陈述了另一番意见："这地固然不能给，但齐国是万乘之强国，仅靠楚国的武装力量恐防守有困难，臣愿出使秦国，说明齐国要强行侵占吾土，请求秦国出兵相助。秦国不希望看到齐国扩张土地变得更强大，一定会出兵。"

三位大臣离去，慎子入见。楚王告之以三人所献计谋，问："三人三种意见，我采用谁的好呢？"慎子回答："三人意见皆纳用。"楚王皱眉头："这是什么话，怎么能三人的意见都用呢？"慎子道："大王请听我慢慢道来，您可先遣子良去齐国献地，随后任命昭常为大司马，率兵守卫东地。同时派景鲤出使秦国，说明缘由，请秦国出兵驰楚抗齐，阻遏齐国武力夺地。"

楚王一听明白了，三人的计谋接连起来，不就成了合情合理阻遏齐国索地的连环计了吗？于是拍手称"善"，照此下达诏令。

齐人从子良那里获得了划地的许可，兴冲冲地驱使五十乘车马到东地接管，却被昭常的兵马挡在边界之外。昭常说："我是这里的守臣，负责管理这里的土地和百姓，谁也甭想从我这里划走一寸地。如要拿走，要问我属下的三十万兵马答应不答应。"

这下齐王恼火了，责问子良："既然同意给地了，昭常阻拦该怎么办？"

子良说："昭常是该地守臣，不愿弃地有他的道理，大王可派军队进攻，武力争夺啊！"

既如此，那就发兵。待到齐军到达东地边境，只见黑压压一片挥舞秦军战旗的军队也到了。秦军将领大呼："你们齐国挟持楚国太子，无理要求割地，不仁；现在又派军队强行征伐，不义，你们还是赶紧退兵吧，否则与秦楚两军血战一场，你们觉得会赢吗？"

齐将请示齐王，这仗打还是不打？

齐王蔫了，发令退兵，也不再提割地的事情了。就这样，在慎子的谋划下，齐国放了人，又白做了一场扩地五百里的"黄粱美梦"。①

面对"兼金"百镒

孟子的弟子陈臻，跟随老师游历于诸侯国之间，对老师的一言一行固然是观察入微，因为这常常是正式授课时学不到的。

有一事令陈臻感到迷惑：同样的事情孟子处理的态度截然相反，该如何解释呢？

---

① 缪文远、缪伟、罗永莲译注《战国策》"楚策二"，中华书局2012年6月版。

孟子离开齐国，向齐王告辞时，齐王馈以"兼金"百镒，孟子坚拒不收。"兼金"是比普通黄金更好的黄金。面对这份厚重的礼物，孟子分文不收，空袖而别。

但是孟子到了宋国，离别时宋王馈予黄金七十镒，孟子收下了；到了薛地，薛地守臣在孟子离别时呈奉黄金五十镒，孟子也收下了。

陈臻问："前次齐王馈礼，老师拒收。后两次宋国君和薛地大夫馈礼，老师又收了。如果前次拒收是对的，那么后来的接受就是错的；反之，如果前次拒收是错的，那么后来的接受就是对的。总有对、错之别吧？"

孟子面对弟子的疑问微微一笑，说："收与不收，都没有错。"为何呢？孟子解释："在宋国时，我们将要离别远行，宋君资助一些盘缠，解决旅途生活所需，我有何理由不收呢？在薛地，据传有人要加害于我，薛大夫出于戒备考虑，给我们一些费用好雇人保护我们安全，我有何理由不收呢？而在齐国就不同了，我在齐国未能做成什么事，我的谏言也未被接纳，齐王赠予礼金没有理由啊，怎么可以收呢？没有理由而接受馈金，就成贪利小人了，君子不为也。"[1]

---

[1] 杨伯峻《孟子译注》"公孙丑章句下"，中华书局2018年11月版。

卷五

悲怆的告别（孟子篇）

夫国君好仁，天下无敌。

——孟子《离娄章句上》

一

　　齐国创办稷下学宫，筑就了战国时期广纳天下贤才的高地，本应顺理成章地成为消弭诸侯纷争、创建统一天下功业的胜利者。这个朝朝暮暮盘旋在诸侯王脑中的美梦，却被原本处于劣势的西秦铁蹄踏得粉碎。

　　齐国也不例外，成为六国中最后一个倒下的巨人。或许名之曰"巨人"并不妥，战国末期的齐国实际上已是奄奄一息、病入膏肓的病夫，它躺在病榻上，气如游丝，剩下的只是谁来将它扔到乱坟岗去。

　　战国的历史，本不应该是现在我们看到的样子：由长期施行暴虐政策的秦王朝取代那个早已是僵尸一具的周王朝。历史的走向本应有更好的结局，一个统一的新的王朝应该建立在更高级的政治文明形态之上……

　　齐国是有条件成为创建更高文明形态的帝国的。它曾是春秋五霸之首，涌现过管仲、晏子这样的数千年中国历史也不多见的名相，给齐国夯下了坚实雄厚的经济基础；更为重要的是，因为稷下学宫的创办，先后两位大儒都曾把实现政治理想的抱负，寄托在齐国。

孟子先后两次游历齐国，历时十余年，除了出生地邹国，齐国是他一生中游历时间最长的诸侯国；

而荀子在稷下学宫三为祭酒，他也把一生中最珍贵的时光奉献给了这片土地。

在儒家"三圣"中，除孔子外，孟子被称为"亚圣"，荀子被誉为"后圣"。但"圣人之光"却无法照亮让后人引以为傲的齐鲁大地。人们是因为齐鲁有孔、孟、荀而骄傲，并不是因为齐鲁有名山大川，或土质中含有某些珍稀矿物质而骄傲。

圣人之手，终究未能在齐鲁大地打造出左右中国历史走向的"文明之舟"。

这实在令人扼腕、唏嘘、怅叹。创办了稷下学宫的齐国，为何会失去堪称黄金的历史机遇期，成了一团糊不上墙的烂泥巴，一个经不住风吹雨淋的稻草人？

或许，正应了孟夫子的那句话："夫人必自侮，然后人侮之；家必自毁，而后人毁之；国必自伐，而后人伐之。"①

孟子两次游学于齐，第一次在齐威王时（四年），第二次在齐宣王时（七年）。在齐宣王时，孟子居齐国长达七年，此时也正是孟子思想最为成熟的时段，是孟子的影响力达到巅峰的时段，如史书所描述："后车数十乘，从者数百人。"《孟子》中记录孟子与齐宣王的对话有十余通。齐宣王是与孟子对话最

---

① 杨伯峻《孟子译注》"离娄章句上"，中华书局2018年11月版。

明刻《孟氏宗传祖图碑》之《思孟传受》拓片

多的一位侯王，孟子的治国理念在与宣王的对话中有系统、完整的表述。

孟子劝宣王保民爱民，施行仁政："保民而王，莫之能御也。"

孟子要求宣王与民同乐："乐民之乐者，民亦乐其乐；忧民之忧者，民亦忧其忧。乐以天下，忧以天下，然而不王者，未之有也。"

孟子借宣王征求意见，是否毁明堂（周王召会诸侯的场所），强化他的"仁政"观："王欲行仁政，则勿毁矣。"并提醒宣王重点关注鳏、寡、孤、独："发施仁政，必先斯四者。"

孟子对如何识别贤才、庸才、奸人的高论，可与现代文明对接，颠覆了靠伯乐相马的识人观。

孟子以亘古未有的大无畏胆魄，面对宣王疾呼："贼仁者谓之贼，贼义者谓之残；残、贼之人谓之一夫。"

……

在齐国的历代君王中，齐宣王算得上是开明、有度量的一位。虽然常常因为逆耳之言而不悦，面有愠色，但毕竟还能坚持听下去；但仅仅是听下去而已，是否听进去了？答案该是：否！这对于提升治国理政的境界是远远不够的；最为关键、核心的是起而行，如果听完了，原先咋做依然故我，对于孟子来说，无疑会带来深深的失望和无奈。

在《孟子》中未见到孟子之论在齐国获得践行的记录，类似商鞅新法改变秦国政治模式那样。可见孟子心中早已在失望的累积中，萌生了告别齐国的打算。

泼灭孟子最后一丝希望火星的一盆冷水应该是齐国对燕国的征伐之战。

燕国东邻齐国西北边境。公元前318年（齐宣王二年），燕王哙干了一件导致燕国内乱的蠢事。燕国国相子之，与苏代、潘寿两位心腹密谋，向燕王游说，说服燕王效仿尧舜禅位的方式，将大位禅让给相国子之。大约燕王哙确实也年事已高，脑子里也在掂量谁合适继位这件事。与其耗神于政事，不如多花点时间与后宫嫔妃们喝喝小酒。苏代、潘寿唾沫横飞地宣称，此举会让哙留下等同尧舜一般的千古美名。君王主动让位给贤能的人，使国家治理持续、祥和、强盛，当然是一桩让后人称颂的好事。问题的要害在燕王哙既非尧，那个擅权营私的相国子之更非舜。这个燕王哙居然真的被说动了心，为了在史册上留下一笔，把王位禅让给了子之。据《战国策·燕策一》描述，燕王哙将享三百石以上俸禄的官员的任免权，全部交给了子之。在一个权力角逐刀光剑影的王权机制中，燕王哙等于是自己主动退身上到"菜单"上，而将时时觊觎权位的政敌推到"餐桌"主位上。于是内乱开始了。太子平看着父王居然将本属于自己的王位，拱手送给了外族相国，心中自然愤懑不已，暗中纠结武装力量，派将军市被率军攻打王宫。在这场太子与篡位者的混战中，篡位者胜出，太子平和将军市被均死于残酷的杀戮中，燕国军民为此死伤数万人，导致民怨沸腾。

　　燕国的禅位之乱，给齐国吞并燕国带来了机遇。

　　齐国是否可以讨伐燕国，齐国的大臣沈同为此私下里询问孟子："燕国可以讨伐吗？"

　　孟子回答："可以讨伐。子哙不可以私作主张，将燕国王位私授给子之，子之也不可以接受子哙的授予。假如有这么一个人，在朝中做官，他很喜欢一位朋友，未经王的许可，私自将自己的爵位俸禄私授给他的朋友，你认为这样可以吗？推而广之，臣吏皆未获王命私授官爵，这不是乱套了吗？燕王哙自作主张授王位给子之，与这有什么不同呢？"[①]

这位沈同以个人身份来征询孟子意见，是否经宣王授意，不得而知。反正在孟子表态后，齐国大举发兵伐燕。

齐人伐燕进展之神速，完全出乎宣王意料。有说齐军仅用三十天，有说用了五十天，甭管三十天还是五十天，对于征服燕国这样原本实力很强的万乘之国，都是如龙卷风扫荡屋顶三尺茅般轻易神速了。对此，齐宣王与孟子有一段对话：

宣王道："对于攻打燕国，之前曾有争议，有人同意，有人反对。现在以齐之万乘之国攻打燕国这样的万乘之国，仅仅用了五十天，这大概是人力做不到的吧？一定是有天意相助，您看是吧？"

孟子回答："如果征取受到燕国人民的欢迎，就可以征取，类似的情形，古代如周武王就是这么做的；如果征取，燕国人民不欢迎，那就不可征取，类似情况有古代周文王为例。以万乘之国征伐万乘之国，百姓箪食壶浆，以迎王师，没有别的原因，是因为百姓想脱离水深火热的痛苦日子。如果征讨后，当地百姓的日子更难过，水更深，火更炽，后果就很不好了。"[②]

齐国征讨燕国，虽然出师大捷，但后来的态势却出现了令人意想不到的逆转。齐军未能以仁义之师善待百姓，却以暴代暴，

---

① 杨伯峻《孟子译注》"公孙丑章句下"，中华书局2018年11月版。

② 杨伯峻《孟子译注》"梁惠王章句下"，中华书局2018年11月版。

对燕国大肆掳掠，激起了燕国军民起义反抗。星星之火，几燃成燎原之势。更为凶险的是其他诸侯国对齐国占据燕国产生恐惧感，谋划合众征伐齐国。

面对如此危局，有人问孟子："先生曾劝齐伐燕，有这回事吗？"语气显然带有责问的意味，以推行仁政为使命的孟夫子为何会是此种态度呢？

孟子回答："没有啊！沈同问：'燕国可以讨伐吗？'我说：'可以。'然后齐国就伐燕了。如果他问：'谁可以担当讨伐的使命呢？'我就会告诉他：'只有天吏，才可以去讨伐。'"

如何理解孟子此处所言"天吏"呢？联系孟子与齐宣王的对话再清楚不过了，那就是"仁义之师"履行天命征伐暴虐的民贼的职能。在回应此人责问时，孟子又举了一个例子：有一个人犯了杀人罪，有人问这个杀人犯应该处死吗？当然可以。那么谁有权利、资格去处死这个杀人犯呢？答曰：应该是治狱官。

"今日齐国以燕国统治者对待百姓的暴行，去同样对待燕国的百姓，我怎么会鼓动齐国去干这种不得人心的事呢？"[1]

面对诸侯国围攻的态势，齐宣王向孟子讨教应对举措。孟子劝其改变杀燕人、迁重器、毁宗庙的不仁不义的施暴行为，然后推举燕人中合适的贤人来治理燕国，齐军则退还占领的全部土地。如此这般，危机可解。（详见本著卷二"吾甚惭于孟子"一节）但孟子的劝告未能被接受，齐宣王最终被"南墙"撞得头破血流。

---

① 杨伯峻《孟子译注》"公孙丑章句下"，中华书局2018年11月版。

二

对于孟子来说，齐宣王或许就是另一面"南墙"。它让孟子停下脚步，意识到了在齐国实现理想无疑像甘霖滴落在滑溜溜的石板上。

齐燕之战，本是一盘上苍呈给齐国的好棋，如果趁势全面施行仁政，会给齐国带来什么样的美妙前景呢？但一盘好棋，偏偏下成了一盘"烂棋"。

也许时运未到，上苍没有赐给齐国一位"天吏"级别的掌驭天下之人，一位类似尧、舜、文王那样具大胸怀、大格局、大智慧的雄才大略的明主。

你能指望一位本质平庸的君王，在炼金炉中冶炼成圣王？孟夫子的圣人之手不是"炼金炉"，即便是，也不可能从一块铁矿石中提炼出金块来。

虽然心中深度失望，但似乎还未完全绝望，否则孟子不会有后来的绕树三匝、脚步沉滞的表现。

对齐宣王的疏离是渐渐发生的。

之所以如此，是因为孟子对齐国的期待没有完全泯灭，他期待齐宣王能够像齐威王那样来一次"不鸣则已，一鸣惊人"的突变。他知道，除了齐国，他实现王道的前景更为渺茫。他的雄心，从他与弟子的对话中可以清晰地感知。

弟子公孙丑某日问："如果齐王能让先生拥有相国那样的权力、地位，齐国能够像管仲、晏子时那样重新兴盛起来吗？"

孟子"嘿嘿"一笑，先是调侃了公孙丑一句："你不愧是齐国人啊，就知齐国有管仲、晏子。"弦外之音是，除此之外，你就看不到比管、晏更有能力的人了。

接着，孟子说："有人曾问曾西：'您与子路比谁更贤能呢？'曾西紧蹙眉头，说：'子路何许人也，是我父亲十分敬重的贤人啊，我怎么能与子路比呢！'（子路与曾西父亲曾参同为孔门弟子，从年龄上看，曾参稍晚于子路。）那人又问：'您与管仲比，能力谁更强呢？'曾西满脸不屑、不悦的神色，说：'我与管仲有什么好比的呢？管仲曾得到君王那样的重用，执掌国政那么久，而获得的功业却是那么微小，我跟他实在没什么好比的！'"

孟子举完了曾西的例子，问公孙丑："管仲这样的人，连曾西都不屑于跟他比，你觉得我愿意与管仲比吗？"

公孙丑颇感疑惑："管仲为相，辅佐桓公称霸天下而诸侯服，晏子辅佐君王也扬名天下，难道他们两人的作为还不值得我们效仿吗？"

孟子说："以现在的齐国，如果施政得当，岂止是称霸，天下定于齐，简直易如反掌啊！"

"先生这么一说，弟子更感到迷惑了。"公孙丑请教道，"周文王是具有圣德美名的人，且寿长近百年而后崩，但在他的任上，天下并未统一。后继者武王、周公，继续推行王道，然后才统一了天下。您说现在齐国统一天下易如反掌，难不成未能完成一统大业的文王也不值得效仿称颂吗？"

孟子答："并非是文王不值得效仿，而是文王所处的时代大势不成熟，难以实现一统的愿望。周文王以前，从汤到武丁，贤明的君王相继有六七位，天下在殷的统辖下已经很久了，即使在商纣时期，那时贵族的势力还很强大，善良的民俗和遗风尚存，仁惠的政教在延续，再加上又有微子、微仲、比干、箕子、胶鬲这些贤德的能臣来辅佐朝政，普天下所有土地都归属商纣，而文王仅凭百里之地能逐渐壮大就已经了不起了，要一统天下是很难的。因此商纣经历很长时间才亡。到了武丁时期就不一样了，召诸侯来朝，号令天下，推行王政，就如同在掌心转动小东西般容易。齐国流行一句谚语：'有智慧的人要做成大事也需要抓住适当的时机，手中握有锄头需待农时才能发挥功用[1]。'（原文：'虽有智慧，不如乘势；虽有镃基，不如待时。'）当今齐国所处的大势，恰逢有利之时：当年夏、殷、周鼎盛时，拥有的土地不足千里，而齐地超千里；齐国拥有的民众之多，达到鸡犬之声相闻的密度。齐国不必扩展其土地，也不需再增加其民众，只要施行仁政，那么天下就无人与它对抗，统一天下正当此时。且能够统一天下的贤者已经长久没有出现了；民众经受暴政折磨的痛苦，也没有比当下更甚的。饥饿的人强烈期待获取食物，口渴的人盼望得到饮用水。孔子说过：圣德一旦流行起来，速度比那些传递国家政令的邮政马车要快得多。而当今齐国，如果以万乘之国推行仁政，犹如将一个被倒悬的人解救下来。所以只要用古人一半的力气和工夫，就可以获得数倍的效应。这么好的时机，如果错过真是遗憾啊！"[2]

孟子在此次与弟子的对话中，基本说清了其本人如能像管

---

① 杨伯峻《孟子译注》"公孙丑章句上"，中华书局2018年11月版。

② 同上。

仲、晏子那样拥有推行仁政的权力和信任，齐国会获得怎样的前景。在离开齐国后，有人攻击孟子在边境盘桓三日才离开，是因贪图富贵时，孟子作了回应，从中可再窥孟子的心迹。

在孟子离开齐国后，有一位名尹士的齐国人讥讽孟子："识别不出（齐）王不是能够成为商汤、周武那样的人，说明孟先生知人不明；知道（齐）王成不了汤、武，却兴冲冲地投奔过来，那就是贪求富贵。千里迢迢至齐国见王，得不到重用而离去，在昼邑（齐国边境）居然滞留三宿才离去，是何故呢？我对这种做法感到莫名其妙。"

这位尹士的潜台词是，孟子这么黏黏糊糊，显然舍不得原先获得的那份富贵啊！

这位尹士显然非齐廷官场中人，否则岂会拿齐王来说事。他的话，被同为齐国人的弟子高子传递给了孟子。

孟子将自己对尹士的回应告知高子："这位尹士哪里了解我的心迹呢？从千里之外来见（齐）王，是我所欲求的；现在（齐）王不能接受我的想法，岂是我期待的结果？离开齐国是不得已啊！在昼邑留宿三天，我觉得时间还算是短的，我一直在期待齐王能够接受我的治国理政的主张。如果齐王改变态度，接受我的主张，我一定会重返齐国朝堂。但是我告别昼邑，即将离开齐国时，齐王并没有派人追我请我回去，我这才下定决心离开不再回返。虽然如此，我仍有不肯舍弃齐王的留恋，希望齐王能够推行善政。齐王假如重用我，接受我的理念，岂止是齐国的百姓可以过上安定、祥和、富足的日子，天下的百姓也会与齐民一样不再忍受暴政的煎熬。"

这段话最后一句的原文是："王如用予，则岂徒齐民安，天下之民举安。"①

这句话，笔者揣摩其意，也可以换成另一种说法：

你给我一份信任，我还你一个天下！

我愿意将此言再重复两遍：

你给我一份信任，我还你一个天下！

你给我一份信任，我还你一个天下！

孟子又接着对高子说："我日日期盼着齐王能够改弦更张，回心转意，乘势而为，推行仁政于天下，哪里有尹士所想的那种小丈夫才会有的心思呢？"

尹士听到高子转来的孟夫子的对话，自感惭愧地说："我看错孟先生了，我是以小人之心度君子之腹啊！"

三

孟子萌生离齐想法的时间，无精确到年月日的记载，只能肯定地说是在齐伐燕，齐王未听从孟子劝谏之后。

孟子是以什么样的方式表达辞别齐国之意的呢？是当面陈述？是上呈奏章？孟子身为齐国客卿，两种方式皆有可能，而后一种似更符合朝廷君臣之间的规则。遗憾的是，秦灭六国后焚烧诗书，其中重点毁灭的就是各诸侯国的官方内部史书。如果齐国宫廷的史书能保存下来，不可能遗漏对孟子别齐这一重大事件的记载。也许后

---

① 杨伯峻《孟子译注》"公孙丑章句下"，中华书局2018年11月版。

人还能看到孟子上呈的辞别奏疏，从中探寻到孟子真实的心迹。

在孟子离别前，在齐宣王与孟子之间发生了一桩近乎捉迷藏的事情。

孟子某日准备上朝见齐宣王。恰巧此时宣王派一位使臣告知孟子："寡人本想来拜访先生，不巧感风寒身体不舒服，不能吹风，但仍会举行朝会，不知先生能上朝让寡人见到先生吗？"

齐宣王是否真的因风寒有疾不得而知，或许是不愿降低身段亲临孟舍的一个托词。齐宣王特地派使臣传话，表示想见见先生，按常情揣测，大约齐宣王有一段时间未能与孟子面叙了。或有新的问题想询问，或表达在齐燕之战一事上的悔意？

孟子也托疾，委婉推掉了齐宣王的召见："真是不巧，我的身体也不舒服，不能上朝。"

在孟子看来，齐宣王此举缺少诚意。齐王真心想见孟子，就该放下身段，身体有小疾不会是一个障碍。

第二日，孟子的一位友人东郭先生去世了。孟子前去凭吊。弟子公孙丑问："昨日大王派人来召见，先生以身体有恙推辞，今日去吊唁东郭，这么做似乎不合适吧？"

孟子答："昨日身体不舒服，今天恢复了，为什么不可以去吊唁呢？"

在孟子出门后，不巧齐王派人带着医生来孟舍问候，其实也是一探虚实，看孟子是否真的生病了。

这下在家的弟子孟仲子蒙了，灵机一动回说："昨天孟先生身体有些不舒服，不能上朝，今日好些了，已在上朝的路上，但我吃不准能否按时到达。"

这里孟仲子应付完了齐王派来的人，立马差遣数人迅速出门，在半路上拦住了孟子，告知这一讯息，提醒他："务必不要回到家中来，还是赶紧上朝去为好！"

这下是有点麻烦。家不可回，孟仲子已有言在先，但上朝又非孟子所愿，这戏该怎么继续往下演？

一时想不出更好的应对办法，孟子只好临时寄宿到一位友人景丑氏家。

这位景丑氏与孟子相熟，也非等闲之辈，知道事情原委后，毫不留情地批评孟子：

"人与人之间大的人伦关系，在内则是父与子，在外则是君与臣。父子之间需要的是慈爱，君臣之间讲究的是敬重。在这件事上，我看到君王对先生是够敬重的，却未看出先生对君王的敬重。"

"唉，这是什么话。"孟子对景丑氏的指责辩解道，"在齐人中无人与君王谈论仁义，难道是因为他们觉得仁义不够美好吗？是他们觉得不值得与这样的君王谈论仁义。要论不敬，这才是对君王最大的不敬呢！至于我，如果不是尧舜之道，是不敢轻易向君王进言的，所以说，齐人中没有比我更敬重君王的了。"

"不不不，我说的跟你说的不是一个意思。为臣当赴朝，与陈述尧舜之道无关。"景丑氏说，"按照礼制上说的：'父亲召唤，不待发出答应的声音就该前往；君召臣子，听到诏令不等车驾备好就该立刻起行。'你本来是准备上朝的，听到王有召命反而不去了，这与礼经上说的似乎不一致吧。"

孟子回答："我所做的岂止是你说的君臣之礼的问题？曾子说：'晋、楚所拥有的财富，是我不及的；他们有财富，但我心中有仁爱；他们有爵位，但我胸中有义理。跟他们比，我缺少什么吗?'曾子的话,你觉得有道理吗?天下最受人尊崇的无非是三样东西:爵位、年龄、道德。在朝中,人们看重的莫过于爵位,在乡里,为人所敬的莫过于长者,而被世人所普遍尊崇的莫过于那些德行高尚的贤者。对于我来说,岂能因为你有爵位,就忽视了我的年龄和拥有的仁心义理?因此,那些真正想有大作为的君王,必定有他无法召之即至的贤人……"[1]

笔者在这里暂且中断一下孟子的陈述,强化一下《孟子》记载的原文:"故将大有为之君,必有所不召之臣。"这里的"臣"或许应定义为未来之"臣",尚未称"臣"的士人、贤人、能人。为众人所耳熟能详、津津乐道的,我们可以举出萧何月夜追韩信、刘备三顾茅庐访诸葛亮……的掌故。

韩信、诸葛亮是刘邦、刘备发一道诏书就可以召来为我所用的人吗?

孟子这句话,不知道影响了多少后世想大有为的君王,也不知道影响了多少胸怀大略的士人。这样一种礼贤下士的清风正气,是从孟夫子开始的吗?

在古语中还有一种类似的说法:"诸侯自为得师者王,得友者霸……"大致是说以贤人为师者可成就王业,与贤人为友者可成就霸业。这里把"大有为之人"与贤才的关系分成老师和学生、友人之间不同层级。那么,齐宣王是将孟子视作老师、友人,还是其属下的臣子呢?

如果是老师与学生之间的关系,礼经中所谓的君召臣该如何

---

[1] 杨伯峻《孟子译注》"公孙丑章句下",中华书局2018年11月版。

处置，则不适用于齐王与孟子。

且听孟子继续辩解："大有为之人如想与贤能之人共谋大业，就应该亲自到他所在处求教。有如此尊德乐道的诚意，才值得与他合作，否则，是没有必要与他共谋大业的。商汤对于伊尹，是先拜其为师，然后以他为臣，因此能够轻松地成就霸业。当今天下各诸侯的人君，拥有的土地差不多，施行的德教也类似，彼此不能征服，没有别的原因，就是因为他们都喜欢役使那些有贤德的人才，而不能屈身受教于那些贤德的人才。商汤对于伊尹，桓公对于管仲，是不敢以居高临下的方式召唤的。像管仲这般能力的人，桓公尚不可召，更何况对一个不屑于做管仲那样的人呢？"

话说到这个份儿上，景子还能说什么呢？[①]

四

孟子此时与宣王关系的疏离，从孟子与弟子陈臻的一段对话中可再次得到佐证。

齐国遭逢严重饥荒。如何帮助百姓度过饥荒？陈臻问老师："齐国的百姓都以为，或期盼着先生建议齐王打开棠地的粮仓接济灾民，先生还会像以往那样做吗？"

孟子面色凝重而又显得无奈地说："如果这样，那就等同冯

[①] 杨伯峻《孟子译注》"公孙丑章句下"，中华书局2018年11月版。

妇了。晋国有一个名叫冯妇的人，擅长与老虎搏斗，后来做了善士，不再捕捉老虎了。某日在一处山野，众人追捕一只猛虎，老虎依托山势险阻的地方，做出与众人拼死搏斗的姿势，众人皆惧怕，不敢再向前。此时，恰巧冯妇过来了，众人请其帮忙。冯妇捋起袖子走下车，满口应承……众人皆拍手叫好，而士人则对此传为笑谈。"

清人焦循对此加以评述道："可为则从，不可则凶，见善见用，得其时也。非时逆指，犹若冯妇，暴（搏）虎无已，必有害也。"[1]

是否可作"冯妇"，全在审时度势。面对齐国饥荒，孟子心忧百姓，按常理当然会谏说齐王开仓放粮。但此时，宣王已知孟子去意已决，而他也听不进孟子之言。孟子再发话，用今人的话语说，就是自讨没趣了。更何况，往年发生类似情形，孟子已劝谏过，齐宣王只要对百姓尚存悲悯之心，难道不知该如何处置此事吗？

因此，孟子不愿"再作冯妇"。

在辞去客卿职位，尚未离齐时，孟子与齐宣王有一次面叙。此时二者之间的关系，已经不是君臣，而是一位君王面对一位有重大影响力的贤人。从语气口吻中可以感知到，宣王对孟子还是有不舍之情的，尽管他并未因这份不舍之情而从此接受孟子的仁政理念，对国家治理来一番全方位的变革，就如秦行商鞅法那样。

假如齐宣王真的是孟子说的"大有为"之君，秦国就没有行

---

[1] 〔清〕焦循《孟子正义》卷二十八"尽心章句下"，中华书局2017年6月版。

商鞅法争夺天下的机会了。

他们是在何处相见的呢？原典称"王就见孟子"，杨伯峻先生解读为齐宣王到孟子宅中相见，清代学者焦循则跳过去，不作解读，此处存疑。

宣王说："早先寡人闻先生大名，很想见到先生。后来先生光临敝国，终于有机会同朝，心中甚喜；如今先生要离开齐国，不知道今后是否还能再见到？"

是客套，还是心中真有失落感？

孟子回答道："我是很愿意见到大王的，只是不敢自求耳。"

孟子的回答是意味深长的，他没有断然拒绝未来与宣王共谋大业的可能。但要让孟子主动求见，来"推销"自己的理念，这样的可能性已没有了。说到底，相见不是问题，齐国是否推行孟子理论才是关键所在。

过了数日，齐王对大臣时子说："我很想在都城中心地段给孟子筑一处宽敞的房子，每年拨一万钟俸禄给孟子和他的弟子，让本国的大夫与国人，都能受益于先生的学识和教化。你把我的想法转达给先生吧。"

时子将此言转告孟子弟子陈臻，陈臻立即将宣王的想法汇报给老师。

"哦，我知道了。"孟子说，"这位时子应该明白，这样的事情是万万不可做的啊！我是贪图富贵的人吗？如是，为何要辞去享受十万钟俸禄的爵位，而接受一万钟的俸禄，因此最根本的问题不在俸禄的多寡。季孙说：'那个子叔疑真是个异乎寻常的人，自己从政得不到重用，却设法让子弟入朝为卿。人都有追求富贵之心，但像子叔疑这样贪心，想让子弟布满朝堂搞私人垄断的人不多见。'①古代的集市，是一个交易场所，朝廷置有司，主要是解决交易中发生的纠纷，功能不在纳税。后来贪心的人在集市高处东看看、西看看，就想垄断交易，获得更多利益，政府就开始征他的税了。大概在市面上征税，就是从此类贪心商人开始的吧。"

孟子婉拒了宣王的挽留。又以子叔疑在官场搞垄断、商人在市场搞垄断为例，表白自己不是为贪图富贵来齐国。齐宣王的思维与孟子的思维完全不在一个频道上。

孟子离齐是在芳菲缤纷的仲春，还是枯叶飘零的深秋？无考。

只知孟子的马车往齐国西南方向缓缓而行，在齐国边境小城昼邑驿馆停留。跟随孟子的弟子人数肯定不及以往了，或许有的学成另谋他业，有的继续留在稷下学宫传授孟子之学……当然，孟子不再有俸禄，也无法解决太多弟子的生计问题。

孟子离开自己的住地，应该是选择夜色尚未消退、人们尚在睡眠的清晨，静悄悄地告别这座曾经两次生活了十多年，也曾经寄予厚望的都城。回眸远去的渐渐模糊的城郭，不知夫子心中回旋翻转着什么样的滋味？笔者无可言说，只能与读者共同来揣想，在虚空中将自己置身于同样的处境去感知。

尽管是悄无声息地离别，驿道两侧仍有不少父老乡亲拄杖道侧，既是不舍、送别，也是想最后看一眼这位大儒名贤。天穹渐渐透泻晨曦，而闪烁在天幕上的稀疏的星星仍在眨巴着双眸，迟

---

① 季孙、子叔疑，朱熹《集注》称："不知为何时人。"其他版本注解有多种说法，难作定论。笔者认为，知其意即可。孟子这里引用季孙言，批评子叔疑在朝结党营私，搞官场"垄断"。

迟不肯隐退。

孟子停留住宿的小城是昼邑？还是画邑？史学界有争议。这两座小城在战国时的齐国都存在，昼邑在齐的西南方向，画邑在齐的西北方向。画邑距临淄三十里，古时又称"戟里城"。从孟子离齐后的第一站是滕国判断，应为与滕国同向的昼邑。

孟子在这里停留了三天，显然不是为了休整。

有不知名的齐人赶来见孟子，想为齐王挽留孟子。此公坐着对孟子说话，喋喋不休说了很多挽留的话，但孟子躺卧在榻席上不作应答。这位齐人站起身很不开心地说："弟子怀着敬重的心情来见先生，想不到您却不理我。"

孟子说："你何必生气呢，且坐下听我说。早先鲁缪公尊礼子思（子思，孔子之孙），但因不能行子思之道，子思欲离去，缪公常请贤人往劝子思，表示按子思之道行政，子思才没有离开。泄柳、申详①也是贤人，虽然鲁缪公尊之不及子思，但他们常安排贤人在缪公之侧，因此在朝廷才得以心安。你替我这个年长的人考虑考虑，齐王对我的态度，还不及缪公对待子思。你不去劝齐王改变态度，却来对我说了许多空话，是你对我无情，还是我对你无情呢？"

齐人无语。这位不知名的齐人，显然是在做明知不可为而自讨无趣的事情。如是受齐王授意，齐王派一个无足轻重的普通人来承担如此重要使命，岂不是一件很可笑的事情？如无齐王授意，劝孟子吃回头草，难道是让孟子放弃道义、自取其辱吗？

---

① 泄柳，又名子柳，鲁缪公时贤人。申详，孔子学生子张之子。杨伯峻《孟子译注》"公孙丑章句下"，中华书局2018年11月版。

五

驿舍濒临一个不知名的湖泊，每到傍晚，孟子有时与学生万章或公孙丑徜徉在长满杂草的水边小道上，有时一个人独步，让思绪漫飞。

时有不知名的小鱼"忽喇喇"扑腾出水面。它们兀自寻找自己的天伦之乐，嬉戏于摇曳的水草间，世间的一切刀光剑影、死生忧苦皆与它们无关。它们活在自己的世界里。

此时，孟子与弟子谈论得最多的话题是什么？他的心中肯定还有一丝若有若无的期待，齐国命运的大势会发生戏剧性的反转吗？先生的脑子里肯定还会回闪他曾经历过的那些与诸侯国君王大臣坐而论道的场景，当然，他也要反复考量未来要去的方向，是否还能有所为？

对于孟子的生卒年月，历来为史学家们所争论不休。笔者比较了多种版本，说法也都不一。因为缺少最原始的记载，《孟子》一书中无明确的说法。钱穆先生从孟子游历的经历记录进行倒推式的考证，得出一个比较接近史实的说法。当代学者杨泽波先生的《孟子评传》，在各种说法的比对考证中，作出自己的评判。笔者认同杨先生严谨的辨析：孟子约生于公元前372年，卒于公元前289年，享年84岁。[1]

---

① 杨泽波《孟子评传》"孟子生卒大事简表"，南京大学出版社1998年12月版。

孟子，名轲，字无考。生于邹国，受业于子思之门人。

孟子父亲早于其母离世，其面貌在史著记载中模糊不清，而孟母为童年孟子健康成长三迁居住地的故事广为人知晓，也有人质疑似为传闻，此事记载于《列女传·母仪》篇中。对此，笔者以为是真实可信的，非一般文士能想象虚构。

孟宅初筑于一处墓地旁，孟子年少时与一些学童常于墓旁嬉戏，拔草翻土捉迷藏。孟母觉得此处阴气太重，不适合小孩子玩耍，于是迁居于一处集市旁。集市上成天都是商贩吆喝卖货的呼叫声，小孩回来后也模仿吆喝。孟母听之，眉头紧皱，觉得新居也安得不是地方，又迁居至一处学舍边。每天的琅琅诵书声，声声入耳，小孩为此而痴迷，又模仿学舍先生、弟子相互揖让的礼仪动作，就此定居下来，不再搬迁。①

孟母当然不是当今所说的心理学家，她仅凭天生的感悟观察，深谙环境濡染与幼童成长的密切关联。

孟子学说强调人性本善，无疑与这位伟大母亲的养育有关。

孟子之学受业于何人？也是一个争论不休的话题。说"受业子思之门人"，来自《史记》。孟子自言："予未得为孔子徒也，予私淑诸人也。""乃所愿则学孔子也。"

孔子之逝距孟子出生在百年之间，孟子当然不可能成为孔门弟子，乃至弟子的弟子。说受业子思门人，也无孟子本人的自证。但从《孟子》的论述中，有二十六处引录孔子言论，可明证孟子继承了孔子儒学的道统。②

---

① 〔汉〕刘向《列女传》，辽宁教育出版社1998年12月版。

② 杨泽波《孟子评传》"《孟子》中引述孔子言语的情况"，南京大学出版社1998年12月版。

清　康涛《孟母断机教子图》

毫无疑问，孟子是继孔子后，形成完整儒家体系的巨人。笔者甚至不赞成将孟子称之为"亚圣"。孟子与孔子无冠、亚之分，他们是并立的双峰，对华夏文明的创造各有各的伟大。孔子开风气之先，孟子则是系统性创造性地深化了儒学理念。

孟子涉足政坛出仕任职，已经四十岁左右了。是在他出生地的邹国。在《孟子》七篇中，记有孟子与邹穆公的对话，但也仅此一处记录。

邹国与鲁国发生了边境械斗，或用今日之语为"局部战争"。邹、鲁皆小国，因此即便争斗，规模也不会大。邹穆公问孟子："在与鲁国争斗中，我国军吏死亡三十三人，而民众眼睁睁看着军吏战死，却不去助战，好似若无其事。对这样的民众如果要抓起来诛杀，则人数太多，杀之不尽。如果不杀，听任他们看着上司在争斗中死亡却不去救，这样行吗？"

孟子回答道："在灾荒之年，民众饥寒，老弱者不得温饱而倒毙于沟壑，年轻力壮的都四散奔逃谋生，这样的人不知有多少。但是君王的仓库里堆满了谷粟，官吏们不将民众受灾情况如实上报，这等同于上位者用傲慢的态度对待百姓、残害百姓，罔顾百姓生死啊！曾子说：'要谨慎对待百姓啊，君王下达的号令，官吏们怎么做，百姓都会作出他们的反应的！'如今民众无视官吏争斗而亡，是因为官吏残害民众在先，大王没有必要责罚民众啊！如果君行仁政，忧民困穷，民众会感恩而亲其上，进而为国效力的。"[①]

----

① 〔清〕焦循《孟子正义》卷五"梁惠王章句下"，中华书局2017年6月版。

此次对话，让邹穆公改变了治政的思维方式，穆公始行仁政，政风民风为之大变。贾谊《新序》中记载："穆公园中喂凫雁，通常用秕糠，而不用粟。某日仓中无秕了，小吏用二石粟向民换二石秕。官吏觉得这样太浪费了，不如直接用粟喂鸟。穆公知之，阻止园吏用粟喂鸟，说：'粟是人吃的上好的粮食，怎么可以用来喂鸟呢？君为民之父母，仓中之粟也是百姓的，把它们交换给民众有何不可呢？民众由斯知君民本为一家。'"《新序》又称："穆公食不重味，衣不杂采，自刻以广民，亲贤以定国，亲民如子，邹国之治，路不拾遗，臣下顺从，故以邹子之细，鲁、卫不能轻，齐、楚不能胁，穆公死，邹之百姓，若失慈父，行哭三日，四境之邻邹者，士民向方而道哭。"①

孟子一言悟邹君，穆公从此发施仁政而获巨大效应。这给那些认为孟子之学不切实际的诸侯王和后世学人，提供了回击的经典案例。

在邹期间，父丧，由于孟子初为仕，家贫，只能祭之以"三鼎"（鼎为盛祭品之器）。有史称孟子三岁丧父，不实。幼童丧父，不可能有祭以"三鼎"之说。古祭亲丧，"三鼎"是士之礼，用三只鼎，分别盛有不同的祭品。"五鼎"是卿大夫祭丧之规格，用五只鼎。因此，孟母离世时，孟子在齐已享受卿大夫待遇，祭之以"五鼎"。孟子祭母要厚于祭父，除了因职位上升，有了一定的经济实力，当然也不排除孟子对其母，确实深怀一份非同寻常的情感。

---

① 〔清〕焦循《孟子正义》，中华书局2017年6月版。

孟子在邹入仕仅三年①，时为公元前333年至公元前330年。

孟子离邹的确切原因，无权威定论。依分析，孟子时年已四十多岁，是一位有远大抱负和情怀的思想家，在邹这样的蕞尔小国，很难有所作为。另外，当时齐桓公筑稷下学宫，以优厚待遇广招天下贤才。至继任者齐威王时，学宫规模扩大，影响更盛，成为战国前期的高端人才汇集地和学术交流争鸣的中心。凡试图"大有为"的士人，大概无人不被吸引。

六

因此，孟子第一次至齐国，是在齐威王执政时。齐国也是孟子开始游历生涯的第一站。

钱穆先生在《先秦诸子系年》中，曾对孟子是否该列为稷下先生提出质疑，也仅仅是质疑，未作定论。经过当代学者孙开泰的稽沉考辨，孟子为稷下先生无可置疑。②

无妨想象一下，孟子由邹入齐时声名尚未显赫，所谓"后车数十乘，从者数百人"的气派是不会有的。无论是稷下学宫的那些牛人，还是主政的齐威王，对孟子学术思想都还有一个认识过程。初来乍到，孟子不去稷下学宫，往何处去呢？只有经过在稷下学宫的授徒讲学、学术思想的相互碰撞，才能凸显某人的学养

① 依杨泽波《孟子评传》。

② 孙开泰《孟子事迹考辨》，此论文因撰写于20世纪90年代前，遍搜各大论文网站而无录入。只是在杨泽波《孟子评传》中提及。

厚薄、目光深浅，是吹竽高手还是滥竽充数的冒牌货；是腹有诗书，还是墙上芦苇。在群贤毕至的汇集地，想隐饰是隐饰不了的。免不了会鱼龙混杂，会被一时遮蔽，是龙终会显露，是鱼肯定变不成龙。

孟子初次在齐历时七年左右（约公元前330—前324年），但其中有三年回邹吊母丧，实际在齐活动的时间为四年。在《孟子》一书中，记载了孟子与齐宣王的多次直接交流、对话、建言，但与齐威王的直接交流却一次也无。可见孟子尚未真正进入威王视野，孟子的学术思想也未受到足够重视，这也是孟子在吊毕母丧后离开齐国的原因。

但孟子享受卿大夫待遇，是有文字可证的。同时，《孟子》中也记有一些这一时段无足轻重的政事活动。

享受卿大夫待遇，不等于有实际职位。稷下先生真正进入朝堂被录用为臣，是需要"门票"的。这个"门票"，要么是学宫中已取得侯王信任的高人，诸如"祭酒"之类向侯王举荐；要么就是自身有超群的惊人之举，引起了侯王或学宫、朝野的高度关注。

属于孟子的"高光"时刻尚未到来。

有一段弟子万章与孟子的对话，历来被用来说明孟子此时状态——

万章说："斗胆问先生，为士而不去谒见诸侯，是什么原因呢？"

孟子答："居住在都市的普通人为市井之人，居住在野外乡村的为草莽之人，这些都是普通百姓。普通人不去见诸侯，是符合礼仪的。"

万章又问："普通百姓，君王召其服役，则必须立即前往；

如果君王想见他，召他，却不去谒见，这里有什么道理吗？”

孟子答：“被召服役，这是百姓的义务；主动去谒见，是没有必要的。”又反问：“至于君主想同他会晤，这是为什么呢？”

万章答：“因为他见闻广博，品德高尚。”

孟子对此有自己的解读：“如果因为他见闻广博，天子应该拜他为师，哪有召之而来的，更何况是诸侯？如果因为他是品德高尚的贤人，我更未听闻过天子欲见贤人而采取召见的方式……”①

由此，我们可以感知，战国时礼贤下士之风尚。天子也好，诸侯也好，对待自己尊崇的士人，是不可以像役使臣属那样随便召唤的，而士人也不应放弃尊严，主动去投怀送抱，奔走于权贵之门。

从孟子处理与齐大夫蚳蛙的一件小事中，也可证实孟子初至齐，无官无职。蚳蛙原是齐边境县邑灵丘的守官，他主动辞去了这一职务，被调入朝中任治狱官。因此孟子问：“先生辞去原来官职，到朝中来任治狱官，为的是便于向君王进言，怎么不见您发声呢？”

于是蚳蛙向齐威王上疏谏言。说了些什么，不清楚，只知齐威王未采纳蚳蛙的谏议，蚳蛙辞官而去。

齐人中有不少人议论此事，认为孟子建议蚳蛙尽言责，固然是对的，那么他自己该怎么做呢？

弟子公都子将这番话告知孟子。孟子说：“在朝有固定职务的，如果不能忠于职守，就应该辞去职务；有向君王进言职能

---

① 杨伯峻《孟子译注》“万章章句下”，中华书局2018年11月版。

的，就应该尽职言事，不被采纳可以不再做下去。我既无官职，也无进言的责任，或进或退，有什么好指责的呢？"①

关于孟子此次进入齐国，还有两件事被《孟子》所载录。孟子以卿大夫的身份，被派往滕国出席吊丧之仪。被派遣辅助孟子去滕国参加吊丧活动的是在盖邑任县级守官的王瓘。孟子弟子公孙丑可能也陪同前往了，否则他不会就此发出疑问。

在往返滕国的途中，孟子与王瓘相伴随行，但孟子几乎与王瓘无言语交流，从未谈过公事。公孙丑问："此次去滕国吊丧，先生是主使，王瓘是副使，怎么往返路上，未听到先生吭一声呢？"

孟子淡淡地回复："所有的事情，他都自作主张，还需要我再说什么呢？"

像王瓘这样的人，生活中多矣哉。弄不清自己该干什么，一味地往前冲，为的就是刷存在感，显摆自己的能耐。

孟子冷落王瓘这样手中握有一点小权的人，却与一个名叫匡章的人相处甚欢。而这个匡章在齐国几乎无人不知。这个无人不知的名声可不是什么美名，而是不孝之名，由此孟子受到众人非议就在意料之中了。孟子为何会与被骂不孝之人的匡章交朋友？原委何在呢？

弟子公都子问："全国人皆称匡章不孝，先生却与之游，敢问为何？"

孟子答曰："据我观察，世间所谓不孝的现象有五种情况：四肢不勤，惰于劳作，无财资供养父母，此其一；成天饮酒赌博

① 杨伯峻《孟子译注》"公孙丑章句下"，中华书局2018年11月版。

娱乐，不用心敬养老人，此其二；贪财货，一味讨好妻妾，不把父母放在心上，此其三；在社会交往中，放纵自己，不顾名节，让父母蒙羞，此其四；逞强好斗，危及父母安全，此其五。这五不孝中，匡章摊上哪一条？……"[1]

实际情形是匡章的母亲得罪了丈夫，其父杀妻，并将之埋在马栈下。匡章责备父亲不善，导致父子不和。恰逢秦国军队借韩、魏之道而攻齐，齐威王派匡章为将迎战秦军。由此可知，匡章在齐是赫赫有名的武臣。在出征前，威王说："将军此次出征，如击溃秦军，获胜而归，寡人会为将军改葬母亲。"匡章回说："臣不是不能改葬母亲。因为母亲得罪父亲被埋马栈下，随后父死，我未获得父亲的吩咐就改葬母亲，有欺父之嫌，所以不敢。"威王以改葬其母激励匡章英勇抗秦，而匡章则表示会竭尽全力，为国效命。此一战，秦军大败，匡章班师凯旋。[2]

孟子至齐第四年，母亲去世。

孟子回邹葬母并守丧三年。至公元前324年，孟子回到齐国后，决定离开齐国。齐王赠之以兼金百镒，孟子不受。对于齐王来说，来齐则以士大夫待遇厚养，不用其"策"，如想离开，也以重礼送别，算得上是很有风度了。对于孟子来说，本就不是为求富贵而来，而是为了实现平治天下的远大抱负。兼金之礼无接受理由。

当然，也不是所有士人离齐，都能获得如此厚礼。由此也可

---

① 杨伯峻《孟子译注》"离娄章句下"，中华书局2018年11月版。

② 缪文达、缪伟、罗永莲译注《战国策》"齐策一"，中华书局2012年6月版。

见，此时孟子在齐已享有相当高的威望。

从后来的游历中，滕文公两次找孟子咨询有关事宜可见一斑。

七

宋为诸侯中小国，原都城在商丘，孟子至宋国时，都城已迁至彭城（今徐州市）。

孟子约公元前324年至宋。初入宋国，相互都有一个磨合过程，就如同齿轮的相互咬合。如果咬合顺畅，轮子就能快速地滚动，一旦不相契合，轮子就会卡住，往前的路就无法再继续了。

孟子在宋国待的时间不长，因为"齿轮"咬合不畅。

初期，孟子是看好宋国的，因为宋王偃要行王政。国不在大小，行王政即有希望。

万章问老师："宋是小国，现在要行王政。如此招来齐、楚的厌恶而发兵征伐，该怎么办呢？"

孟子没有直接回答万章的顾虑，而是先讲了一段古代商汤与葛伯之间发生的历史故事。汤居亳（河南商丘北），与葛为邻（葛地在今河南宁陵县北）。汤看到葛伯整日放纵寻欢，却不行祭祀之礼，于是派人询问："为何不行祭祀之事？"葛伯回答："没有用来祭祀的牛羊啊。"汤就派人送去了牛羊。但这位葛伯仍不做祭祀方面的事，而是把送来的牛羊直接运入内宫的御厨房。汤继续问："你怎么还不行祭祀之礼？"葛伯回答："缺少用来祭祀的谷粟啊。"汤就派人率领亳地的民众去葛地协助耕地，同时派人携带粮草酒肉去接济那些老弱贫困的农夫和缺少衣食的孤儿。

这个葛伯居然残暴到率众拦截送粟米酒肉的队伍,将酒肉据为己有,甚至送给幼童的食物,葛伯也要拦截,简直与禽兽无异了。于是汤发兵征讨葛伯,惩罚其不仁不义的恶行。汤的征伐之举,不仅受到葛地百姓的欢迎,而且获得四境百姓的拥护,他们都日夜期盼汤的征伐队伍到来,将他们从艰难困苦中解救出来。

说完这段往事,孟子以史为镜告知万章:"你看看,如果施行王政,四海之内百姓皆翘首期盼,希望能归附到这样的君王麾下;宋国虽小,齐、楚虽大,只要施行王政,有什么好畏惧的呢?"

但宋国的王道之路并不顺畅,其核心因素不是孟子与宋王的"磨合",而是他们内部的"齿轮"尺寸对不上。孟子对宋王宗族的实权派人物戴不胜说:"您是想引导大王施行善政吗?我很坦诚地提醒您,这事是比较难的。"

孟子接着问:"假如有一位楚国大夫在此,他想让他的儿子学习齐语,您认为他应该请一位齐人来做老师,还是请一位楚人来做老师?"

戴不胜回道:"当然是请一位齐人做老师。"

"但是,但是,"孟子尖刻地提出一个问题,"这位齐人虽教其子学齐语,可是成天与楚子在一起玩耍欢腾的都是楚人,说的也都是楚语,他的儿子怎么可能学好齐语呢?即便每日拿鞭子抽打他也不管用啊!假如楚人让他的儿子在齐国都城临淄住上几年,每天都与齐人打交道,说的都是齐语,想让他说楚语也很难做到的。"

孟子用这样一个现象,来说明氛围、环境对一个人成长和形成价值观的重要性。话说到此并未打住,接着,孟子提醒戴不胜,现下宋王行王道面临的困局是身边围着一帮佞臣。戴不胜将一位名薛居州的善士推荐到了宋王的身边，孟子认为仅靠一位薛居州在宋王身边能起多大作用呢？如果宋王身边围绕的大小臣吏都是如薛居州一般的善士，宋王就会行善政，与百姓为善，假如围绕在宋王身边的人都不是薛居州一样的人，而是一帮佞人、小人，仅靠一个薛居州能行吗？

戴不胜"嘿嘿"苦笑一声，不作应答。

孟子已经看出，左右宋王的都是那些王公贵族，他们心中想的都是如何保住和扩大家族利益，怎么可能为宋王推行王道而助力呢？如果不调整成天围着宋王的那些家伙，宋国的王道之梦只能是画在纸上的"大饼"。

这也是孟子到宋国，始终未能与宋王直接对话的"墙"，也是孟子虽受一定礼遇，却得不到重用的原因。

随后发生的一件事，证实了孟子的判断。

宋国要实施减免百姓税赋的举措，戴不胜征求孟子意见："农户征税，减少到十征一的额度，同时免除集市上交易的税赋，今年还做不到，先稍减轻一点，等明年再实行，先生看这么做可行吗？"

孟子又是不直接回答问题，而是用一个比喻来表明自己的态度：有一个偷鸡贼，每天四处偷抓邻人的鸡。有人告诉他："你这是不正当的行为。"偷鸡贼说："这样吧，我先少偷一些，由每天偷改为每月偷一只，等到明年我就完全不偷了。"

孟子犀利的目光射向戴不胜："你说的与偷鸡贼行为有什么两样？明知道做得不对，应该立即停止这种盘剥百姓的行为，为何要等到明年呢？"

也许不是戴不胜不想立即停止税赋过重的行为，而是另有隐情。宋王身边的那些家伙，靠的就是盘剥百姓来养名马、蓄姬妾、衣裘缎、醉酒肉的，陡然要降低他们的进账，该有多大的阻力？[1]

从万乘大国齐至仅千乘或五百乘小国宋，孟子仍未能进入朝堂的中枢。环绕宋王宫殿的圈墙太多太厚，孟子目光可以穿透那些人的心脏，身子却无法穿越那些壁垒，他的思想也无法抵达宋王的脑屏中。当然，如果让他成为另一个"薛居州"，也不是他想要的处境。

但在宋国期间发生的一件有趣的事情，可证实孟子在诸侯中影响力的上升。

滕国侯王滕定公之子滕文公，奉命出使楚国。滕也是与宋级别相近的小国。滕在宋国北方一百五十里左右，去楚往返都要途经宋国。滕文公知孟子恰巧在宋国游历，就利用这一机会，两次拜访孟子，请教有关治国理政的方略。定公已年迈，治理滕国的大任必将落到文公身上。

孟子对滕文公的到访给予了热情接待。所谓接待，当然不是茶饭上的款待，滕国的太子不缺优裕的物质生活。孟子将自己的治国理念坦诚相告，双方进行了酣畅淋漓的长谈。由于滕文公有使命在身，不能在宋国作长时间停留。孟子肯定也意识到这一点，因此他向文公宣讲的皆是核心要义，《孟子》中用"孟子道性善，言必称尧舜"来概括孟子答问的主要内容。

---

[1] 杨伯峻《孟子译注》"滕文公章句下"，中华书局2018年11月版。

明刻《孟氏宗传祖图碑》之《道性善》拓片

滕文公听了孟子的阐述，欣喜不已，他感到终于有高人为他在脑屏上开了一扇天窗。他顿时明白了未来的滕国掌舵者应该着力的主导方向。但似乎又感到因为匆忙，心中有很多的问号需要孟子为他拉直。于是在从楚国回滕时，滕文公再度拜访孟子。

孟子对文公的再度到访有些意外，于是问："世子对我说的有什么疑惑吗？今天要我说的，与前次说的不会有什么变化，治理天下的大道正义只有一个。"

孟子又引用三人的话，来说明滕国虽小，不必胆怯，只要推行仁政，是可以有所为的。

这三人的话，一为齐国武臣成覸（jiàn）。他对齐景公表示："彼人（为何人？不清楚）是条汉子，我也是条堂堂的男子汉，为何要畏惧他呢？"

孔子弟子颜渊说："舜是有为之人，但也是普通人，我只要努力像他那样做，也可以成为与舜一样的人。"

曾子弟子公明仪是受人称誉的贤人，他说："我以文王为师，信服周公所为，这是我做人的准则。"

孟子为滕文公列举三位可作楷模之人，勉励滕文公行仁政，做有为之人。

孟子又说："滕国虽然拥有的土地不大，但做一些取长补短的修整，也有五十里方圆，是可以有所作为的。但要知道转变理念，推行仁政，难免要经历一番煎熬。正如《书经》中所说：吃了药，不经历头晕目眩的药效，身体不会痊愈的。"

……

在宋国无法有所作为，孟子向宋王辞别。宋王赠金七十镒作旅费。

八

公元前323年，孟子从宋国，途经薛国，回到了他的故土邹国。

孟子回故土，显然无意于在邹国政事上有所作为，因此《孟子》中没有孟子与邹国朝堂探讨政事的记载。

其间有人就一些疑难问题请教孟子。

任国来人问孟子弟子屋庐子："礼仪与食物，谁更重要呢？"

屋庐子回答："礼重要。"

任国某人又问："色与礼比，谁重要呢？"

屋庐子回答："礼重要。"

这个任国人顺其所问，又提出一个刁钻的问题："如果碰到这种情况：讲究礼仪，就会无法获取食物被饿死；不顾及礼仪，就能获取食物，这时候你认为一定要讲究礼仪吗？假如亲自去迎接，就无法娶到妻子；不去迎接，反而能娶到妻子，那么，你认为还需要去迎亲吗？"

屋庐子一时卡壳，不知如何回答，于第二日至邹国向孟子请教。

孟子说，这问题不难回答啊。礼仪与食物的比较，礼仪与色的比较，是需要作具体分析的，涉及精神层面与物质层面孰轻孰重的人生问题。说简单似乎很简单，说复杂可能又很复杂。孟子又从具体物象入手探讨类似问题。一块小小的木头，与一幢高耸的楼房，谁高呢？如果把方寸之木一块块叠加起来超过高楼，能说小木头比楼房高吗？再如金与羽毛比，谁的分量重呢？如果用一车羽毛与三钱重的一钩金比，一车羽毛当然重过一钩金，我们能说羽毛的分量比金子要重吗？不过，孟子觉得如此回答对方的问题有点绕，不够明晰，就对屋庐子说："你这样回复那人吧。如果你扭断哥哥的胳膊就能得到吃的；不扭，就得不到吃的，你会去扭吗？如果你爬过邻居家的墙偷偷去强搂人家的女孩，就能得到妻子；不爬墙去搂，就得不到妻子，你会去爬墙吗？"①

孟子这里说礼与食、色的关系，有个度的问题。如果为食、色去做有辱斯文的勾当，则是应该反对的；至于再向前一步，非法去获取食、色，则不仅仅是非礼的问题，而应受到法的惩处。

另有一位名叫曹交的人登门拜访，向孟子求教。相传曹交是曹国国君的弟弟。曹国早在一百多年前的春秋时期，就被宋国灭了。这位曹交应该算是没落贵族子弟吧，因祖上曾富贵过，骨子里总还残留着几分傲气。

他问孟子："据说人人皆可为尧舜，有这种说法吗？"

"是这样的。"孟子答。

曹交长叹一声："我听说文王身高十尺，商汤身高九尺，你看我这身高，有九尺四寸，与尧舜差不多，但除了胃口好，食量大，总不见有什么长进，怎样才能成为尧舜那样的人呢？"

孟子答："这有什么好为难的呢？只需尽心尽力去做就行

---

① 杨伯峻《孟子译注》"告子章句下"，中华书局2018年11月版。

了。人与人确实有很大的差别，有的人手无缚鸡之力，是天生柔弱的人；有的人能举起百钧（约三千斤）重物，算是很有力气的人。古代乌获是有名的大力士，他不是天生的神力，是一天天日积月累练出来的。人不要因为不能成为尧舜那样的人而焦虑，只要愿意去做就行。与长辈一起走路，走得慢一点，跟随在长者后面就是对长者的敬重；如果步子迈得太快，抢在长者的前面，此举为不够敬重。难道走得稍慢一点，这样的事做起来很难吗？只是有人不注意去做罢了。如果你身穿尧的衣服，口诵尧说过的话，还尽力像尧那样有所作为，那便是尧了；如果你穿桀的服饰，口诵桀说过的话，像桀那样做不仁不义的事，那就是桀了。"

听了孟子一席话，曹交表示："我可以见到邹君，向他借一处房子，愿留在先生门下受教，做弟子。"

果然是祖上曾经富贵过的人，可以面见"邹君"也会拿来显摆。

孟子朝这个身高九尺四寸的男子微微一笑，婉拒道："大道就跟脚下的路一样，想了解有什么困难吗？人之病在不去努力探寻罢了。你还是回去自己想想，不用留在我这里，能做你老师的人多的是啊！"

孟子在邹国，有一事值得特别关注，可以看作孟子与滕文公建立信任关系的续章。当然，也可看作滕文公后来厚待孟子的序章。在《孟子》中，记载孟子与滕文公交往、交流的文字很多，这绝不是偶然的。

滕文公出使楚国，途经宋国，往返两次在宋国拜访孟子，对孟子所言留下了深刻美好的印象，"于心终不忘"。因此在父王滕定公去世时，对他的老师然友说："父王不幸故去，你为我去邹请教一下孟子，该如何行丧为好？"

滕国距邹国仅四十余里，然友很快就到了孟宅。

孟子答："滕公这样慎重考虑父王的丧事，值得赞许呀！对待父母的丧事，是应该尽心尽力地去处理的。曾子说：亲人在世的时候，恭敬地去侍奉；死去后，安葬时礼节要周到，祭奠也按礼行事，这就可以称之为孝了。关于诸侯处理丧事的礼节我未专门学习过；虽然如此，但我曾听说一些例行的做法。通常是守三年之丧，穿着用粗布织成的丧服，吃粥一类简单的食物，从天子到普通人，夏、商、周都是这样做的。"

当然友将此言转复滕文公后，滕文公欲守三年之丧，但遭到亲族兄弟和朝野大臣的反对，理由是："我们的宗祖国鲁国的先人都没有这样做的先例，我国的先君也不是这样做的，据有关《志》书的说法：'丧祭从先祖。'到了你这里改变以前的通例是不可以的。"

他们的反对是有道理的，不仅是滕国先君有惯例，最主要的还是滕文公继父掌国政，弃国事于一旁去守三年之丧，确实不可行。

文公对然友说："我平日喜欢骑射舞剑，对于礼节之类的学问没有认真琢磨过。既然亲属百官有不同意见，你再替我去请教一下孟先生。"

于是，然友代文公就丧事事宜再度请教孟子。

孟子回复："这样的事，其实不必拘泥于他人做法，世子应该自己做决断。孔子说：'君王死了，把政事先交给国相，然后自己吃着粥，内心极度悲伤，站在孝子的位置上哀泣，大小官吏也一同哀泣。'……"

孟子还说了一番话，未说到是否必须守三年之丧，大致意思是太子只要在行丧中表现出真诚的哀痛，与朝野上下共同表达对亲人的缅怀就可以了。具体怎么做，全看世子怎么考虑。

滕文公明白了孟子的意思。居丧庐中五个月，未颁布任何涉及政事的指令，吊丧中面容悲戚，举国哀痛，国人皆曰太子知礼。[①]

九

公元前322年，来自鲁国的一则讯息，牵动了孟子的脑神经，以至于他为此讯息欣喜难寐。《孟子》中是如此记载："孟子曰：'吾闻之，喜而不寐。'"

这则讯息为：鲁国将起用乐正子主政。乐正子名乐正克。其人背景无详细记载。有说曾为孟子的弟子。

弟子公孙丑对老师为此欣喜若狂感到不解，遂有三问："乐正子坚毅果敢很有魄力吗？"

"否。"

"乐正子擅于思考问题吗？"

"否。"

"乐正子学识见识广博吗？"

---

① 杨伯峻《孟子译注》"滕文公章句上"，中华书局2018年11月版。

"否。"

"那么先生为何为乐正子主政而这么高兴呢?"

孟子回答:"乐正子喜善,好闻善言。"

公孙丑又问:"好闻善言,就能够治理好国家吗?"

孟子阐释道:"好闻善言,可以优于虞舜那样治理天下,更何况治理一个鲁国呢。喜闻善言之人,四海之内的贤人都会不惧千里之遥,向他进奉治国理政的谏议;如果不喜闻善言,总觉得自己智力过人,听到他人说三道四,脸上一副不以为然的模样,拒人于千里之外,那么,那些善于阿谀奉承、谎话连篇的小人就会围绕在他的周边,如此想治理好国家,怎么可能呢?"①

另有一位名浩生不害的齐国人,也曾问到乐正子是一位什么样的人。

孟子答曰:"善人也,信人也。"

他的善,他的信,体现在什么地方呢?

孟子对乐正子评价道:"这个人不仅懂得善,而且言行一致,这就是有诚信的人了。知善践行之,这就是'美'的化身了;他不仅自身行善,且将善的光辉映及他人,这就可以称之为'大';将善德推而广之,化育众生,这就是'圣'了;推行圣德达到润物无声的境界,几乎称得上是'神'了……"能让孟子"喜而不寐"的人,当然是世间罕有之人。②

但孟子进入鲁国殿堂的路并不平坦。理想很美好,现实布满坑。

---

① 杨伯峻《孟子译注》,中华书局2018年11月版。

② 〔清〕焦循《孟子正义》"尽心章句下",中华书局2017年6月版。

孟子与其随行弟子，约于公元前322年由邹赴鲁。乐正子将孟子抵达鲁国的行踪，告诉了鲁平公。

　　这天，鲁平公准备去拜访孟子，他身边宠幸的小臣臧仓问："以往君王外出，必定要请有司（专门安排君王出行事宜的机构）安排行程和事宜；现在大王出行的车驾已备好，有司却还不知道大王要去哪里，请问能否告知有司？"

　　鲁平公说："我要去拜访孟子。"

　　臧仓说："哦，大王为何要放下身段，去见一个普通人呢？是因为孟轲是贤德之人吗？贤德的人是非常重视礼仪的，而此人安葬母亲的祭礼却远厚于之前葬父之礼。这样的人，大王觉得有必要去见吗？"

　　鲁平公说："你说得对，不去了。"

　　乐正子见鲁平公取消面见孟子之行，入见鲁平公，问道："大王怎么突然取消了拜访孟子之行呢？"鲁平公道出原委："臧仓告知寡人，孟子治丧，后丧（安葬母亲的祭礼）超过前丧（父亲的葬礼），厚此薄彼，有违礼仪，所以不去见了。"

　　乐正子为孟子辩解："这么说是不对的。臧仓所指后丧逾前丧，是因为葬父时孟子为士，因此祭之以三鼎，而在葬母时，孟子已是大夫，因此祭之以五鼎。"

　　平公说："不是指三鼎与五鼎的区别，是因为葬母祭礼用的衣物棺木过于奢侈了。"

　　乐正子又为孟子辩解："孟子葬父简约，葬母厚待，是因为前后贫富有差别，不违礼。"

　　但无论怎么说，鲁平公不见孟子之意已决。乐正子之贤，终究敌不过宠幸小人臧仓的唾沫。一个宠男，居然能左右君王处理国事，可见二者关系非同一般。而这样的男宠与君王关系建立在什么基础上，需要借助想象了。而孟子却另有看法，君王果真有意行王道，不是一个"嬖人"能阻止得了的，我与鲁公不能相见是天意使然，怨不得人啊！①

这个臧仓阻止鲁平公与孟子相见，果真是与"礼仪"有关吗？笔者揣测一下，臧仓深得鲁平公宠信，显然是任何人想从君王处获得尊荣的一道朱雀门，谁想跨过这道门的门槛，无足够的宝物钱币铺路，这扇门是不会随意打开的。再从另一向度思考一下，鲁平公如果是"大有为"之主，怎会被一个小小的宠臣牵着鼻子走？孟子冲着乐正子喜闻善而来，但他却忽略了乐正子背后是一个被谗言塞满耳洞的"寡人"。归咎于天意，而不去诅咒小人，是贤者的气度。不过，从孟子严厉批评鲁国将军慎滑厘看，孟子对鲁平公属于哪个等次的侯王是心知肚明的，明着是批慎将军，但谁不知道慎某只是舞刀弄戟的一介武夫，一个奉谕行事的木偶。

孟子对慎将军说："不是教化民众，让他们尊礼从善，过和谐安详的日子，而是驱使他们去打仗，争夺周边邻国的土地，这是祸国殃民啊！这样的事情在尧舜之世也是不能容忍的……"

"君子侍奉君王，应该引导君王施行仁政，岂可以杀人来开疆拓土？"

慎滑厘被"骂"得血气直冲脑盖，面皮涨得血要喷出来，说了一句为自己辩解的话：

"此则滑厘所不识也。"②

---

① 〔清〕焦循《孟子正义》"梁惠王章句下"，中华书局2017年6月版。

② 〔清〕焦循《孟子正义》"告子章句下"，中华书局2017年6月版。

十

孟子在鲁国停留的时间仅约数月，在当年就离开鲁国赴滕。

此前，滕文公还是太子时，曾在出使楚国途中，两次拜访孟子，留下了深刻美好的记忆。在滕定公去世后，滕文公又两次遣人向孟子请教丧礼事宜，可见文公对孟子的敬重。

在这一年（公元前322年），滕文公先是"五月居庐"为父王守丧，其间无任何"命戒"。居丧结束，即礼聘孟子赴滕。安排孟子"馆于上宫"，可见滕文公对孟子礼遇之厚。"上宫"是一处什么样的住所呢？是不是可以理解成君王用来接待高级使臣或尊贵客人的楼馆？总之是待遇不菲。有学者认为，孟子在滕三年，生活待遇和学术影响力都有了极大提升，所谓"后车数十乘，从者数百人"的气派，大约是在滕开始有的。

君王的座上宾，朝野上下自是无人敢怠慢。

《孟子》中载孟子与君王对话最多的是三人，梁惠王、齐宣王，另一位就是滕文公。

从一处细节可证，孟子在滕时拜其门下或登门求教的弟子之多。某日，孟子入住的"上宫"，有一双尚未完全织好的鞋子不见了，宫舍小吏遍寻犄角旮旯就是找不到，就问孟子："是不是追随先生的那些人，有人将鞋子收起来了？"

孟子很不开心地反问："你以为他们到这里来，是为了偷一双鞋吗？"

宫舍小吏解释道："我说的不是这个意思。您老先生在这里开课授徒，来来往往的人很多，其中难免会有品行不端之人，没准有人顺手牵羊将鞋子拿走了呢？"①

有人以此事为例，称是有人怀疑孟子偷鞋，导致孟子心情不悦，这其实是不对的。宫舍人员，只是疑心前来求学的人太多，上宫一时门庭若市，其中难免鱼龙混杂，与孟子本人及贴身弟子是毫无关联的。孟子也不至于因此事而心情大坏，乃至要离开滕国，这未免太小看夫子气度了。

对于孟子出行"后车数十乘，从者数百人"的气派，其弟子彭更曾与孟子做过专题探讨。

他们的探讨未必是在滕国时，因为话语中有辗转于各诸侯国之意。无妨想象一下，孟子的车队所到之处，该是何等引人注目。几十辆车，车上坐满了学生，这气场好生了得。车辚辚，马萧萧，车后卷起一团团尘土，从这一诸侯国，"卷"入另一诸侯国，简直就是一座流动的学宫啊！

如果是将帅挥师出征，几十辆车、数百人又算得什么？但这不是军队出征，而是一群读书人驭马扬鞭，气宇轩昂地游走于诸侯国之间。

这一奇特的景观，大概也只能发生在春秋战国时了。

弟子彭更对此有些困惑，坦诚地向老师提出质疑："后车数十乘，从者数百人，以这样的阵势辗转于诸侯间，吃香的、喝辣的，这样做是不是有些过分？"

---

① 杨伯峻《孟子译注》"尽心章句下"，中华书局2018年11月版。

孟子回答道："如果所行不在义理上，则一箪食也不可受之于人；如果所行在义理上，即便如舜，尧以天下授之也无愧于心，不会感到受之过分。你怎么会有这样的顾虑呢？"

彭更说："我说的不是这个意思。读书人没有做什么实际的事情而获得优厚的生活之资，是不可以的。"他的原话是："士无事而食，不可也。"

孟子对此将自己的理念告知彭更："即便在农夫与农夫之间也是应该互通有无的。农夫有吃不完的谷粟，如果不拿来与他人交换自己需要的其他生活用品，多余的谷粟就会浪费烂掉；织女有多余的布匹，也要拿出来与人交换，获得必需的生活物资。制作车辆的工匠，可以通过自己的技艺获取生活用品，而推行礼仪、孝道、以仁义化育天下的人，难道不如做车轮的工匠吗？你为什么重前者而轻后者呢？"

彭更有这样的困惑出现，在农耕文明的早期是可以理解的。而孟子的思维显然要超前不知多少。他意识到了社会不同分工的必然性，意识到了从事脑力劳动，致力于人类思想文明构建的士人存在的重大价值。因此"后车数十乘，从者数百人"，享有必要的物质生活待遇，有什么不妥呢？[①]

孟子收徒授业，虽然声势浩大，但也并非如宫舍小吏所说的"来者不拒"，他是有自己的选择和门槛的，不想收的，甭管其人有什么后台，他则统统拒之门外。不收就是不收。

滕文公的弟弟滕更登门求教，孟子对他提出的所有问题，一

---

① 〔清〕焦循《孟子正义》"滕文公章句下"，中华书局2017年6月版。

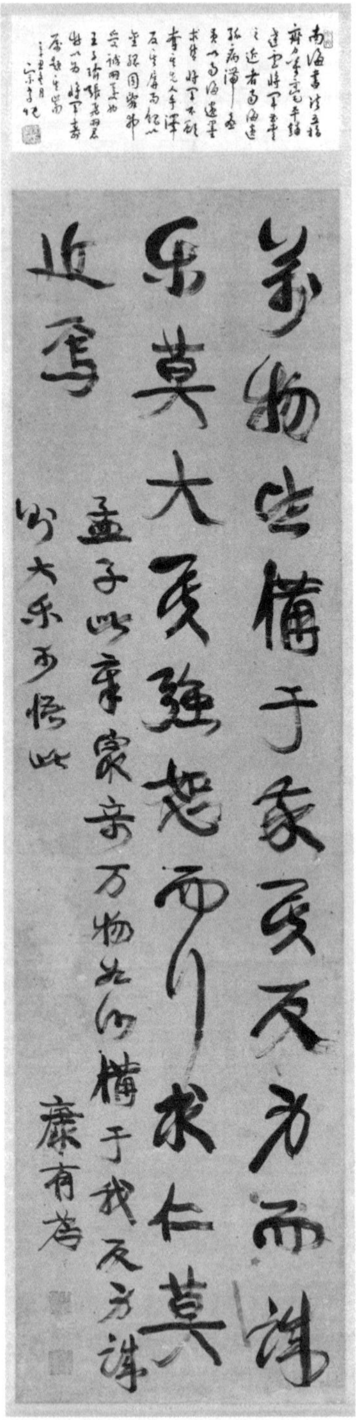

清　康有为　书孟子轴

概示以沉默。

弟子公都子问：“滕更登门求教，先生为何不回一句话呢？”

孟子说：“但凡摆出富贵派头来提问的人，表现出自己很有能耐的人，自我感觉年长、见多识广的人，有功勋在身、自觉高人一等的人，以为自己与某权贵有故旧之情的人，我都不作回答。这五种情况，滕更占其二，所以不作回应。”

滕更占有哪两种“毛病”呢？孟子未道破。①

孟子与滕文公有多次面谈国事，最系统完整阐述治国理念的一次载录于《孟子》“滕文公章句上”第三章中，其中有直接回答，也有滕文公派人询问，孟子所作的回答。

当滕文公问为国之道时，孟子脱口而出的第一句话是：“民事不可缓也。”有人将“缓”理解为不让百姓怠惰于农事。而笔者认为，孟子是对王者发声，他的指向当然是为君者如何做。应当把百姓的生存生活问题放在当务之急，不得怠慢之。勤政以待民。

涉及百姓的生活问题最主要的是哪些呢？孟子引用《诗经》里的一段话来阐述：“昼尔于茅，宵尔索绹；亟其乘屋，其始播百谷。”其意为白天要抓紧时间去割茅草，夜晚则不停地搓绳索；有这些材料，就可以把居住的房屋修缮、扩建、加固好。然后一过寒冬，春气回升、万物生长之时，就得下地耕作，不误农时。如此这般，百姓住和食的问题就有保障了。

如何对待百姓的生存问题，孟子有一句经典论述：“民之为

---

① 〔清〕焦循《孟子正义》“尽心章句上”，中华书局2017年6月版。

道也，有恒产者有恒心，无恒产者无恒心。"百姓拥有了稳定的生活资料，才有可能追求更高层次的精神境界，如果连基本生活都不能保障，怎么能苛求他们去追求礼仪仁道？为了活下去，他们被逼无奈时就会铤而走险，去做损害社会损害他人、有违人伦纲常和法纪的事，从而被刑法惩治。作为王者要反躬自省，避免使百姓从良民堕入罪民。"焉有仁人在位罔民而可为也？"

孟子又讲到了夏、商、周的税制，虽然做法不尽相同，但大致为十征一。适度的税赋，才有可能让百姓辛勤劳作过上富足的日子。需要防止的是，百姓终年劳苦，所获财资却养不活自己的父母子女，导致"老稚转于沟壑"，这是"为民父母"的政府严重失职的行为。

百姓有恒产，生活有保障，政府设学校（庠序）以教之，让一代代的孩子有书读，明人伦，学礼仪，行善道，整个社会上下、左右都会呈现祥和的景象。百姓"出入相友，守望相助，疾病相扶持"，"人伦明于上，小民亲于下"，"暴君污吏"无所为，如此这般，虽然滕国"壤地褊小"，但那些大国诸侯闻之，必尊滕国为师，政事也是大有可为的。①

滕国是只有五十里土地的小国，夹在虎视眈眈的大国之间，如何处理与大国的关系，是滕文公最头疼的国事之一。他向孟子请教，如何避免被大国吞并的凶险？

孟子为滕文公提供了两种路径，如何选择，需要文公自己考量。

第一种选择，古有先例，在史上被传为佳话。

---

① 杨伯峻《孟子译注》"滕文公章句上"，中华书局2018年11月版。

那就是当年发生在太王身上的故事。太王是周王朝最初的部落首领。那时与百姓居住在水草肥美的邠这个地方。外族狄人看中了这块地方，依仗其兵力强盛，发兵围攻邠地。太王派人送去了皮裘、钱币，但狄人不感兴趣；又派人送去了勇猛的猎犬和雄壮的马匹若干，狄人依旧是礼物收下，攻势不减；太王再一次把王室能够搜寻到的珠玉珍宝送过去，狄人仍是置之不理。

太王由此明白了，狄人除了要他的土地，对别的统统不感兴趣。为了守住祖宗传下来的土地，率百姓与狄人血拼，非仁者所为啊！于是太王动员宗室，放弃土地，迁往遥远的岐山之下。"啊，这是仁人啊！"百姓闻之，无不感动得怆然泪下，甘愿扶老携幼与太王一起迁徙。俯瞰漫长的迁徙队伍，犹如仰观天上的彩虹般壮观，而这是用仁者之心织成的啊！

第一种选择效太王而行。第二种选择呢？很简单，那就是守住祖宗传下来的宝贵的封地，与侵略者血战到底，宁可用血染透这片地也不放弃。

孟子说："以上两条路，你可以选择其中一条。"显然，滕文公觉得这两条路都不是他想要的。①

当一个小国之君，在战国时期是一件非常痛苦的事。乃至滕文公听闻齐国要加强薛地（距离滕国数十里）的城防也心生恐惧，如同床上铺了一层麦芒，夜不能寐。

虽然滕文公非常敬重孟子，经常要向孟子请教国事方面的问

---

① 杨伯峻《孟子译注》"梁惠王章句下"，中华书局2018年11月版。

题，自己拿捏不准的就当面求教，或派人询问，但孟子在滕国授徒讲学三年，还是决定离开。

孟子离开滕国肯定不是因为与滕文公有隙，或因为那只上宫失落的鞋子。滕国实在太小了，巴掌大的土地，拥有的民众也肯定不多，要想"大有为"显然不现实。公元前320年，正逢梁惠王"卑礼厚币以招贤者"，孟子便由滕至梁。

十一

今非昔比。孟子至梁（又称魏）受到厚待是毫无疑问的。孟子移动的"学宫"，是一列长长的车马队伍，所到之处，人头攒动，人们都想一睹这位大学者之貌。其声名之响亮，早已非从邹刚至齐时可比。

孟子至梁后受到的礼遇，从孟子与梁惠王多次直接对话即可证。哪似在鲁国，一个小小的宠吏臧仓的阻挠，居然就让鲁平公改变了面见孟子的出行计划。

梁惠王见到孟子的第一句话是：

"老先生，您不远千里风尘仆仆来敝国，有什么高论以利吾国呢？"

孟子答曰："大王，为何言必称'利'呢？我们还是谈谈如何以仁义之道来治理国家吧！

"如果君王脑子里想的，用什么方式对吾国有利；士大夫都想着用什么手段，有利于我的仕途和家庭；普通人都在算计着，干什么事对自身有利；一个国家上上下下都围着一个'利'字转，都将谋利作为追求目标，这个国家就处于非常危险的境地了。

"一个万乘大国，杀掉其君王的，必定是具有千乘实力地位的部属；一个千乘之国，杀掉其君王的，必定是具有百乘实力地位的部属。在万乘国家里，拥有千乘的财资；在一个千乘国里，拥有百乘的财资，他们拥有的财富已经很多了，但是他们如果抛弃义理，而一味地追求满足自己的贪欲，就会不择手段地去争夺。没有听说过，有仁者之心的人，会遗弃自己亲人的，也没有听说过追求义理的臣吏，会轻慢国家君王的。因此大王还是围绕仁义来治理国家吧，何必'利'字当头呢？"

此前梁国在多次征伐战争中失利，损兵折将失地，梁惠王胸闷得天天要灌御医送来的活血化瘀汤药。喝药则忌酒和美色，那些精致的青铜酒器，他好长时间未碰过了；那些搂着他胸腰，软语温情的嫔妃却激不起他的"性"趣。他脑子里转悠的就是用什么高明的手段、计谋，去征讨邻国，把过往的损失夺回来。因此面见孟子这样的大儒，第一句话就是："叟！不远千里而来，亦将有以利吾国乎？"

没料到，孟子一番话，完全推翻了他原来的诉求。让他如酣睡中猛地被巨大的轰鸣声惊醒，一时还处于懵懂之中。他需要细细咀嚼回味孟子之论。

在另一场对话中，梁惠王将心中的苦痛心事和盘托出，期待孟子能为他提供解决方案。

梁惠王说："吾国曾是天下最强盛的国家，先生是清楚的。让寡人心痛不安的是，到了寡人在位，与东边的齐国交战失败（指史上著名的马陵之战，魏伐韩，韩求救于齐，齐派田忌为大将，孙膑为军师，伐魏救韩。魏国派庞涓和太子申迎战，结果魏军中孙膑之计败于马陵，庞涓自杀，太子申被俘。孙膑与庞涓都曾是鬼谷子的弟子），连我的大儿子也死于交战中；西边与秦国屡屡交战失败，被秦国侵占了七百里地；南边与楚国的交战失败，被割去八座城邑，这些都让寡人感到耻辱揪心，很想为那些牺牲的将士报仇雪恨，请先生为我谋划，该如何是好呢？"

梁（魏）国屡战屡败于四邻，其自身有什么应该反思呢？正如孟子在与弟子交流时曾说："夫人必自侮，然后人侮之；家必自毁，而后人毁之；国必自伐，而后人伐之。"①

孟子为梁惠王提供的复兴之路，不是去征伐争夺，而是施仁政取信于民。

他说："即便只有百里之地，仍可以成就王道大业。大王如果施行仁政，减少刑罚，减轻赋税，让百姓有充裕的时间深耕细作，专心于农事；让那些年壮者懂得礼仪忠信，在家孝敬父兄，为国效力则懂得敬重上级，有这样的民众挥戟持戈，何惧秦楚的坚甲利兵？

"而秦楚等国大量占用百姓的农时，使他们不能正常耕种收获谷粟来养活全家老小。父母挨饿受冻，兄弟妻子离散不能团聚。他们如此陷民众于苦海深壑之中，大王的仁义之师出而征之，谁能抵抗你的队伍呢？所以说'仁者无敌'，这一点大王是不必怀疑的！"②

批评了秦楚等国的国政，孟子对梁惠王也提出严厉的批评，实际上是说梁国政务存在的严重弊端，与秦楚等并无本质区别，

---

① 杨伯峻《孟子译注》"离娄章句上"，中华书局2018年11月版。

② 杨伯峻《孟子译注》"梁惠王章句上"，中华书局2018年11月版。

甚至有过之而无不及。用语犀利而尖刻，刀刀见血。

孟子问："杀人用木棒与用刀剑，有什么不同吗？"

梁惠王答："没有不同。"

孟子问："用政治的手段杀人与用刀剑杀人，有什么不同吗？"

梁惠王答："没有不同。"

接着孟子面色沉重，目光如炬似要穿透梁惠王的脏腑："大王请看看你的宫殿内，厨房里堆满了肥厚的牛羊肉，马厩里喂养着四处搜集来的珍贵名马。再去看看百姓过的是什么糟心日子。他们面有饥色，荒野道侧处处可见饿死的尸体，这等于是驱赶猛兽去吃人啊！野兽相互撕咬吞食，人见了都会厌恶；哪有为民父母的官吏，通过行政手段残害百姓的？这与驱赶野兽去吃人有什么不同？孔子说：'一开始制作人像木偶用于殉葬的人，会断子绝孙的。'（原文：仲尼曰：'始作俑者，其无后乎！'）"

梁惠王听孟子一席话，满面羞色，背上的汗如暴雨时屋檐淌水一道道往下流淌。

梁惠王谦卑地表示："寡人愿意听从先生的教诲！"

由此可断，梁惠王已心悦诚服地接受孟子理念，并准备践行于治国的政务了。

但天不助孟轲，其奈若何！

在孟子进入梁国不到一年，梁惠王即患重疾归天。也许因为多年战事折腾，又连连受挫，梁惠王身心憔悴，已无力施行仁政来重振国威了。[1]

---

[1]　杨伯峻《孟子译注》"梁惠王章句上"，中华书局2018年11月版。

他的继承人是梁襄王。孟子见了这位年轻的君王，印象极不佳，事后对人评价："看上去完全不似可以做君王之人，缺少掌驭大国的气势和威严感，突然没头没脑地问了我一句：'天下要怎么才能安定？'"

梁惠王屡屡称孟子"叟"，这是当时对长者的尊称，这位梁襄王的突然发问，显得幼稚而又无礼。对他的提问，孟子仍然很有风度地阐述了自己的看法，但他对梁国的期待已荡然无存。

其结局仍是策马扬鞭，带领他的"移动学宫"再度迁徙。

去哪儿呢？正值齐国齐威王薨，齐宣王新即位，再度发出号令，广招天下贤人，振兴稷下学宫。就是在这样的氛围中，孟子和他的众多弟子于公元前319年第二次来到齐国。

十二

第二次踏入齐国土地的孟子"后车数十乘，从者数百人"，其地位和威名自是与初入齐时不可同日而语。乃至因对孟子充满神秘感，齐宣王悄悄派人先行窥探，看看孟夫子是一位什么样的人。当一位名叫储子的齐人将这一讯息告知孟子时，孟子笑说："我跟普通人没有什么不同啊！即便是尧舜与普通人也无不同。"用更通俗的话说："我也与别人一样，长两只眼，一个鼻子一张嘴。"

这则历史掌故，很容易让人联想起当今某些追星族，虽然在影视荧屏上见过偶像，仍有许多人想一睹真颜。

齐宣王有这样的心理，说明他是非常仰慕孟子名声的，这是他们合作的良好基础。

孟子以客卿之位在齐国待了七年。

"客卿"虽是三卿之一，地位仅次于相国，但毕竟是"客"，俸禄一点不少，但就是只能动动嘴巴，进行理念灌输，左右不了齐国的政局……

希望虽然如断了线的风筝般缥缈无迹，但孟子还是在昼邑驻足了三天。三天后是何时辰离开昼邑的？子时、丑时、寅时、卯时、辰时……不清楚。总之，可以肯定地说，孟子是怀着极度失望和沉重的心情跨出齐国国境的。弟子充虞在途中问："先生的脸色很难看，为何要如此郁闷呢？您不是常常教导我们，'君子不怨天，不尤人'吗？"

孟子回答："君子对待世事的态度，会因时势的不同而变化。按照历史的规律，相隔五百年必有具备雄才大略的王者出现，也必然会有辅助王者成就伟业的贤人出现。自周兴以来，已经有七百多年了。如按年数算，已经超过以往的时间了。但看起来上苍仍未有平治天下的迹象……"

孟子最后说了一句气吞山河的话：

"如欲平治天下，当今之世，舍我其谁也？"

请细细品嚼孟子之言，不少于三遍。

第一遍请大声读出来，让人有荡气回肠之感；

第二遍请一字一顿地轻读，心中会升腾起万般无奈；

第三遍请目读吧，不要出声，只在心中回旋，满腹悲怆会如霹雳在云海间滚动闪击……①

---

① 杨伯峻《孟子译注》"公孙丑章句下"，中华书局2018年11月版。〔清〕焦循《孟子正义》卷九"公孙丑章句下"，中华书局2017年6月版。

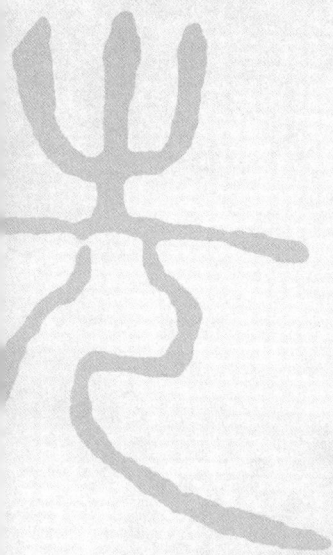

卷六

兰陵的大雪（荀子篇）

上无贤主，下遇暴秦，礼义不行，教化不成……

——《荀子》"尧问"

一

《史记·孟子荀卿列传》记载："荀卿，赵人。年五十始来游学于齐……田骈之属皆已死齐襄王时，而荀卿最为老师。齐尚修列大夫之缺，而荀卿三为祭酒焉。"

对于荀子的故里在何处，历来众说纷纭。司马迁称是"赵人"，可理解为赵国人当无疑。而赵国都城在战国时曾三次迁徙，先建都晋阳（今山西太原），二次迁至中牟（今河南鹤壁），最终定都邯郸，直至被秦灭。因此对荀子故里流行四说，一为（山西）安泽说，一为（山西）临猗说，一为（山西）绛县说，一为（河北）邯郸说。究竟哪一说最靠谱，并无板上钉钉的史料依据。这里不乏地域文化争"贤"的感情因素。笔者认为，我们不妨以包容的态度看待此类"争端"，不必做钻牛角尖的考据，而把主要精力用在对荀子思想内核的阐释、感悟上来。

对于荀子为稷下先生，以及三次担任稷下祭酒（学宫最高长官），后学无任何质疑。《史记索隐》进一步解读"三为祭酒"为三次进出齐国。荀子出入齐国之多，几乎如进入家门般频繁了。

但荀子在何年龄第一次进入稷下学宫，引发后人众说纷纭。钱穆在《先秦诸子系年》中作专章考证，认同《风俗通·穷通篇》所说："年十五，始来游学。"游学必幼年事，年五十始游学，断无是理。如果按《史记》载"春申君死而荀卿废，因家兰陵"推算，至春申君死，荀子已有一百零三岁。因此荀子年十五始游学于稷下，渐成史学界共识。[①]

荀子的导师是谁？无明确记载，钱穆认为是"从学于诸先生，而不名一师"。史书多称荀卿年少时"有秀才"，即英俊聪颖，其智力固非一般学徒可比。用今人话说，当为稷下之"学霸"也。

荀子进出稷下次数频繁，在笔者看来，并非因为在齐国受到特别重用。因其学识高卓，也仅仅是授其"祭酒"之职，并无采其学说而用之于治国理政的记载。孟子在齐，与齐宣王曾多次面对面交流；而史籍无荀子与齐王直接对话的任何记载。荀子说齐相，也只是面见孟尝君，通过相国影响齐王，从实际情形看，时运不济，连雨过地皮湿的效应也无。

二

荀子在稷下学成于威、宣之时，至齐湣王时已是貌伟学富的先生。齐国的国力经威、宣的苦心经营，实力雄厚，而稷下学宫至齐湣王前期也呈鼎盛状，有史书不无夸张地描述，其先生学士

---

① 钱穆《先秦诸子系年》"荀卿年十五之齐考"，人民文学出版社2021年11月版。

蘭陵伯荀況

荀况

达万人乃至数万人。

此时的荀子是否担任稷下学宫的祭酒，无明确记载。"三为祭酒"肯定不是一个任期的概念，应与荀子进出齐国有关。

依仗前人积累的国力，齐湣王野心极度膨胀，乃至要与秦国并称二"帝"。

稷下学宫虽然人数众多，也涌现了荀子这样的大儒，但在齐湣王眼中似乎只是博得尚贤爱才美名的符号，实际上从未将这帮书生（含荀子）纳入视野，他的兴趣点在如何一步步拓展疆土，因此弄得四邻为之恐惧不安，那些以"利"说国的纵横家也就伸胳膊蹬腿，从夹缝中谋取个人名望和资财。

那是一个纵横家叱咤风云的时代，所谓诗书礼义之声则越来越衰微。

在《盐铁论》和《战国策》中，对此时的齐湣王皆有描述：《盐铁论·论儒》中称："及齐湣王奋二世之余烈，南举楚淮北，并巨宋，苞十二国，西摧三晋，却强秦。五国宾从，邹、鲁之君泗上诸侯皆入臣。"

正当湣王举国征伐，四面树敌之时，荀子与相国孟尝君有一次推心置腹的长谈，最终以一句斩钉截铁之声作结："爱民而安，好士而荣，二者无一焉而亡。"而湣王欠缺的恰恰是这两样东西，其结局印证了荀子的判断。[1]

齐湣王在京都城破，逃至莒邑后，被楚将淖齿杀于鼓里。有史书说被剥皮抽筋。曾经不可一世的侯王，竟落得如此惨局，令

---

[1] 方勇、李波译注《荀子》"强国篇"，中华书局2011年3月版。

人毛骨悚然。福祸无常，此之谓也。

　　也许上苍眼中齐国尚不到灭国之时。齐湣王后有襄王，襄王后有齐王建。这些都无足称道，唯有一位王后成为史上美名远扬的不朽佳人。

　　在一片刀光剑影、车马倾轧的乱战中，湣王太子法章从仆佣那里拿来一套衣服换上，混在成堆的难民中逃至莒地。他隐身太史敫——一位普通史官的后花园，求园吏让他做一个侍弄花草的园丁。

　　太史敫之女是一位貌如毛嫱转世的佳人，尚待字闺中，这天读书弹琴累了，闲步到后花园赏花散心。看到一新来的园丁正弯腰给花浇水，就"扑哧"一声笑起来，说："哎，哎，小子，你会浇花吗？哪有像你这样的，一盆水哗啦就倒下去的？"

　　"你说该怎么浇？"法章直起腰来，瞪了敫女一眼。这一瞪，双目对视，两人都有点茫然不知所措了。在法章眼中，此女超凡脱俗、清纯无瑕的婀娜之姿，胜过王宫内无数嫔妃，他怀疑自己的眼睛，世间还会有这般赛过美玉的佳人。

　　而太史女双目一扫眼前这个衣衫有些破旧的园丁，也一时惊呆了，且不说脸皮的英俊之光，那股从破旧衣衫内透出的贵族气，哪里是衣服能够遮裹得住的？

　　一时，两人似都被电击了一般。

　　太史女没有回答如何浇花的问题，转身返回了闺房。待心情平息下来，找了几件清爽、质地好一些的衣衫和一些吃食让仆人送过去。

　　她凭感觉，觉得此男绝非出自普通百姓之家，但也不便细问。自此，二人开始了微妙的情感之旅……

待到田单崛起以火牛阵击败燕军，尽复齐地，四处张贴告示寻找太子，法章在莒地现身，告知官员，自己便是湣王太子。于是，法章从太史敫后院用人，一步登天成为前往京城登基的新君，太史女成为无人替代的王后。[1]

这个法章即继湣王之后的襄王。这个襄王也是一个平庸的侯王，从一细节可证。

为齐复国立下赫赫战功的田单，在渡过淄水上岸后，见到一老人因天寒衣薄，过淄水后浑身瑟瑟发抖，坐在沙滩上，无力起身，就脱下身上的裘衣披到老人身上。这一幕被候任襄王看到了，顿时心生厌恶，居然怀疑田单以此博得美名，将欲取而代之。襄王喃喃自语："田单这么施舍，是企图谋取齐国大位吗？如果不及早防备，恐怕会留下后患啊！"

田单于齐国，可谓忠贞不贰。他用自己的智慧和能力将燕人赶出齐地，如果他想当君王，还用得着通过博取美名来获取吗？他的美名早就誉满全齐，威震诸侯了，他直接坐到"寡人"的椅子上去，无人会反对，何至于费心思寻找湣王之后，将一个无丝毫功绩、只因血缘因素具有合法性的太子扶上王座呢？这个太子法章的见识与智力如此，真的是让人啼笑皆非。这是典型的以小人之心度君子之腹啊！有如此心态的人，怎配当一国之主呢？

襄王说这番话时，正好被一个正在沙滩边岩石下串珠子的匠人听到了。襄王问："你听到我说的话了？"串珠匠人答："听到了。"襄王又问："你觉得我说得有道理吗？"匠人说："如果大王换一种

---

① 缪文远、缪伟、罗永莲译注《战国策》（上）"齐策六"，中华书局2012年6月版。

说法，可能就会为自己赢得善名了。"襄王好奇，匠人也有高见？

匠人说："大王可以下一道旨令，嘉奖田单善行，就这样说：寡人担忧民众饥饿，田单就为我送粮食给挨饿的人；寡人担忧民众衣薄受寒，田单就把身上的衣服脱下来给受冻的人；寡人忧劳百姓困苦，田单也与我一样，他所做的，正符合寡人的心意。"

襄王说："你说得好，就照你说的做。"

这个串珠匠人真乃高人，过了几日，他又到朝廷拜见襄王，说："大王上朝，应该召见田单，奖慰他的功劳。然后勉励他继续关心百姓疾苦，收容那些缺衣少食的穷苦人。这样一来，全国百姓都会交口称颂，田将军这么做，都是执行大王旨令的结果啊！"

好一个串珠匠人！做的是普通工匠的事，操的却是君王的心。此事记载于《战国策》中，让世世代代的人记住了这个匠人。在笔者看来，虽说新朝相国已有人选，但这匠人智慧足以胜任卿大夫，是无可置疑的。①

这个串珠的匠人能从骨子里改变齐襄王狭隘的心胸吗？欲知后事，请继续观察齐国的国运和大势。

三

在荀子说齐相孟尝君之后，荀卿眼见湣王与孟尝君并无改弦更张之诚意，决定一走了之。

---

① 缪文远、缪伟、罗永莲译注《战国策》（上）"齐策六"，中华书局2012年6月版。

荀子没有孟子般的留恋，临出境尚在边境小邑等待三天。湣王非宣王，荀卿也非孟子。时也，势也，人也，皆已非当年。稷下学宫的先生和学士们，也先后四散，各寻生路。荀子算是有先见之明的，在齐国大崩溃前，早早脱身离开了这片即将血花四溅的土地。

荀子和弟子去了哪里？

《史记·孟子荀卿列传》无湣王时荀卿去向的记载，笔者依《荀子·强国篇》所叙内容判断，荀子应当去了秦国。荀子议论毕齐国之事，紧接着便是论述秦政，并对秦国社会状况描述了自己的观感，既有对秦优势的肯定，也有对其弊政的犀利批评。非亲历者，无此等文字。

秦本西部边陲小国。秦孝公时魏人卫鞅入秦被秦孝公任为相，封予商地，因此史称商鞅。商鞅以严苛的法令治秦，其值得肯定之处在公平执法上，上自太子，下及平民，在法令面前，一律平等。其弊在过于苛刻。太子违反了法令，商鞅无法对太子直接施刑，则将太子的两位师傅处以残酷的黥面、割鼻之刑。行法十八年，社会治理效果显现，有"道不拾遗，民不妄取，兵革强大，诸侯畏惧"之说。

不能不说秦孝公是有眼光的君王，在患重疾而知不起时，欲传位于商鞅，商鞅坚辞不受，在太子即位后告归商地。此时，商鞅的灾祸降临了。继位的太子为秦惠王，他将商鞅辞位的美德和气度忽略，却牢记着师傅被黥面、割鼻的惨象。这或并非出于他同情师傅，而是因太子的面子。加上围在惠王身边的人趁机煽风拱火："大臣的地位太重要就会危及国家生存。今日全国妇幼老少，皆言行商鞅之法，不言君王的功绩，岂不是将君臣之位倒置了，究竟谁为君，谁为臣？更何况商鞅本就是大王的仇人，该怎么处置他，请大王早决断！"

于是行苛政者，最终自个儿也身亡于苛政的利刃下。不是"利刃"，是被车裂——五马分尸。对于商鞅遭惨刑，秦国百姓无人表现出同情之心，甚至当笑话看。[①]

太子登基后，商鞅获悉自己将面临灭族之难时，也曾想另找去处避祸，怎奈往哪里逃都遭到百姓围堵。其人残毒百姓之身，百姓则用"心"给他筑了一道厚厚的围墙。于是他只得仰天长叹："秦国的弊政，已经严重到了如此地步吗?"因此有后儒称，商鞅不是被杀，而是自杀。

商鞅年少时从魏相公叔座任中庶子，喜刑名之学，聪颖过人。公叔座临终前，魏惠王问国事可托付之人。公叔座说："家中的中庶子公孙鞅（即商鞅）有奇才，虽年少，但可用。"然后又屏退左右之人，私语惠王："此人如王不用当杀之，勿使其去他国。"公叔座看出惠王无起用公孙鞅之意，又召公孙鞅，告之以实情。让他赶紧逃往他地。公孙鞅表示疑惑："大王既然不听君之言用我，又怎会听君之言杀我?"

总之，商鞅不得意于魏，趁魏王未及下杀手，迅疾逃至秦国。秦孝公宠臣向孝公推荐商鞅，前两次商鞅对孝公述之以贤君之道和王道，孝公都昏昏欲睡，嫌那些招数见效太慢。第三次商鞅以强国之术，即驭民之法术说之，孝公亢奋得胡子抖动起舞，连呼："就这样，就这样……"

---

① 缪文远、缪伟、罗永莲译注《战国策》（上）"秦策一"，中华书局2012年
6月版。

由此观之，商鞅行苛法，也并非其人独立之主张，而是迎合了秦王的内在需求。这也是商鞅与荀子根本区别之一。商鞅迎合君王而施帝王之术，而荀子则坚守儒道立场：行我之道则留，违我之道则去。迎合，则是士人之耻辱。商鞅在士人中一直口碑不佳也在此。

但商鞅的"猛药"确实改变了秦国的国运。政令的繁苛固然让人诟病，但其竭力树立政府的诚信，有令必行、行必果之功，也不能抹杀。秦新法初行之时，商鞅为在民众中树立政府诚信形象，遣人在南门外立三丈高的木头，发布告称，如有人将木头搬至北门，立赏十金。初始，木头周边围满了人，窃窃私语，岂有此等好事？长时间无人去搬木头。于是商鞅又将赏金添加至五十金，终于有人下手。木头放下，赏金到手。金光四射的一大盘金锭，让那些围观犹疑者眼球红得要滴血。

自此朝廷每下政令，无人怀疑，违抗者按法责罚。太子师傅的鼻子也是为树立朝廷诚信被割掉的。北宋王安石就此在《商鞅》诗中赞叹："自古驱民在信诚，一言为重百金轻。今人未可非商鞅，商鞅能令政必行。"就"诚信"而言，儒、法精神元素中都具有。

面对商鞅变法带来的秦国大势，可以想见，荀子进入秦国后会受到什么样的"礼遇"。据战国史记，有儒不入秦之说。荀子应该是第一位进入秦国境内的大儒。

荀子进入秦国境内的消息，应该有人即时通报给相国范雎了。但荀子没有直奔都城去见范相，而是走走停停，似一位观光客，只是他不仅仅对名山大川、花鸟虫鱼感兴趣，更对民风民俗感兴趣。他喜欢住下后，到周边田地转一转，与正耕作的农夫闲聊，也常在早晨到附近集镇，听小商小贩们吆喝，看交易者如何讨价还价，走走、停停、看看，用了相当长时间才抵达咸阳。

荀子见到秦相范雎，范雎迫不及待地问："先生到秦国印象如何？"

荀子首先描述了对秦国山川风物和社会治理给他留下的美好观感，他说："秦国所处之地，据有险峻的山川要塞，林木茂盛，物产丰赡，这是秦的自然地理优势。进入秦国境内，观民风民俗，百姓生活简朴安定，其娱乐也好，服饰也好，都给人纯朴的印象。他们敬畏管理人员，生活井然有序，古代民众生活就是这样的。再看都邑官府里的臣吏们，办事恭谨认真，勤恳而不懈怠，对上忠于职守，对下讲究诚信，早先的官吏就是这样的。到了都城，身处殿堂高层的士大夫们履行公职，也都非常守规矩，出了家门，便直奔公门，离开公门，则回到家中，不相互串门，不营私利，不结朋党，都在认真地做公事，古时候的士大夫就是这样的。朝廷要办的事都立作决断，绝不拖泥带水，机构运行的效率也很高，古代朝廷处理政务也都是这样的。

"上下观之，皆有古风也。秦国四代君王都能维持强盛态势，绝不是偶然的运数，是有其内在必然性的。

"所以，秦国看上去似乎不费什么力气，而社会秩序井然；没有很多繁杂事，功绩却很有成效，这算得上是社会治理相当高的境界了！"

说到这里，荀子话锋一转，对秦政提出了更高的要求："秦国做到这一步固然不容易，但为何还忧惧他国合纵来吞并自己呢？这是因为用王者的功绩名声来衡估，差距还很大，这是什么缘故呢？是缺少用儒家王道来行政的人吗？所以说，纯用儒道而王，杂取各种有效方式可称霸，二者皆不具备，必然走向灭亡。"

荀子没有全盘否定秦政，认为采用目前的方式可以成为一方霸主，但若要王天下，则必须用儒道来治理国家。

对秦国存在的弊端和致命问题，荀子在这里未详细论述，似乎语焉不详。但在荀子回答李斯提问时，荀子有较为详尽的批评。荀子与李斯的对话，除了在《议兵》篇中有记载，在《强国》篇中再次涉及。

李斯在某个场合问："如何看待秦国呢？"

荀子的回答，主要集中在秦国看起来强盛，但为何又成天胆战心惊，害怕其他诸侯联合起来将其吞并。其内核必有虚弱处。荀子道出其软肋在何处，可谓有先见之明。秦国靠法术苛政立国，断难依靠法术苛政续命。

他回答道："秦国仅仅靠高压强力驱动民众终究是行不通的，只有行儒家的道义之术才能够持续。要论威和强势，秦不在商汤、武王之下，要论地广物茂，秦不在舜、禹之下，但为何秦君仍然忧惧不已，常担心天下诸侯联手将秦国灭掉？为何说秦的威和强，胜过汤、武呢？你看那个楚怀王，已死掉三十年了，但他的教训很深刻啊！当年楚都被秦攻陷时，他背着三块祖宗的牌位逃到陈、蔡小地方，还做着想复仇，直捣秦腹地的美梦，结果呢，秦王支使他往东，他不敢往西，秦王喝令他往西，他不敢往东，这就是秦的威和强，靠这个役使仇敌。为何说秦地之广，超过舜、禹呢？当年舜、禹在统一天下前，封地没有超过千里的，而秦的疆域远远超过千里，四邻的很多山川沃土，都被用刀剑兵马纳入了它的版图。因为其不断地争夺，构衅邻邦，因此成天担忧他人来复仇吞食自己。秦国拯救自己的方略，唯有节制强力争夺，用礼义取信于天下，那么诸国就会共同来明是非、正曲直，让百姓过上安定的日子。他们的政令不出于关塞，但天下都会听从；如果筑明堂于塞外，诸侯也会拜服于殿堂下的。当今之世，扩展礼义诚信，比扩展疆域更重要啊！如此这般，还会忧惧他国来灭掉自己吗？"

荀子是政治家、思想家，甚至也如现代社会出现的心理学家，国家品牌形象的塑造者。要言之，礼仪之邦是不会有生存危机的。

也许是荀子的一番话经范雎转达后击中了秦昭王的"痛点"，如若真如荀子所说，秦行儒道能使天下拜服，而不是压服，当然是他乐观其成的。但儒道真那么管用吗？在秦国行商鞅法后多年，还能变更轨迹行儒道吗？

于是秦昭王决定面见这位大儒，随后也就有荀子与秦昭王的对话——

秦昭王问："据说持儒道的人，对国家没有什么实际益处，是这样的吗？"

秦王关心的，与孟子见梁惠王时，梁惠王关心的问题和着力点如出一辙，都是"何以利吾国？"，这里换了一种说法，质疑儒学那一套有无实际功用。

荀子的回答围绕昭王关心的问题展开："儒者效法先王，推重礼义之道，忠于为臣的职守，尊重他所服务的君王。人主重用他，他会尽全力施礼义于朝廷；人主不用，他也会做一个安分守道的百姓。哪怕穷困挨饿，也不会通过邪门歪道满足贪欲；哪怕无立锥之地，也会坚守心中的道义；即便疾呼宣讲道义无人应从，他们也不会放弃为百姓谋生计、育礼义的追求的。持儒道的人，他们在高位时，是称职的贤能的王公之才，在一般职位上也是朝廷所依仗的重要大臣，他们都会被国君视作治国的稀缺能人。有的人虽隐于简陋偏僻的地方，但知道的人，对他们都会很敬重，因为他们是具有持道守诚品格的人。"

说到这里，荀子以孔子为例，说明"儒者在朝则美政，在下则美俗"，儒者无论处上或处下，都会推动社会或朝政变得更加美好。

听了荀子的这番话，昭王似仍在云里雾里，于是有了第二问："如果儒者处人上之位会怎样呢？"

如何理解秦昭王"人上"的定位呢？似乎可以理解为处人主之位，又似乎可以理解为处君王之下、万人之上之位，总之，应该是可以操控整个国家、握有大权的人。持儒道之人，如果给了他治理国家的权力他会怎么做呢？

荀子答："儒者处'人上'之位，他发挥的作用就很大了！他有坚定的意志和目标，修礼义于整个朝野，用法规约束制衡每一位官员，推广忠、信、爱、利于广大百姓。如果通过做一件不道义的事，杀一个无罪的人而获得天下，他也绝对不会去做的。如此恪守义信的举动遍传四海，闻者皆会发出赞美的欢呼声。附近的民众就会为之鼓舞讴歌，远方的人也会蜂拥而至，四海之内围绕在此信义的轴心下而成一家。这样的处'人上'的儒者，就可以成为人之师长了。如《诗经》所说：从西方至东方，从南方到北方，没有人不对此崇敬而拜服的。"

最终荀子回应秦王前面的质疑："儒者处下位时，品格高尚，以道义修身，处上位时推动整个国家更美好，怎么能说无益于国家呢？"

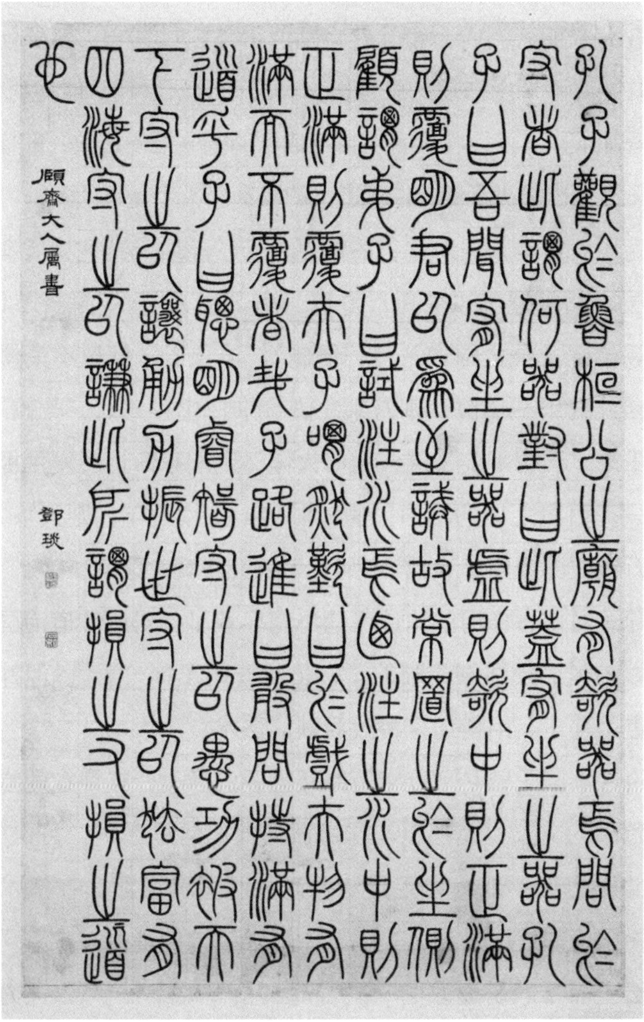

清 邓石如 篆书《荀子·宥坐篇》轴

秦昭王应声："说得好！"①

在荀子的答问中，有几处特别值得关注：其一，荀子强调礼义，并同时强调用法规约束官员；其二，对于百姓，他将利与忠、信、爱并举；其三，将儒者对自身信念的坚守推向极致，即便给你一个天下，也坚决不做一件不道义的事，杀一个无辜的人。

为了矫正秦昭王对儒者的偏见，荀子随后又特地将儒者分成不同层级和类型，以免鱼目混珠。有"俗人"，如果将"俗人"置于高位则万乘之国亡；有"俗儒"，虽"俗"但也不失儒者本色，因此任用"俗儒"则万乘之国会维持生存；有"雅儒"，用之则千乘之国会平安发展；用"大儒"则国家命运会发生根本变化，只有百里之地的小国，假以时日，持续三年，则天下归一。至于万乘之国重用"大儒"，则天下统一在朝夕之间。

荀子对儒者作用的论述可谓淋漓尽致了，对用儒道治国带来的美妙前景的描述够清晰的了，虽然秦昭王称"善"，但并未因此而重用荀子，用儒道来替代商鞅的法术。

也许秦昭王曾私下征求范雎及重臣的意见，或许在朝堂有过更大范围的密议，儒道派与法术派为此而唇枪舌剑，各执一端。果有此类史实，最终肯定是法术派战胜了儒道派。在法术派看来，秦国历四代而崛起，是论辩中最强有力的证据。

秦王需要的是速效的"兴奋剂"和"猛药"，可以强力激活他的神经，有助于秦国一举扫荡对手，冲出"终点线"。而这剂"猛药"正是商鞅配制的，既如此为何还要另换药方呢？这与临

---

① 方勇、李波译注《荀子》"儒效"，中华书局2011年3月版。

阵换将，岂不是同类大忌。

秦国的战车正在原有的轨道上迅猛地向前滑行，而这个"轨道"对秦的"雄起"又是行之有效的，可以想象，秦昭王和范雎是不会因荀子主张而更换"轨道"的。

荀子在秦国的命运可想而知。他当然不会屈己而事秦。双方都无合作意向。但让他始料未及的是，他的两位弟子——李斯与韩非，却成为助力秦灭六国一统天下的有力推手。

至于"眼看他起高楼，眼看他楼塌了"，那是历史的续章。很多起楼的人，是不会想到楼会塌的。疯狂的马车不会永无休止地"疯狂"，不知何时因轮毂的断裂或马蹄的骨折，咣啷一声人仰马翻。

荀子离开秦国后，该往何处去？

按照《史记》的说法，荀子在齐襄王时去了齐国，任祭酒，然后便是遭受谗言，而适楚，被楚相春申君黄歇任为兰陵令。在春申君死后，便在兰陵乡居以著书终老。但司马迁或限于史料搜集有限，如荀子入秦批秦如此重大的事件却无一字记载。荀子还去了另一个大国赵国，与临武君"议兵"于赵孝成王之前，荀子以其睿智的论辩让临武君膜拜。本著在前卷中有描述。荀子究竟在入秦后是先回齐，任祭酒，再适赵，最终落脚在楚国的兰陵？还是先适赵，再去齐国，再去楚？

古籍中年代记载的缺失或混乱，使得后人为此绞尽脑汁。按司马迁的记载，荀子终老地在兰陵，而按现代学者钱穆先生考证，荀子的终老地似在赵。那么，笔者该听谁的？愚以为在何处终老并不重要，正如我们争论孔子享年七十二还是七十三也不重要，最重要的是我们应该深入圣贤的思想内核，让它永远烛照污浊的时世，成为推动人类文明走向高阶的动能。这才是最具价值的。

四

荀子在齐国虽"三为祭酒"，职位也仅止于学长而已，齐王连见也不屑见。可见稷下学宫在湣王之后已不复往日之盛况。对于先生、士人来说，当作一个可以授徒讲学或安身读书的处所，倒也是一个不错的过渡选择。学宫后期培养出包括荀子在内的众多诸子，也算功不可没。关于荀子适赵，已有描述，无更多形迹可录，且略去。

荀子一生中的时光，除了在齐国最长，其次就是在楚国了。

荀子在齐襄王时再入齐，不仅未见齐襄王征询政事于荀子，连荀子与相国田单也未见有交往的记载。这不仅是荀子的悲哀，也是稷下学宫的悲哀。秦国趁机派人潜入稷下挖人才，荀子弟子李斯选择去秦国实现由"厕鼠"变身"仓鼠"的抱负，也就势所必然了。

荀子入楚，受到春申君的礼遇，被封任兰陵县令。有人觉得将荀子屈尊为小小的兰陵县令，是不是对荀子的轻慢？非也。在战国时期，官员有一处自己可以发号施令的封地，那是一种很优厚的待遇。这样的安排荀子肯定是乐意的，兰陵有百里之地，既可以将自己的治国理念付诸实践，又有足够的物质条件可以授徒讲学。对于春申君来说，荀子及其徒是他的智囊团队，有难题随时可以咨询，而待时机成熟，如需进一步提升荀子职位，也是举手之劳的事情。

荀子的命运是随着春申君在楚国的命运而同步起落的。

春申君本名黄歇，是战国四君子之一。其他三位为齐国孟尝君、赵国平原君、魏国信陵君，他们的共同特征是广招贤才，厚养宾客，位处相国，叱咤风云。他们的名望在大多侯王之上。

春申君任相国八年后，荀子被其任命为兰陵令。春申君的地位不是君王，其实胜过楚王。如无春申君，哪来时任楚考烈王的王座呢？他被扔到异国他乡哪座乱坟岗上去也未可知。因此春申君在楚考烈王心中的地位是难以摇撼的。

此前若干年，秦将白起攻楚，连克数地，楚怀王先是逃至陈县，又被秦国引诱入境后扣留，在辱愤交加中死去，年轻的王子即位，斯为楚襄王。襄王恐秦国继续攻楚，派学识渊博、擅长论辩的黄歇为使，前往秦国，说服秦人罢兵。这是一项艰难的使命，能完成则楚国可存，否则，楚国旦夕危亡。

黄歇抵达咸阳时，白起的兵马已整装待发。而秦昭王压根儿不把楚使放在眼里，在他看来楚使无非是为保楚充当说客而已，根本无面见的打算。

此时黄歇修书一封，交给秦臣转呈昭王。

司马迁写历史人物，虽然试图文质兼具，但限于史料搜集的困难，常常一个重要人物寥寥数百字便收笔，如对荀子的描述，简略得几乎是过于草率了。但对于黄歇的这封数千字的信件却不吝笔墨，全文引录，使今人能一窥春申君战略性的思维眼光和雄辩的文字表达奇才。他不是站在楚国的角度，而是以秦国视角来分析攻楚的利弊，最终令秦王不得不信服，决定对楚国休兵，但条件是将楚王太子送至秦国做人质，而黄歇则成了太子的伴师兼人质。[1]

数年后，在秦国做人质的太子面临命运的关键时刻。他的父王楚襄王患重疾，随时可能撒手归天，如果他不能回国，王位即可能落入旁系。怎么办呢？

黄歇找到秦相应侯，说："相国一直善待楚太子，太子对相国也始终心存感恩之心。现在楚王患重疾，一旦离世，王位落入他人之手，恐对秦、楚关系不利，希望相国说服秦王放王子回国继位，新王必然会对秦国友好相待。而把王子留在秦国，他失去继位机会，也就一布衣耳，有何价值呢？"

应侯将黄歇一番话转述秦昭王。秦王觉得就这么轻易放楚太子回去，心有不甘，说："那就先让他的师傅黄先生回国，探探楚王病情再作决断。"

黄歇与太子商量，认为如此可能会误事，毁了太子前程。在此刻，黄歇果断做出一个可能以身殉国的决定，让太子换上旧布衣衫，混在平民中出关，然后换上快马，迅速返回楚国都城。而黄歇在馆舍里让人熬药，一阵阵草药味飘出门窗，让路人一闻而知主公有疾。对来访者一律婉拒，自称身体有恙，不能见客。数日后估算太子已入楚境，黄歇才向秦王面报："楚王病重，太子已先行回国。此举实属无奈，歇有违王令，愿王赐死。"

---

① 《史记·春申君列传》。

秦王听了气愤地拍柱子、踢案几，但也不能立即下令将黄歇杀掉。杀他国人质，这名声毕竟不好，就对应侯说："让他自行了断吧！"

此时的应侯显得冷静而有智慧，说："黄歇身为人臣，愿以身殉主，太子立，黄歇必为其左膀右臂，不如索性做个人情，放黄歇归国，他日必对秦国友好！"

秦王一想，说得对啊。既已成事实，即便杀了黄歇又能如何？于是无罪释放黄歇。

果然，太子回国后楚襄王即归天，太子即位，斯为楚考烈王。他任命黄歇为相国，封号春申君，同时赐淮北十二县为其封地。

经历了两次"危难"而又"高光"的举动，黄歇不仅由一位普通的大臣华丽一跃，成为楚国二号人物，同时威名震动了整个战国时代的诸侯。几乎朝野上下、街衢里弄都在说春申君。

但笔者发现，不知道这是不是人性的一道魔咒，人处在困厄时，其智商常常是在高阶上运行的；一旦处高位，既富且贵，其智商和判断力，常常会下滑跌落到百分之五十以下，乃至不可思议的最低点。

对于这一点，齐国义士鲁仲连的目光犀利，看得最透。

齐湣王死后，田单处困境时用火牛阵等奇招击退燕军，尽复七十二城。但有一处地盘很小的地方名为狄，仍被燕人占领。田单准备率兵将其平复。军队临出发，田单去拜访鲁仲连。未料想鲁仲连兜头给他泼了一盆冷水："将军攻狄不会成功的！"

田单不以为然地回复道："我依托区区只有六七里大小的城郭，率领着一批残败兵将和布衣之众，最终将万乘之国的强大燕军赶出齐地，现在连巴掌大的狄城也拿不下，岂有此等怪事？"说完，登上马车就率军浩浩荡荡杀向狄城。

这个鲁仲连真乃神人也，战况如其所料，田单连攻狄城三月，血流漂橹，仍见不到获胜的可能。齐国里巷有小孩子传唱歌谣，嘲笑田单将军："啊，将军的帽子大得像簸箕，只能用剑撑着下巴，看着败退的士兵，白骨都堆成山丘了，还是攻不下！"田单虽急火攻心，却也无奈。只得暂停攻城，转身再拜访鲁仲连，请教其久攻不克的原因。

"先生神人也，请告诉我久攻不下的原因吧！"田将军挂剑单腿下跪，堂堂相国，这礼仪够虔诚的了。

鲁仲连称："某非神，只是旁观者清罢了。将军在即墨小城时，虽是领军，但如布衣一般，与士兵、民众席地而坐编织草筐，站起来即和大伙儿一起铲土，教导士兵说：我们没有别的活路了，国家已经亡了，我们除了死战以求生，别无选择了。那时将军拼死一条心，冲杀在前，战士们也都听你号令，激愤求战，这就是将军能转败为胜、大破燕军的原因。如今将军富贵尊荣齐国无人可比，东边有肥沃丰厚的大片封地，西边淄水畔筑有管籥之声不断的娱玩馆所，身着犀兕皮革精制而成的将服铠甲，其乐无比地穿越在淄水和渑水之间，临阵脑子还惦记着日子怎么过得更快活，哪还有当年拼死一战的决心，所以将军攻不下狄城！"

田单听鲁仲连一席话，如被用棒槌捶击脑门。说鲁仲连是神人未必妥帖，只是他目光如刀，插入了人性的骨髓深处。

这位春申君人性变异的轨迹与田单如出一辙。他担任五国合纵攻秦的"合纵长"，是联军的最高指挥官，威望可谓在诸侯之上，但他任用曾是秦军败将的"惊弓之鸟"临武君担任先锋，证明其识人用人、调兵遣将的才干、智力，与"合纵长"的位子实在不相匹配。相国的权力，其在楚国可谓无人挑战，以楚考烈王与他的特殊关系，国王也只能处处听命于他。但要把各怀鬼胎的五国联军捏成五指紧握的拳头去对付强秦，岂是春申君的才能可驾驭的？其结局可想而知。

春申君智商的滑落不仅于此，更离奇的还在后面……

五

因有春申君的照拂，荀子在兰陵度过了一段他人生中最美好的时光。

如果以春申君相楚二十五年计，荀子在春申君为相八年时入楚任职兰陵，在兰陵生活时长约十六七年，这正是他生命中精力最旺盛、学术思想达至巅峰的时段。

兰陵占地面积不小于百里，相当于周太王初始部落地盘面积了。荀子在这里授徒、讲学，同时将他的治国理念付诸实际政务，将兰陵治理成了安定、祥和、道不拾遗、夜不闭户、物产丰赡、民知礼仪的儒者的"理想国"。也许，周边居民也迁徙到兰陵境内，这里形成了一个口口相传的巨大磁场，名气也越来越响。

李斯、韩非是在稷下学宫拜荀子为师，还是在兰陵拜荀子为师，史无明确记载，这两个时段皆有可能。

此时荀子拥有的影响力和阵势应不在孟子之下。孟子后车数十乘，随者数百人。荀子在兰陵时门庭若市，慕名者纷至沓来，则是毫无疑问的。

如果春申君是"大有为"之人，将荀子在兰陵的模式推而广之，成为楚国的国策，以楚国万乘之实力，还会不会有秦人的戏，真的不好说。遗憾的是，春申君非孟子所称誉的"大有为"之人，因此楚国最终也只能被踩踏在秦人的铁蹄下。

曾经智慧过人的春申君，居然成了被门客牵着鼻子转的三流庸人。有门客对春申君说："当年商汤初起时的部落之地亳（在今河南商丘一带）、周武王初发时的地方镐（西周都城，今陕西长安一带），其占地面积都不超过百里。而荀子是天下闻名的贤人大儒，他掌控的兰陵地盘超过百里，以其声望和发展势头，相国觉得这样合适吗？"

春申君明白门客的潜台词：荀子将挟兰陵之势，不仅取代他的相国之位，也必将对楚生存构成威胁。将来楚国是谁家的王朝难说啊！

春申君以什么方式解除荀子兰陵县令职位，如何以委婉的方式将荀子礼送出境的，史书未有详述，《战国策》只记载道："（春申君）使人谢荀子。"一个"谢"字颇耐人寻味，春申君既要辞退荀子，又不使荀子感到生硬无礼，这是一个高难度的方式，给后人留下了无穷的想象空间。

荀子因此离开楚国去了赵国，被赵国待为上卿。

此时，又有门客对春申君说："从前伊尹离夏去了殷，助殷获得天下而夏亡；管仲离开鲁国被齐国任用，鲁国衰弱而齐崛起成诸侯之霸主。有贤能的人辅助，其君王会受到敬重，国家就会富强。今荀子是闻名天下的贤人，相国为何要辞退呢?"

春申君听了，表示赞同，欲改变主意，但荀子已辞别楚国。他又派人去赵国请荀子回楚。荀子修书一封，请来使捎回。书曰："常有人言：结满麻风疮疤的人可怜那些君王。这是一句听上去对君王不恭敬的话，但值得我们深思。麻风病人是嘲笑那些死于非命的国君。人主年幼缺少审察能力，往往难识别身边那些奸诈专权的人。这类人往往废掉有能力的长子而立没有能力的幼主，废掉应当继承王位的，而立义不当继承王位的。《春秋》记载道：楚国王子围（楚共王的儿子）奉命出使郑国，还未出境时，听说楚王郏敖生病了，就立即返回宫中，迫不及待地用冠带绞死了楚君，对外发布号令自立为王。齐国大夫崔杼的妻子貌美妖冶，齐庄公与其私通，崔杼率亲信兵马围攻他的王宫，齐庄公许诺与他平分国家，崔杼不答立，又退而求其容许他自杀于宗庙，崔杼依旧不答应，庄公只得翻墙逃生，被崔杼的下属用箭射穿了屁股，齐庄公跌落于地，被一刀砍去了脑袋。齐庄公的弟弟景公（齐灵公的儿子，名杵臼）被立为国君。

"再往近处说，赵国的李兑专权，困君王主父于沙丘宫内，不给他吃的喝的，熬了一百天，活活被饿死。而那个齐湣王重用淖齿，到头来却被淖齿抽掉身上的筋，吊在宗庙的大梁上，在极度痛苦中死去。呵呵，难怪身上结满麻风疮疤的人会嘲笑那些高高在上的君王。他虽有先天性的病，但活得比那些君王自在啊!他不会死于被绞杀和饥饿，也不会死于被抽筋和被箭射穿屁股，由此可见，他可怜那些死于非命的君王是有他的理由的。

"请听我再赋诗一首：珍宝隋珠，找不到适合佩戴的人啊，粗布杂物与丝锦混成了一团。人间美女闾娵和美男子奢，却无人上门去说媒；那个丑女嫫反而分外讨人喜欢。把聋子、瞎子说成耳聪目明的人，这个世上为什么以是为非，以吉为凶？呜呼——上天啊，这个世上很多事为何惊人地相似？《诗经》上说：上天总是很神明的，人啊遭受的灾祸都是自惹的。"①

这是一封奇特的信，荀子没有直接回应春申君来使的邀请，而是讲了一系列远近历史上发生的君王死于非命被"疠人"嘲笑的掌故。这是在向春申君传递一种什么信号呢？

以荀子的品格，岂会再吃回头草？或者说吃"回头草"不是问题，而是春申君的智商已滑落到沟里，不值得与之携手合作了。钱穆先生据此判断，荀子大概率晚年著书授徒终老于赵国。荀子本就是赵人，回故里著书立说，不再参与政事完全可能。但《史记·孟子荀子列传》称："春申君死而荀卿废，因家兰陵。""荀卿嫉浊世之政，亡国乱君相属……序列著数万言而卒，因葬兰陵。"②

如斯，我们该从钱穆说，还是司马迁说呢？笔者认为这对于我们理解荀子学说并不是一件非弄清不可的事。钱穆说为推断，而《史记》是有实实在在的文字记载在那里。笔者更相信古人记古人，比之后学的推断更靠谱，因此从"兰陵说"。更何况，荀卿在赵国被待为上卿的记载也含混不清，多长时间？政事上有什么作为？除了在赵孝文王前与临武君议兵，并未留下更多形迹。

---

① 缪文远、缪伟、罗永莲译注《战国策》（上）"楚策四"，中华书局2012年6月版。

② 《史记·孟子荀卿列传》。

六

荀子给春申君的信，是一则深刻的非虚构寓言，更是精准无误的预言。春申君用自己的头颅，为"疠人"增添了又一则被嘲讽的案例。

楚考烈王对春申君的绝对信任，在他为相二十二年后发生了微妙变化。春申君任"合纵长"的伐秦联军失败，也使楚国地位开始滑落。秦军步步进逼，几乎攻到楚国家门口了。楚国只得弃都陈留迁往寿春。楚考烈王对春申君恃宠专权的做派也心生厌恶。

春申君为了固宠，开始操劳君王的宫闱之事了，楚考烈王无子，后继无人，眼看王座将旁落至他人臀下。此事不仅直接关系皇族直系血缘的延续，当然也影响到春申君的前景。春申君四处张罗着为楚考烈王寻觅能育子的佳丽，怎奈土地再肥沃，撒下去的种子里缺少有生命的基因，怎么会萌发出胚芽来呢？美女轮番侍寝，个个丰乳肥臀、前凸后翘，但就是不见肚子里有任何动静。

有一个名李园的赵人，其妹妖冶风骚。李园欲将其进奉给楚王，但一听说楚王宫中不缺风骚女人，但就是怀不了胎，虽然无人说破，但肯定症结不在女人，而在楚王。李园是个心机很深的奸诈之人，他担心妹妹上了楚王的床后无子失宠，便生一连环计。他先到春申君门下做舍人，过了几天就请假回家，十数日才返回，春申君问其故，李园答："我有一个妹妹，是赵地闻名的美人。齐王特地遣人来，说是要将妹妹纳入齐宫为妃，我跟他们反复提条件，把时间给耽误了。"

李园用尽美词描述妹妹如何风情万种，说："我妹妹真是人间极品，双眼圆溜似珍珠，皮肤赛水蜜桃，腰细如水蛇，屁股却大得像簸箕，胸挺得如倒扣的铜盆，虽毛嫱、西施不及也。"春申君听得双目喷火，口水咕噜咕噜往下吞，急不可耐地问："齐王下聘书了吗？"

"快了，还没送来。"

"能否一见？"

"当然可以。我担心齐王的聘书已在路上了。"

"快去快回！用我的马车。"

这个李园的妹妹果然好生了得，春申君一见，就等不及太阳落山了。更厉害的是，春申君一箭即中，不到两个月李园妹即有身孕了。李园便与其妹商，谋求更肥美的去处了。

李园妹向春申君吹枕边风，向他陈说春申君的处境，以及将她进奉给楚考烈王的美妙前景。"眼下虽然考烈王待君如兄弟，但考烈王无子，百年之后，新君必将原来老臣赶尽杀绝，君还能保住相位和江东封地吗？如将我献给考烈王，果能生下一太子，考烈王后继有人，以新君与夫君的特殊血缘关系，夫君就成了楚国国父，还愁什么荣华富贵不可得吗？"

春申君虽说实在舍不得将怀中尤物呈奉出去，但考量利弊关系，觉得从长远计，女人是有眼光的。再说，此女睡到国君卧榻上，也不影响他与其保持床第之欢啊！这岂止是两全其美，简直是多全其美的好事啊！

李园妹顺利地撩倒了楚考烈王，又如期生下男婴，晋级成了王后。

而李园则成了进出王宫如同进出家门似的王戚。这个李园又开始推进他的第三步计谋：私下里招养了几十名武士，将这些武士以重酬厚养加训导的方式豢养成为他卖命的死士。

春申君任相国二十五年时，考烈王患重疾，已无力过问国事，一切政务皆由春申君代理。

一个名叫朱英的舍人对春申君说："人世间有难以料测的福分，也有难以料测的飞来之祸，相国您身处当下世事无常的社会，侍奉的又是一位无法料测的君王，怎么能没有料事如神的高人来辅佐您呢？"

这个舍人，显然在主人命运攸关的时刻，来展现自己的才华，报答主人多年厚养之恩。令人痛心的是，他的一番好意，却未获得主人的赏识。

春申君听了这番话，一时理不出头绪，问："什么是难以料测的福分？"

朱英答："主公在楚国担任令尹二十多年，实际上等同代行楚王之权，现在主公的五个儿子都在外地担任要职，楚王这次病得不轻，可能不久于人世，而太子年幼体弱，主公可能就成了托孤大臣，代幼主处理国事，可以待幼主长大成人后归还政权，也可以索性南面称孤，直接坐到楚王的宝座上去，这就是难以料测的福分。"

春申君又问："什么是难以料测的飞来之祸呢？"

朱英压低嗓音说："那个李园，在朝堂无任何职位，也无领兵打仗的职能，只是楚王的妻舅，却私下里养了几十位武士，他想干什么呢？据臣看，楚王归天之时，他必把守宫门，假楚王之诏号令朝野，将主公杀害以灭口，这就是难以料测的飞来灾祸。"

听来似乎有些毛骨透寒，但春申君不以为然，又问："什么是难以料测的高人呢？"

朱英又答："您先任命臣为郎中，这样臣就有了进宫的职分。君王驾崩时，如李园要抢先闯入，臣为君刺杀李园，臣就是难以料测为主公效力的高人。"

春申君听毕，嘱咐朱英，这番话到此为止，不必再言。"李园是个文弱的书生，我对他一直很友好，他为何要做这等事呢？"

朱英一听春申君昏庸糊涂到不可救药的地步，连夜远走高飞逃离春申君宅院，过他的逍遥日子去了。

春申君则为他的弱智付出了生命的代价。

一切如朱英所料，楚王驾崩时，李园率死士把守宫门，待春申君到达时，一道寒光闪过他的脖颈，头颅飞落到宫墙外。曾经的"代理楚王"，没料到死于他宠信的"文弱书生"。楚国则成了李园"兄妹开荒"的李氏田园了。那个春申君与李园妹基因合成的楚幽王，则成了兄妹手中提线的木偶。①

此时荀卿还在人世间，听闻此事，会不会为他的赋再添上一笔？"自以为聪明无比的黄歇啊，因何转瞬间身首分离，让疯人又发出呵呵的笑声。"

这个名为黄歇的人自从升格为春申君，再也没有闪射过以一封信征服秦王消弭战祸、自甘殉职保太子回国的智慧。说平庸都算高估，既愚且蠢到极致了。

---

① 缪远、缪伟、罗永莲译注《战国策》（上）"楚策四"，中华书局2012年6月版。《史记·春申君列传》。

七

在战国晚期，荀子之道不行，但他的两个弟子李斯和韩非，却成为助秦灭六国的主要推手。

李斯算是大权在握并付诸行动的人，韩非虽早亡，但其论著为秦王所器重，同时也为李斯治秦提供了法治的理论支撑。未见荀著对此有评述。李斯登上相位在秦始皇三十三年，其时荀子如在世，年已百二十余。①因史书所记年代的混乱，确为后人捋清史实的脉络，留下诸多疑问。

李斯与韩非在何时入荀门为徒？具体时间无确切记载。笔者据李斯出生地为楚国上蔡，基本可断其在荀子任楚国兰陵令时拜师，此判断出自一个常识：就近入学，方便啊！更何况荀子在此时段，可谓名望最高的大儒。

那么韩非是在稷下拜师，还是兰陵拜师，则无从揣测，更遑论确证。对此似乎不必过于纠缠，但知李斯、韩非为荀子弟子即可。

但此二人虽出自荀门，却成为法家的代表性人物。有人感到奇怪，荀子既为大儒，为何培育出了法家的顶尖人物？对此学术色彩太浓的问题，且留待后文从容探讨。

毫无疑问，此二人的文学才华都是先秦诸子中处于第一序列

---

① 钱穆《先秦诸子系年》，人民文学出版社2021年11月版。

的人物，李斯无暇著述，但一篇《谏逐客书》便成先秦文章代表作之一，至于韩非著文数十篇，篇篇皆逻辑缜密、文气爆棚。仅从文章学角度，堪称先秦文章及中国数千年文章中的经典之作。

谁说弟子学问一定要蹈袭，乃至复制乃师？有自己的创造与独立思考，才是为学的至高境界。如此说，弟子的所作所为，人生追求，当然也包括学术思考，是不必与老师简单勾连的，老师授徒，不是窑工用模具制作砖头，大小尺寸都是老师的"流水线产品"。

后之学人，不必把弟子"美"的光环随意罩到老师的头顶上，也不必把弟子的"恶"行，简单归咎于老师的训导。

说是这么说，由于李斯的名声与"暴秦"勾连，荀子之学几被埋没数千年，直至清代才被学界推送到一个实至名归的位子上。

章太炎称荀子为"后圣"，与孔、孟并列，是对荀子的一个恰当的定位。

对于荀子名望受弟子牵累，苏轼的一篇《荀卿论》或颇具代表性——

荀卿论

尝读《孔子世家》，观其言语文章，循循莫不有规矩，不敢放言高论，言必称先王，然后知圣人忧天下之深也。茫乎不知其畔岸，而非远也；浩乎不知其津涯，而非深也。其所言者，匹夫匹妇之所共知；而所行者，圣人有所不能尽也。呜呼！是亦足矣。使后世有能尽吾说者，虽为圣人无难，而不能者，不失为寡过而已矣。

子路之勇，子贡之辩，冉有之智，此三者，皆天下之所谓难能而可贵者也。然三子者，每不为夫子之所悦。颜渊默然不见其所能，若无以异于众人者，而夫子亟称之。且夫学圣人者，岂必其言之云尔哉？亦观其意之所向而已。夫子以为后世必有不能行其说者矣，必有窃其说而为不义者矣。是故其言平易正直，而不敢为非常可喜之论，要在于不可易也。

昔者尝怪李斯事荀卿，既而焚灭其书，大变古先圣王之法，于其师之道，不啻若寇仇。及今观荀卿之书，然后知李斯之所以事秦者皆出于荀卿，而不足怪也。

荀卿者，喜为异说而不让，敢为高论而不顾者也。其言愚人之所惊，小人之所喜也。子思、孟轲，世之所谓贤人君子也，荀卿独曰："乱天下者，子思、孟轲也。"天下之人，如此其众也；仁人义士，如此其多也。荀卿独曰："人性恶。桀、纣，性也。尧、舜，伪也。"由是观之，意其为人必也刚愎不逊，而自许太过。彼李斯者，又特甚者耳。

今夫小人之为不善，犹必有所顾忌，是以夏、商之亡，桀、纣之残暴，而先王之法度、礼乐、刑政，犹未至于绝灭而不可考者，是桀、纣犹有所存而不敢尽废也。彼李斯者，独能奋而不顾，焚烧夫子之六经，烹灭三代之诸侯，破坏周公之井田，此亦必有所恃者矣。彼见其师历诋天下之贤人，以自是其愚，以为古先圣王皆无足法者，不知荀卿特以快一时之论，而荀卿亦不知其祸之至于此也。

其父杀人报仇，其子必且行劫。荀卿明王道，述礼
乐，而李斯以其学乱天下，其高谈异论有以激之也。
孔、孟之论，未尝异也，而天下卒无有及者。苟天下果
无有及者，则尚安以求异为哉！①

苏轼论荀卿，值得商榷之处颇多：将李斯建言焚《诗经》
《尚书》之事"株连"其师，一也；引荀卿语"尧、舜，伪也"，
错解了此处"伪"的含义，不是虚伪之意，是需要后天人为加以
化育之意，二也；认为"其父杀人报仇，其子必且行劫"，将荀
子与李斯关系，弄成"龙生龙，凤生凤，老鼠生的儿子会打洞"
的血统承续不变论，三也；责荀子独曰"人性恶"，错解荀子立
论的真实意图，四也；……

不知苏轼先生读荀子书时，有未读到荀子入秦，对秦昭王的
批评；在李斯询问对秦如何看时，荀子是如何回答的？苏轼读懂
了荀子《性恶》篇的真实旨归了吗？

也许，苏轼所涉荀子书版本确无这些内容。即使未看到，也
不至于将"暴秦"的苛政归咎于荀子的"隆礼重法"。

当然，笔者的质疑也可视作一家之言。

正是有类似苏轼这样的错误解读和贬斥，荀子的声名长期
不显，难以像孔子、孟子那样，处在历史浪潮的峰尖上。其
实，荀子的思想对中国历史政治的影响一直存在，其"隆礼重
法"的理念是对孟子仁政理念的重要补充，推动了中国也推动

---

① 《苏东坡全集》卷五十一，北京燕山出版社2009年12月版。

人类文明的进程。

今人看李斯又岂能一笔抹杀，我们只需沉下心来，将历史的典籍稍稍梳理一下就会发现，李斯才华横溢不说，他对历史的贡献也多有可圈可点之处。

李斯在告别荀子时说了一番他选择去秦的理由，充分证明他是有战略眼光的，拜荀子为师，证明走对了人生的第一步，选择去秦则走对了人生的第二步。

他说："我听说一个人在面临人生重大机遇时，就应该紧紧抓住，切勿错过。当今天下那些万乘大国正在逐鹿天下，那些擅长游说的人忙于左右天下大势。秦王欲吞并各诸侯国，一统天下，南面称帝，已成大势，那些布衣出身而有才华的人争相入秦。一个处在卑贱地位的人，如果此时不为自己谋划，等于擒到一只鹿，只看着它的肉却不去吃。一个人最大的耻辱莫过于自甘卑贱，最大的悲剧莫过于过着穷困潦倒的日子。处在卑贱、穷困的境地，却标榜厌恶名利，还美其名曰无为，这难道是士人的本性吗？我这就去秦国，向秦王进奉我的治国理念了！"[1]

荀卿面对弟子的选择是什么态度呢？对弟子入秦前有什么嘱咐吗？无历史记载。此处留白，笔者无兴趣作任何揣测。

李斯初入秦，正逢秦国处于权力更迭期，庄襄王崩，秦政即后来称始皇者继位。李斯先在文信侯吕不韦门下当舍人，才华初露，不久即升任为郎官，李斯有了对秦王直接建言的机会。他以

---

[1] 《史记·李斯列传》。

对诸侯大势的观察，以及对秦王心理需求的揣摩，直接给秦王端上来一把扫荡六国的"杀器"："平常的人遇到机会也会失去，而能成就大业者往往狠狠抓住机会不放！当年秦穆公虽然也曾一度称霸，但终究未能吞并六国成就一统大业，何也？因时势尚不成熟，周王室尚未完全衰颓，而诸侯并立者甚多，因此称霸的大国轮换交替，兴衰无常。自秦孝公后，天下大势不同了，周王室堕落得像个百乘小国，诸侯相互兼并，关东仅余六国，且都恐惧于秦国的强盛。以秦之强，大王的气魄雄才，吞并六国，就如早晨扫除灶上的灰那般容易。现在正是秦国一统天下，成就帝业，建万世功勋之时。如果此时懈怠不作为，诸侯复兴，联手对付秦国，就是有黄帝那样的贤能，也会丧失机会了。"

说完这番话，秦王站起身，为之兴奋不已，绕着王座不停徘徊。李斯又细语呈上削平六国的计谋：秘密派三路人马至六国，一路持重金，专门贿赂那些贪婪而手握大权的重臣、能臣；一路为刺客，专门对付那些死硬派，不能收买的即伺机将其暗杀；一路为谣言制造者，专事散布各种离间君臣关系的舆论。

不能不说，李斯将各种"狠辣"的手段全奉上了。这几招果然管用，诸侯六国连连中招，与此同时，辅之以强弩铁骑名将，六国相继倒伏……

李斯的官职一路攀升：郎官、长史、客卿、廷尉、丞相。位至人臣之极。

平心而论，被后人唾骂的"焚书坑儒"的恶行，也不能全部算到李斯头上。"燔《诗》《书》"，商鞅是始作俑者，李斯继之；坑杀方士、儒生则是秦始皇直接下诏令，李斯是执行者之一。

秦始皇三十四年时，始皇在咸阳宫大宴群臣，在管弦歌舞、推杯换盏之际，群臣轮番举杯敬酒，并呈上搜索枯肠编织的颂德谀辞。其中，博士、仆射周青臣的颂词最具代表性：

"他时秦地不过千里，赖陛下神灵明圣，平定海内，放逐蛮夷，日月所照，莫不宾服。以诸侯为郡县，人人自安乐，无战争之患，传之万世。自上古不及陛德。"①

始皇听后龙颜大悦，破例将杯中酒一饮而尽。

此时，另一位来自齐地的博士淳于越，建议恢复分封制：

"臣闻殷周之王千余岁，封子弟功臣，自为枝辅。今陛下有海内，而子弟为匹夫，卒有田常、六卿之臣，无辅拂，何以相救哉？事不师古而能长久者，非所闻也。今青臣又面谀以重陛下之过，非忠臣。"

这位淳于博士显然乃迂腐书生，秦始皇废除分封制，改设郡县，那些皇亲或功勋之臣，不再拥有自己的独立领地，显然是集权力于中央，避免诸侯作乱的进步举措。次之，淳于博士简单强调，"师古"以长久，也不符合历史事实，如果"师古"能长久，周王朝何以衰败，引发六七百年的战乱纷争？

秦始皇让群臣讨论淳于博士的谏议，李斯上书驳回了淳于博士的建言，获始皇嘉许。这段话非常浅显明白又重要，直接关联到焚书事件真相：

五帝不相复，三代不相袭，各以治，非其相反，时

---

① 《史记·秦始皇本纪》。

李斯　琅琊台刻石

变异也。今陛下创大业，建万世之功，固非愚儒所知。且（淳于）越言乃三代之事，何足法也？异时诸侯并争，厚招游学。今天下已定，法令出一，百姓当家则立农工，士则学习法令辟禁。今诸生不师今而学古，以非当世，惑乱黔首。丞相臣斯昧死言：古者天下散乱，莫之能一，是以诸侯并作，语皆道古以害今，饰虚言以乱实，人善其所私学，以非上之所建立。今皇帝并有天下，别黑白而定一尊。私学而相与非法教，人闻令下，则各以其学议之；入则心非，出则巷议，夸主以为名，异取以为高，率群下以造谤。如此弗禁，则主势降乎上，党与成乎下。禁之便。臣请史官非秦记皆烧之。非博士官所职，天下敢有藏《诗》、《书》、百家语者，悉诣守、尉杂烧之。有敢偶语《诗》《书》者弃市，从古非今者族。吏见知不举者与同罪。令下三十日不烧，黥为城旦。所不去者，医药卜筮种树之书。若欲有学法令，以吏为师。

制曰："可。"[1]

于是不仅咸阳里外，也遍及全国各地，燃起了焚书的大火。那些害怕藏书被黥面，罚为刑徒城旦的百姓，将一堆堆竹帛之书扔出门外。监管的官吏唯恐执行不力，率兵及小吏遍搜里邑藏书之家。

---

[1] 《史记·秦始皇本纪》。

在李斯这段上书言中，特别需要注意的是"非秦记皆烧之"，此对中国历史文化的破坏最烈，因为六国史官所记本国史，藏于宫室，最容易被销毁，这也是司马迁写《史记》困苦于六国史料稀缺，只能以秦记为主要脉络的原因；另外，"有敢偶语者""以古非今者"，非"弃市"即"族"，此风一开，绵延不绝，稷下学宫形成的学术自由、争鸣风气几乎荡然无存……

所幸的是，涉及农工医药之书得以保存；博士所藏《诗经》《尚书》不在查缴焚烧之列，因而尚能流布；《周易》为卜筮之书，秦人不敢烧；百家之书虽被焚之众多，因流落民间甚广，无法尽烧。也许这是我们还能较完整读到《老子》《论语》《孟子》《荀子》的原因。

依笔者陋见，项羽屠咸阳，烧秦宫室，火三月不灭，可能对中国历史典籍的毁灭更甚。"始皇之暴"与"项羽之暴"，孰更"暴"？

呜呼，"暴秦"之后，又继之以"暴楚"。中国文化的火种赖何而苟延残喘？

李斯的结局，凡稍通中国史的人皆知。

李斯也是一个人格形象很复杂的人，他的功与过也很难作量化定性。

李斯任相后，逢寿辰，其任三川守长子李由回咸阳为乃父庆寿，李斯在家中设宴，百官皆争相前来献礼贺寿。宾客车马千乘，排成数十里长龙，贺礼不知要堆满多少间高堂大屋。李斯面对一张张堆满谀笑的面孔，耳中听着比颂扬始皇还肉麻的词语，全身如浸泡在温泉中般舒坦，但在车马散去，杯盘狼藉，夜深人静时脑中倏地闪过老师荀卿常挂在嘴边的警语"物禁大盛"，于是辗转而无睡意，长叹一声，自语道："我李斯只是出身于上蔡乡陌的布衣、黔首，皇上不弃我出身贫寒卑贱，提升我到人臣无上之高位，富贵极矣。物极必衰，不知我的下场会到什么地步。"忽一眜睁，见有一青面獠牙者执剑而至，剑光闪过，有满天青丝如飞絮般飘落……①

　　始皇在出游途中病危，原本遗书及玺予长子扶苏，书与玺未及发出即驾崩。宦官赵高密谋以少子胡亥替代远在北部边境的长子扶苏，李斯面对赵高的奸诈之举，也曾表达过反对之声："怎么能做这种会导致亡国的事？这不是做臣子的所该议论的 。"

　　李斯又说："我原先只是上蔡的布衣之人，蒙上恩拔擢为丞相，子孙都被封以尊位厚禄之职。这是将国家的存亡兴衰托付于臣，斯怎可辜负主上的信任？忠臣不惧死才能使国家稳定，孝子不勤劳就不能敬奉长辈，作为臣子须各守其职，岂能做越职犯上的事，你不要再说那些话了，这是要让我成为罪臣啊！"

　　但李斯的纠结终究还是未能战胜赵高的诈谋，不得不泪流满颊，仰天长叹："呜呼，遭逢这样的乱世，斯不能以死效忠，其奈若何？"

　　由此可见，李斯虽也以玩弄权谋诈术著称，但比起赵高来还不够纯粹、彻底，多少还存有几丝儒者的气息。这就叫书生败于流氓痞子，流氓痞子败于盗匪，盗匪别无选择：要不杀人，要不被杀。

----

① 《史记·李斯列传》。

八

荀子另一弟子韩非也是一等一的人物，其才气逼人，连李斯也要屡屡称引他文章中的词句。

他的学术思想在《韩非子》中有系统清晰表述，但他的人生经历，含拜师经历，却有许多模糊地带。《韩非子》"前言"第一句话即称："韩非生年不详。"司马迁在评述韩非著文时间上也自相矛盾。

先来读一段司马迁在《太史公自序》中的名言，语涉韩非："昔西伯拘羑里，演《周易》；孔子厄陈蔡，作《春秋》；屈原放逐，著《离骚》；左丘失明，厥有《国语》；孙子膑脚，而论兵法；不韦迁蜀，世传《吕览》；韩非囚秦，《说难》《孤愤》；《诗》三百篇，大抵贤圣发愤之所为作也。"①

而在《史记·老子韩非列传》中，司马迁介绍韩非为韩国贵族公子，喜刑名法术之学，虽口吃，表达有障碍，但擅长著文。曾与李斯俱师荀卿，李斯自认才气不及韩非。韩非眼见韩国国势日衰，心急如焚，数次上书韩王谏议变法图强，而不能为韩王采纳并任用，"悲廉直不容于邪枉之臣。观往者得失之变，故作《孤愤》《五蠹》《内外诸》《说林》《说难》十余万言②"。

依前论，韩著写于囚秦之时，依后说，韩著写于韩入秦之

---

① 《史记·太史公自序》。

② 《史记·老子韩非列传》。

前，究竟写于何时呢？总不会部分篇目写于韩，部分篇目写于秦吧？从司马迁文中提到的部分篇目看，至少《孤愤》两处皆有。从韩非的命运轨迹推断，韩著写于入秦之前更符合情理。

韩非的文章，不知通过何种路径，传到了秦王的案几上，秦王看了《孤愤》《五蠹》等篇章拍案叫绝："是何人写得此等妙文，令吾如梦方醒，如果能让寡人见到此人，死无遗憾矣！"

李斯坦言告之："这是韩国公子韩非所写，斯与非皆为荀卿之徒。"

李斯当然不可能将韩文呈送给秦王。他无此气度。也许此文能至秦王手中，不排除李斯政敌暗送韩文，以"非"来排"斯"的可能。

秦王急于见到韩非其人，派遣使者持礼邀请，但韩非却留恋故国不接受邀请，拒绝入秦。接下来，出现了战国史上，即便是漫长的中国史上罕见的一幕：秦王派兵马攻到韩国边境，挥刀舞戟，战旗猎猎，只为获得一位自己喜欢的人才。秦国的兵马并不入境入城，只是高呼："韩非，出来——韩非，出来——韩非，出来——"

领兵将军有书至韩王，如不将韩非送出境，定将杀入韩国抢人。此为先礼后兵，你是要人还是要国？

一个韩王并不感兴趣的人，却引得秦国大动干戈，这是他始料未及的。该作如何处置呢？留着？他也从未想过用韩非之说来治理国家，且濒临覆国之危。不如做个顺水人情吧，派韩非以使臣身份入秦。就这样，韩非到了秦国。

秦王以这样的惊人之举，终于见到了韩非。他是如何向韩非询问治国理念的？此处史书留下了空白。依笔者揣测，韩非有结巴的毛病，吭哧吭哧憋不出一句完整的话来，远不及读其文那样酣畅淋漓。也许秦王见韩非话语不清，就请他将心中所想写成书面文字呈上来，于是我们就在《韩非子·存韩》中读到这么一段文字，可视作他面见秦王后想要说服秦王的话：

"韩国侍奉秦国三十多年了，在对外御敌中，韩国是秦国的屏障（韩国都城位于河南新郑，与秦接壤），而在处理对秦国关系时，就如坐席般随时供秦国调遣使用。秦国出兵攻打别的国家，韩国也派兵马跟随，因此结怨于天下各国，但攻城取得的成果则归于强大的秦国。韩国连年向秦国进奉财货，就如同是秦国的郡县。现在我听说贵国的大臣献计，要出兵灭掉韩国。而赵国聚集了大批兵马，联合其他诸国，以不削弱秦国则诸侯无法生存为号令，他们欲向西攻秦，已经不是今日才有的谋划了。而秦国看不清他们的意图，却放弃攻赵，先与卑躬得如内臣般的韩国为敌，岂不是让天下人都明白赵国的计谋是对的……"

韩文的中心内容是说服秦王放弃伐韩的计谋，转而把进攻的重心转向赵国及别的国家。这位韩公子在韩国虽不得志，却仍心心念念地想着保存自己的故国。

秦王将韩书转给李斯。李斯上书批驳韩非之说，认为其要害在，韩非身虽在秦国，心里却无时无刻不想着韩国的利益。用"非"将不利于秦，尤其是以"非"之才学，更易成为秦的隐患。如放"非"归韩，则于秦同样不利。不能为秦利，则必成秦害。如何处置？秦王是清楚的。李斯的反击是狠辣的，而韩非的辩说能力也因屁股坐在韩国方面而减弱了征服秦王的力度。这一点，也成了李斯要将韩非铲除的理由。[1]

　　一山岂能容二虎？用"非"则"斯"如何立足？在利益冲突面前，同门的手足之情就如羽毛般轻不足道。李、韩皆是以"利"说君王的。既如此，"利"字当头，当利益相冲突时，所谓同窗之谊，哪里抵挡得了利益浊水的吞噬？

　　于是，韩非被下狱，以一杯毒酒自我了结。

　　《战国策》有文曰：韩非之死，是因为散布谗言，诽谤建功归来的秦王宠臣姚贾。"秦王使姚贾而诛韩非。"[2]

　　这是不是更像李斯嘱史臣编出来的故事？

　　李斯与韩非既均为荀子生徒，对是否学成于稷下学宫虽无一定之论，但也无据否定其曾为稷下学士或先生，为何后人编撰的有关稷下先生的名录中不列此二人？对他们有争议，又何必讳言他们与稷下学宫的关联？荀子曾在稷下学宫"三为祭酒"，又何必忽略他的这两位史上赫赫有名的弟子呢？

九

　　荀子在齐襄王时曾回到稷下学宫任"祭酒"，后因春申君的

---

① 高华平、王齐洲、张三夕译注《韩非子》"存韩"，中华书局2010年6月版。

② 缪文远、缪伟、罗永莲译注《战国策》（上）"秦策五"，中华书局2012年6月版。

邀请去了楚国兰陵。

荀子极有可能在离开兰陵后，又第二次回到兰陵，不是去任那个县官，而是在兰陵选一处山水绝佳处结茅而居，专心著书、授徒。笔者作这样的推断也非凭空杜撰，一是《史记》明确记载有荀子应春申君邀请赴楚的史实，其他史书也有荀子离开兰陵后春申君再度邀请的说法。说荀子终老于赵国，则不见有文字记载。二是兰陵的百姓确实怀念这位县令，他"隆礼重法"，特别重视以兴学的方式化育万民，给兰陵带来一片祥和气氛。在这样的氛围中，荀子一定喜欢以百姓为邻，他的那些生活琐事，会得到乡亲们的照料，当然还有陈嚣等数位无意于在乱世中入仕的弟子陪伴，这岂不是荀子晚年生活最佳的状态？

荀子的著述既有他本人亲撰，也有先生口述，由弟子协助整理，最终由他本人审定而成。

在后人的想象中，荀子存有皇皇不朽之"立言"，无疑是中国思想文化史上的丰碑，他的人生在走向终点时，该是安详宁静的。而实际是如《荀子集解》所载："秦始皇三十四年，李斯为秦相，卿闻之，为之不食，知其必败也。后卒，年盖八十余矣，因葬于兰陵。"①

荀卿闻弟子在秦国位极人臣，郁愤交加，不食而辞世。

那一年冬，兰陵的雪来得格外凶猛暴虐。百姓俗称是那种风雪交加的"扫地雪"。狂风呼啸着将满地的雪裹挟而起，从半空中"哗啦啦"甩落下来，又一股风再将雪卷起，甩落，如此反

---

① 〔清〕王先谦《荀子集解》，中华书局2012年3月版。

复。如果有人在外，就会将人拔起，再如冰坨一般重重地摔下来，埋入厚厚的积雪中……

荀子茅屋的柴扉不停地"扑腾扑腾"发出怪异的叫声，陈嚣等几个弟子有时要咬牙拉紧捆绑柴门的绳索。荀子席边的一支火把飘忽不定，猝然"扑嗒"一声，全屋沉入墨一般无边的黑色中……

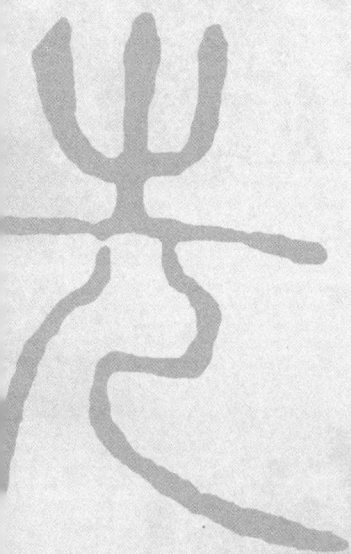
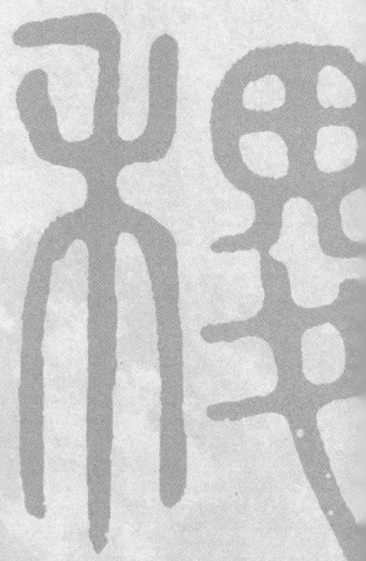

卷七

断简残章

学术思想之在一国，犹人之有精神也；而政事、法律、风俗及历史上种种之现象，则其形质也。故欲觇其国文野强弱之程度如何，必于学术思想焉求之。

——梁启超（《论中国学术思想变迁之大势》）

一

妄自菲薄与妄自尊大，皆非对待历史文化应有的态度。裹脚布可以扔掉，不等于仁义礼智信也可以随意踩踏。祖上曾经富贵过，也并不说明你现在也既富且贵。

二

儒道的核心要义之一是"仁"。"仁"是由"人"旁加"二"组成，二人以上即构成社会，仁是处理人与人关系的一种方式。仁者爱人也。孟子云："爱人者人恒爱之，敬人者人恒敬之。"任何打着"伟光正"的幌子祸害百姓者皆背离儒道，非我族类。不，非我人类！

三

记得曾在某部书中看到，说古埃及、古希腊文明很快就消亡了，中华文明伟大之处就在于存续了五千年仍不衰。

听毕此论，让人觉得谁活得最长久，对人类的贡献、其生命价值就越大似的。相信此鬼话的先生女士们，赶紧步秦始皇去寻找不老仙丹，或像电视剧中《康熙王朝》唱的"向天再借五百年"，如此你就成人类亘古以来第一伟人了。

我的故里是著名的长寿之乡，活过百岁的老人多的是。向这些寿星致敬！

但不能因此就说，他们比鲁迅伟大多了。鲁迅才活了五十六岁。

四

中华文明当然有非常了不起之处，其一是自春秋战国始形成了独立的士人阶层，他们在诸侯与民众间聚集成一股强大的制衡力量，让权力之恶不至于膨胀到彻底颠覆、泯灭这个民族存续的地步。

所谓"士人阶层"，即本著描述的先秦诸子百家。而诸子百家从周王室衰败，诸侯纷争，老子、孔子学说的诞生，至战国初年齐国创办稷下学宫，达至一个巅峰状态，这个时段涌现了一大批以孟子、荀子为代表的思想家。人数之众多难以衡估。实际上有不少巨公贤能，他们或述而不作，或著述焚毁于战乱，使得他们被湮没在杂草荆棘之中，令后人无法辨识。

但幸运的是，这个民族有老子、孔子、孟子、庄子、荀子、墨子……他们的著述未被秦人和项羽的火烧光，使得他们的智慧之光能烛照数千年。用余英时先生的话说："中国的'士'的历史，是和系统思想史同时揭幕的。""中国'士'的传统自先秦以下大体上没有中断，虽则其屡有转折。"①

愚以为衡量士的核心观察点有二：一为是否具有独立的人格和立场。为帝王所用不是问题，但不能屈己而求荣宠。理想、信念为帝王接受则与之合作，施及天下。如果不能被采纳，绝不按帝王意志设计另套方案。如孟子言"富贵不能淫，贫贱不能移，威武不能屈"是也。以此衡之，老子、孔子、孟子、荀子……皆为士当无疑。而同样为春秋时的"纵横家"如苏秦、张仪者流，大多不能列入士林。他们以辩才征服诸侯，以求得为当世所用，这一点也许不是问题。关键是他们并无系统的思想价值观，只是以利害权衡为诸侯谋。他们的"术"变化无常，只要能为君主赏识，甚至揣摩君王心理呈奉诈谋权术，这就背离了士人应具备的独立人格。他们常常为个人谋，而非为天下谋，因此将个人格局下滑到做君王鞋履的地步。以重法著称的商鞅、李斯、申不害、韩非如何定位，需进一步探讨。重法不是问题，苛政峻法则害民，也会危害社会，甚而导

---

① 〔美〕余英时《士与中国文化》，上海人民出版社2013年6月版。

致整个社会治理根基发生震荡。陈胜、吴广被逼揭竿而起，就是一例。

韩非子集法家之大成，但只强调法，则很容易滑向法术、权谋、诈术，他的理论体系中有非常脏污的一面，同样对中国历史产生了极其负面的影响。所谓"暴秦"之"暴"，商鞅、李斯、韩非有脱不了的干系。

韩非公开叫板儒道的基本伦理，将法治与仁政对立起来，他引用一则孔子的故事来阐述他的观点：

楚国的叶公子向孔子询问理政的方法，孔子回答："治理好国家就是让靠近你的人喜欢你，让远处的人向往你的仁政。"鲁哀公问孔子同样的问题，孔子答："治理好国家要选贤任能。"齐景公也这样问，孔子回答："要节俭财政开支。"

等这些问政的人离开，子贡问孔子："他们三位问的是同一个问题，为何夫子却有不同的回答呢？"孔子解释道："叶国虽小，都城却建得很大，民心背离，因此我告诉他，要让远近的民心都能聚拢在他的周围；鲁哀公身边的三位大臣孟孙氏、叔孙氏和季孙氏，外拒四邻士人来鲁国，内植私党愚弄君主，所以我建议他治政的要义是选贤；而齐景公建豪华雍门和路寝台，挥霍国家资财，故曰政在节俭。"

孔子根据三个不同国家的弊端，提供改进行政的意见有什么错呢？

但韩非子却认为孔子说的是亡国之言，他认为人心背离，就该用法来处罚他们。而对于选贤，他认为要据功来选贤，而不是根据君主心中的贤才来确定，似乎有道理。但屏障不除，贤才不至，功何从现？再进一步论，这个"功"，是斩首数量之功，还是侵夺他国土地之功？对于齐景公的奢侈，孔子强调节俭，韩非则认为"忠臣尽忠于公，民士竭力于家，百官精克于上"，则景公奢侈再加倍也不是国家的祸患。韩氏用一种诡辩术，就将景公之奢侈变得符合情理了。①

韩非子的脏污，还在于为君主提供驭民驭臣的"心术"。君主对于臣下的喜怒不能表露出来，要将所有的"心机"秘藏于心，让臣下无法察觉，这样君主的权威就因深不可测而让人恐惧。再就是用赏罚倡导一种"告密"行为，上下、左右互告。伍、闾、连、县各级都像邻居一样相互举报，告发则奖，视而不告则罚。君主因此有"贤知之名，赏罚之实"。这类货色在朝野盛行，则人与人之间的敬重、诚信则荡然无存。②

韩非子的法治理论自然有其积极之处。就如婴儿躺在污水盆里，倒污水连婴儿一起倒掉当然不行。但听任婴儿在污水中扑腾，也绝不是中国文化构建所需要的。

依法治理社会当然无错，也是现代文明的重要特征之一。但是法如何立，法如何行，法如何变？还是要由人制定执行，完全忽略对人格的塑造，由法滑入法术、诈术、权谋，法的轨道就会扭曲，变形，将国家之车导向不可测的悬崖深渊。

痴迷于刑名法术的韩非子，鬼迷心窍于为君主提供阴谋、诈术的韩非子，四十余岁即死于君王的一杯毒酒，岂不也该是他应

① 高华平、王齐洲、张三夕译注《韩非子》"难三"，中华书局2010年6月版。

② 高华平、王齐洲、张三夕译注《韩非子》"八经"，中华书局2010年6月版。

有的归属吗？他的同门李斯死于铡刀下，与此前商鞅死于车裂，难道是纯属偶然？

上苍自有眼，与民为敌者，自会遭到人心滔滔浪潮的灭顶之灾。

士人独立的人格，还表现在进退有据。该进时进，该退时退。老子曰："功成身退。"但士人常常处于功不成、无法成时也须身退的境地，如荀子面对"上无贤主，下遇暴秦"的处境，功何从建？

三国诸葛亮是士人，结茅庐隐居而观天下大势。在遇到"大有为之人"时则出山为天下谋。

竹林七贤是士人，遭逢乱世暴君，宁可林下醉酒，打铁为生，决不去府衙中谋取俸禄。

北宋王安石是士人，他的变法主张被神宗认可即进京为相，遭遇人际纠缠，难以推行时退归金陵，骑着毛驴写禅诗。司马光也是士人，虽然笔者不认同他的祖宗家法不可变的保守理念，但他坚持自己信念，不被采纳则不合作，去洛阳编书养老，他的坚守很可贵。

苏东坡独立不羁的人格令人钦敬，他反对新法，但也对司马光上台后对新法一锅端的做法持批评态度。但东坡先生在《论范蠡》中贬范蠡而推崇鲁仲连，则有苛责之嫌了，且读其文：

论范蠡

越既灭吴，范蠡以为勾践为人长颈鸟喙，可与共患难，不可与同安乐，乃以其私徒属浮海而行，至齐，以书遗大夫种曰："飞鸟尽，良弓藏，狡兔死，走狗烹。

子可以去矣！"

苏子曰：范蠡知相其君而已，以吾相蠡，蠡亦乌喙也。夫好货，天下之贱士也。以蠡之贤，岂聚敛积实者，何至耕于海滨，父子力作，以营千金，屡散而复积，此何为者哉？岂非才有余而道不足，故功成、名遂、身退，而心终不能自放者乎？使勾践有大度，能始终用蠡，蠡亦非清净无为以老于越者也，吾故曰：蠡亦乌喙也者。

鲁仲连既退秦军，平原君欲封连，以千金为寿。连笑曰："所贵于天下士者，为人排难解纷而无所取也。即有取，是商贾之事，连不忍为也。"遂去，终身不复见。逃隐于海上，曰："吾与其富贵而诎于人，宁贫贱而轻世肆志焉。"使范蠡之去如鲁仲连，则去圣人不远矣。呜呼，春秋以来用舍进退未有如范蠡之全者也，而不足于此，吾是以累叹而深悲焉。[①]

范蠡助勾践灭吴后隐退江湖，因经营有道而财源滚滚，但他又广施财货于民，真的是深悟老子智慧而又有大情怀的贤能之士。东坡悲从何来？范蠡与鲁仲连都是士林中杰出的精英，万世之典范。

此文大约是东坡先生酒醉后的涂鸦之作，一笑了之吧！有人发文批评愚某不该撰文非议东坡处理与友人章惇的负恩之举，难

---

① 《苏东坡全集》（三）五十二卷，北京燕山出版社2009年12月版。

道东坡可非议前人，愚某就不可"非"他一下吗？

以此标尺核之，蔡京不能入士林，因为他在司马光登台后，原来的变法立场立即改变，且执行之力超乎寻常。可以称他是一个尽职的权臣，至于士人这块牌匾，蔡京就不必去挂了！

五

衡估是否为士人的第二个标识是知行合一。在古今文人中，有人巧舌如簧，上知天文下知地理，对各种不同政体的研究，说起来可令云水变色，可听其言，再观其行，则相距难以道理计。对这类"蠕虫"要高度警惕，不能只听他吐唾沫，还要观察他实际在干些什么勾当。关于历史上知行合一的典范，我们可以列出长长的名单。除了先秦诸子中的巨贤外，其他朝代也丝丝缕缕不绝。诸如汉之董仲舒、贾谊，魏晋时期的竹林七贤，唐代诗人李白、杜甫，宋代的范仲淹、王安石、辛弃疾、文天祥、朱熹、陆象山，还有不为大多数人所知的谢叠山，明代的王阳明，清代的王船山、龚自珍……他们都是鲁迅称誉的中国脊梁。

笔者这里列两则在先秦时期知行不一，因此虽声名显赫但不宜列入士林的案例：

韩相申不害是法家著名的代表人物之一。某日，申不害向韩王昭侯请求授其兄官职，昭侯拒绝了他的请求，申不害满面怨色。韩王说："我这么做，是从你那里学来的啊。我是该答应你的请求而废除你以法治国的道术呢，还是实行你的法治主张拒绝你为兄的请求呢？你教导寡人，要根据臣吏士人的功劳来授予他们不同等次的职位。而你兄未有寸功之劳，怎么可以授官呢？对你的请求，我是该同意还是不该同意呢？"

申不害听了这番话，满面怨气转换为满面愧色，回到舍中请罪，上书韩昭侯说："大王真是一位言行一致的好国君啊！"[1]

《吕氏春秋》是秦相吕不韦广纳天下贤才集体编撰而成，是先秦的一部重要的学术著作。虽是多人编撰，却代表了吕氏本人治国理政的思想主张。难能可贵的是，这部著作汇集了老子及孔子、孟子等儒家的理念，吕氏试图通过编著影响秦王的治国方略，改变商鞅以来的苛法暴政，尤其是在秦统一天下后这部书能成为秦国的立国之本。吕氏的情怀和远见，无疑是超乎常人的。

此著强调君王自身的修养，曰："为国之本，在于为身。"

强调对民众施仁政："人主有能以民为务者，则天下归之矣！古之君民者，仁义以治之，爱利以安之，忠信以导之，务除其灾，思致其福。"

强调任贤使能："得贤人，国无不安。"[2]

……

可以说这部书的编著，稷下学宫功不可没。有很多学者、作者，正是从稷下学宫学成，在齐国衰落时被秦国挖过来的，有的是主动改换门庭而投奔吕氏的。

有后学认为，如果吕不韦在秦统一天下后继续任相，也许秦国的命运走向会呈现另一番景象。

---

① 缪文远、缪伟、罗永莲译注《战国策》（下）"韩策一"，中华书局2012年6月版。

② 陆玖译注《吕氏春秋》，中华书局2011年10月版。

历史没有"如果"，只有"事后诸葛亮"。

《史记·吕不韦列传》有这样一段描述：

> 当是时，魏有信陵君，楚有春申君，赵有平原君，齐有孟尝君，皆下士喜宾客以相倾。吕不韦以秦之强，羞不如，亦招致士，厚遇之，至食客三千人。是时诸侯多辩士，如荀卿之徒，著书布天下，吕不韦乃使其客人人著所闻，集论以为八览、六论、十二纪，二十余万言。以为备天地万物古今之事，号曰《吕氏春秋》。布咸阳市门，悬千金其上，延诸侯游士宾客有能增损一字者予千金。①

战国"四君子"竞相招纳贤士，让吕不韦自感羞惭，也追慕养士。这不是附庸风雅，而是实实在在完成了一项思想文化工程，在中国历史上足可碾压"四君子"。他对编著态度的认真也传为佳话：每有文章，将之发布于咸阳市城门，有能增损一字者赏之千金，轰动了秦国，也让诸侯国对之刮目相看。

以此视之，称吕氏为大儒大概无人可质疑。虽说其人从经商起家登上秦相高位，但绝非一般商贾之徒。他把生意做到了庙堂，其中种种脏污之术，实在令人难以将之列入士林。

读《吕氏春秋》千万别将其中所论，与吕氏的人格形象勾连。该著也非吕氏原创。秦人的大火烧掉了各国的史书及大量民

---

① 《史记·吕不韦列传》。

间藏书，但终究未将火舌舔到自家所藏的这部书，也算中国思想文化的幸事。

用这两个标识衡估古今士林，一批批原先在笔者眼中"伟光正"的人物纷纷偃伏。

由此，笔者也进一步理解了龚自珍所说的："士皆知有耻，则国家永无耻矣；士不知耻，为国之大耻。"

士人是制衡权力的杠杆，是人之为人的精神高蹈，是社会的良知，是一个民族能够存续绵延的血脉……

近代知识分子的出现，在西方不会早于十八世纪。而近代知识分子的一个重要特征是不属于任何国家经济阶层，知识和思想则成为他们唯一的凭借。这样一个特征，正与孟子所言吻合，"无恒产而有恒心者，惟士为能"。如此说，世界近代知识分子的精神，在先秦时期即已呈现。这实在是一个了不起的现象。

正因此，如康德所说："他们有勇气在一切公共事务上运用理性。"①

六

春秋战国时期的诸侯纷争，在强弩利剑背后，是辨才、纳才、用才的人才大战。国运的兴衰皆系集于此。由此而形成一股重贤使能的风尚。

---

① ［美］余英时《士与中国文化》，上海人民出版社2013年6月版。

稷下学宫的创办，对此具有标志性意义，推动这一风尚形成更高浪潮。士人的地位由此得到极大的提升。

稷下先生黔娄，学成后隐居于千佛山，凿洞为室，铺席为床，虽家徒四壁，却以读书修身为志业，无意于入仕从政。鲁恭公闻其贤，派人以年俸三千石的待遇聘他为相国，他坚辞不受。齐威王欲以黄金百镒聘其为卿，黔先生婉拒不就。齐威王隔一段时间会来千佛山向黔先生求教咨询国事，为了表示对先生的敬重，他远远地就下马脱靴步行，走向先生居住的石洞。[1]

齐威王与魏王约会郊外游猎，在驰马捕猎之余二人闲聊，魏王问："王的宫殿有什么珍贵的珠宝吗？"

齐王回答："没有啊。"

魏王回应："像寡人的小国，尚有虽然不大的但能照亮十二乘马车的夜明珠十枚，齐国这样的万乘之国，怎么会缺少珍宝之物呢？"

齐王说："寡人眼中的珠宝与王不同，我有一位名檀子的贤能之臣，为寡人镇守南城，楚国由此不敢东进侵夺，泗水沿岸的十二家诸侯国都来朝拜。寡人有一位臣子名盼子，多智精干，他为寡人镇守高唐，威名远扬，赵国人不敢越境到河内捕鱼。寡人还有大臣名黔夫，为吾守徐州，有仁爱心，善理政，远近百姓赞誉之声不绝，燕国人遥望北门祈祷，赵国人遥对西门祈祷，为了追随他，有七千多户他国人迁徙至本土。还有一位贤臣名种首，派遣他行使防备盗贼的职责，使吾土道不拾遗，真乃能人也。这

---

[1]　皇甫谧《高士传》，辽宁教育出版社1998年12月版。

些贤能之才是寡人心中珍宝，他们的光彩可照千里，哪里像夜明珠只照亮十二乘车。"

齐王这番话让魏王面色如猪肝。同样为"王"，格局眼光之差距竟有霄壤之别。①

战国四君子竞相纳才养士。赵国平原君派门客担任使臣拜访春申君。春申君将来宾安排在最好的馆舍入住。平原君的门客为了炫耀在赵国受到的优厚礼遇，将玳瑁等珍贵的饰物插在帽子上，将挂在墙上的佩剑都缀以珍珠。然后请春申君的门客来观览交流，谁料想春申君来访的使臣所穿的鞋面上都装饰着珠宝，平原君的门客一看傻眼了，原来他们在春申君的门下活得比自个还要滋润。②

此事一方面给外界传递的信息是为了笼络人才，四君子依仗雄厚的财力，不惜血本。另一方面也让人觉得，真正的贤才也难得。如是高才，用得着炫耀冠带有多华贵，鞋子有多高档吗？

观齐国兴衰，可以看到一条波浪曲线，国运的起落与稷下学宫的起落是同频共振的。

观春秋战国各诸侯国的兴衰，又何尝不与人才汇集的多寡相连？

而比养士纳才更为重要的是识才和用才。孟子与荀子两代大儒先后光临齐国稷下学宫，而以齐国万乘大国之实力，无识才之眼光，用才之魄力，养再多的"士"又有何用？

---

① 《史记·田敬仲完世家》。

② 《史记·春申君列传》。

七

至于以诸子为代表的士人，他们出自何处？

章太炎先生与胡适先生曾有过激烈的论辩。章太炎认同古之学者多出王官说。通常平民之家是出不了学者的。他的主要史料依据来自《汉书·艺文志》："儒家者流，盖出于司徒。道家者流，盖出于史官。阴阳家者流，盖出于羲和之官。法家者流，盖出于理官。名家者流，盖出于礼官。墨家者流，盖出于清庙之守。纵横家者流，盖出于行人之官。杂家者流，盖出于议官。农家者流，盖出于农稷之官。小说家者流，盖出于稗官。"[①]

胡适先生则著文《诸子不出于王官论》，认为《艺文志》所说"皆属汉儒附会揣测之辞，其言全无根据"，最荒谬的莫过于以墨家为清庙之守，"墨者之学，仪态万方，岂清庙小官所能产生"。[②]

两位大家所论皆有所偏，应该说诸子出处，有曾任王官的，也有从寒门通过勤学而成长的。周王室因内乱衰微，王官从而流入民间，有的继续从事所熟悉的专业研究。老子就曾是周王室守藏史。但渐渐地，从孔子私人授徒始，"有教无类"，给许多寒门子弟提供了接受教育成为学者的机会，他们中有的成为大家。至战国初期，齐国创办稷下学宫，私人授徒成为普遍现象，更多的平民子弟成为诸子中的佼佼者。孟子的家境并不富裕，而淳于髡

---

① 章太炎《论诸子学》，《章太炎国学讲演录》，中华书局2020年9月版。

② 胡适《中国哲学史大纲》，中华书局2018年7月版。

因贫寒成为赘婿，处于当时最为卑微的阶层，但齐国国君和大臣，并无人因此而轻视他。他靠博学善辩，赢得整个社会的敬重。至于诸子学的兴盛，有一个共同的思想驱动力，正如《淮南子·要略》所说，"诸子学皆起于救世之弊，应时而兴"。

胡适先生还认为，古代哲学中道而绝，其原因有四：怀疑主义的名学的兴起；狭义的功用主义的盛行；专制一尊主义的制约；方士派迷信的迷惑。——这是笔者绝不能苟同的。诸子学绵延数千年，渗透到中国人的血液中去了，哪里会"断流"呢？时盛时衰，此起彼落，则是常态。今日我们还在整理、研习诸子学说就是明证。

八

罗素在《变动世界的新世界》中说人类需要解决的问题是三大冲突：

人跟自然的冲突；

人跟人的冲突；

人跟内心的冲突。

而诸子百家学说正是着力于解决这三大冲突，为人类的命运提供减少冲突的方案，提供人与自然、人与人、人与内心的和谐之道。

梁启超称誉春秋战国时期的诸子说为中国学术思想的"全盛时代"，堪称世界学史之伟迹。[1]

---

① 梁启超《新史学》，商务印书馆2014年5月版。

"故合世界史通观之，上世史时代之学术思想，我中华第一也；泰西虽有希腊梭格拉底、亚里士多德诸贤，然安能及我先秦诸子？"[①]

显然，先秦学术至稷下学宫的创办，又是其全盛时期的巅峰。

诸子中达至圣人级别者，历来说法不一。从各家学术考辨中，笔者试图理出一个大致的脉络。

史学、国学大家吕思勉认为："道家之学，实为诸家之纲领。""道家之书，传于今者，以《老子》为最古。"因此愚以为，老子为先秦诸子中第一圣人。其《道德经》五千余言中有形而上的部分，也有形而下的部分。其形而上的部分，主要论述宇宙天地的基本运行规律。所谓："道生一，一生二，二生三，三生万物。""道可道，非常道。名可名，非常名。无名天地之始，有名万物之母。故常无欲以观其妙，常有欲，以观其徼。此两者同出而异名。同谓之玄。玄之又玄，众妙之门。"又如："人法地，地法天，天法自然。""飘风不终朝，骤雨不终日。"

其形而上的部分，最得其精义而又进一步阐发者，则为庄子，如《史记》所言："于学无所不窥，然其要本，归于老子之言。"司马迁将老子与庄子纳入同一列传，描述庄子的生活观，与老子的遁于无形同为一辙："楚威王闻庄周贤，使使厚币迎之，许以为相。庄周笑谓楚使者曰：'千金，重利；卿相，尊位也。子独不见郊祭之牺牛乎？养食之数岁，衣以文绣，以入太庙。当是之时，虽欲为孤豚，岂可得？亟去，无污我。我宁游戏污渎之中

① 梁启超《论中国学术思想变迁之大势》，上海古籍出版社2019年5月版。

自快，无为有国者所羁，终身不仕，以快吾志焉。'"①

对于庄子，不仅如吕不韦、李斯孜孜于个人的功名是他所坚决摒弃的，即便如孔、孟、荀致力于改造社会的理想也不是他所需要的。就个体来说，他比鲁仲连活得更飘逸、洒脱，对人世间的困境、难题一概毫无兴趣。他将自己融入大自然，与天地间一草一木等同，任其生，任其死。"疠人"无机会嘲讽此般逍遥之物。他与自然无任何冲突，他自己就是自然的一棵树或一粒微尘。

"天地与我并生，而万物与我为一。"

当然还有更多的甚至连著述也不屑的彻底的"逍遥派"。

九

老子思想形而下的延续者，首推儒道先圣孔子。

《史记》中有一段孔子问学于老子的记载，有人认为这是崇尚老学者编造出来的，意在贬孔抬高老子的地位。愚某则不这么认为，正如章太炎先生曾说的，后人不要轻易怀疑古人所记史实，无端揣测推翻是不可取的。难道后人比古人更了解古人？

孔子到周王室向老子请教有关"礼"方面的问题，老子答："你说的这些人，骨头已经烂在地里了，只剩他们说的话还记录在册。作为一个君子，如果时机适合就出去从仕，如果不得其时就像蓬蒿一样随风飘拂。据我所闻，高明的商人善于把自己的财富隐藏

---

① 《史记·老子韩非列传》。

起来，表面上看起来跟身无分文的普通人一样；君子具有高尚德行，看起来像一个愚钝的人。去掉你满面的得意之色和过多的欲望，这些都对你的精神身体健康无益。我所能告诉你的就是这些。"

孔子离开王室后对弟子说："我知道鸟在天上自由飞翔；鱼在水里兀自游乐嬉戏；野兽在森林山谷奔跑。对于奔走的野兽可以用网捕猎；在水中游的鱼，我们可以用丝线、钓钩、鱼饵，让它上钩；在天上飞的鸟，我们可以用箭去射落。这些都看得见，摸得着。至于龙的行踪我一无所知，它御风乘云飞游在云海无际的天空，难以捉摸。我今天见到老子，犹如见到龙一般，真是神人啊！"①

这类掌故，如果真有其事，应该发生在孔子早年。由此可断老、孔差不多为同时期人，而孔子的生年约稍稍比老子晚一些。

孔子是入世、干世之人，故在老子"形而下"学术承续开拓者中名列首位，为儒家先圣。孔子首开个体授徒之先，有弟子三千，其中拔尖的有七十余人，是中国历史上伟大的教育家，当然也是大学问家。他授徒的教材为六经，即《诗》《书》《礼》《乐》《易》《春秋》。孔子的思想，同时体现在由弟子整理记载孔子言行的《论语》中。

孟子称："自生民以来，未有孔子也。"

孔子弟子宰予曰："以予观于夫子，贤于尧舜远矣。"②

孔子对于教育之态度可谓"学不厌，教不倦"，这一点正与亚圣孟子一脉相承："得天下英才而教育之，乃人生至乐也。"

诸子学中抽象的核心理念任时代环境如何变迁，政体如何变革，

---

① 《史记·老子韩非列传》。

② 《孟子·公孙丑上》，杨伯峻《孟子译注》，中华书局2018年11月版。

则亘古不灭。诸如修身、治人之道，对社会、宇宙的运行规则的形而上的哲思。而那些与时代环境紧密勾连的具体做法，则应时而变，不必照搬。如《礼记》："男女不杂坐，不同椸、枷，不同巾、栉，不亲授。嫂叔不通问。诸母不漱裳。"①今日岂能继续通行？

因材施教，是教育大家孔子的创造。他并不用同一把尺子去要求所有的子弟。冉求问："听到应该做的事，应该立即付诸行动吗？"孔子答："立即去做。"子路问了一个同样的问题，孔子则回答："有父兄在，怎么可以立即去做呢？"子华感到不解，为何同一问题却给予不同答案？孔子答："冉求遇事容易犹豫不决，优柔寡断，所以我激励他要敢于决断；而子路胆大好进，容易冲动，因此我让他行事谨慎些。"

孔子对儒道的最大贡献在首提"仁义之道"。"仁"和"义"的概念，在孔子与弟子的交流中屡屡被提起。颜渊问仁，孔子回答："克己复礼，天下归仁焉。"②

这并不代表孔子对"仁"的定义，而是针对周王室的衰落，诸侯蠢蠢欲动，觊觎王位，导致原有礼乐崩坏提出来的。对于"仁"的解读，孔子在不同的场合，常常发出有针对性的声音。

孔子与弟子樊迟的一段对话，最能体现孔子的基本理念。

樊迟请学稼，孔子曰："吾不如老农。"请学圃，曰："吾不如老圃。"樊迟出，孔子曰："小人哉樊须也！上好礼，则民莫敢不敬；上好义，则民莫敢不服；上好信，则民莫敢不用情。夫如是，则四方之民襁负其子而至矣，焉用稼！"樊迟问仁，子曰：

---

① 胡平生、张萌译注《礼记》（上），中华书局2017年11月版。

② 《史记·仲尼弟子列传》。

"爱人。"问智，曰："知人。"①

孔子这里称"小人哉樊须"，并非指樊迟是与君子对应的"小人"——所谓人格意义上的"小人"，而是责怪樊迟思考问题的格局太小了。孔子授六艺，是为了传承圣贤之思以救时弊，匡扶天下，而樊迟却来问田耕育花之技，简直就不该入孔门，这类问题去问农夫和花圃的园艺师就行了，何必从学于孔子？

在孔子简短的议论中，涉及仁、义、礼、智、信，而这些议论又是针对"上位者"而发的，他们率先垂范，整个社会的民众必然上行下效，由此混乱的社会可救。

愚某读章太炎先生《论诸子学》，惊诧一代国学大师，竟引盗跖之言、《墨子·非儒》语以攻孔子。其要害点在："其教弟子也，惟欲成就吏材，可使从政。""儒家之病，在以富贵利禄为心。"②其引孔子政敌之言，用材既偏，又信以为实，实背离儒道本心，错谬为害甚深。

且看孔子对于弟子入仕的态度：子思问什么是耻辱，孔子答："国家政治清明，做官，领受俸禄；国家政治黑暗，也做官，也领俸禄，这就是耻辱。"

孔子赞扬闵子骞："不仕大夫，不食污君之禄。"③

孔子还高度称许颜回："贤哉，回也！一箪食，一瓢饮，在陋巷，人不堪其忧，回也不改其乐。贤哉回也。"④

---

① 《史记·仲尼弟子列传》。

② 章太炎《章太炎国学讲演录》，中华书局2020年9月版。

③ 《史记·仲尼弟子列传》。

④ 《论语·雍也第六》。

这是鼓励弟子入仕以求富贵吗？

章太炎先生谬矣哉，谬矣哉！

十

先秦儒道之学，至战国初期稷下学宫的创办进入了它的巅峰。不仅是崇奉者数量之多，更重要的是诞生了孟子、荀子这样圣人级别的大家，他们的学说互补，共同构建出人类"理想国"的高级政治文明形态。而这个形态，整个人类社会迄今尚未抵达。

熊十力论儒学有两大优点："一是大中至正，上之极高而不溺于高无，下之极切实有用而不流于功利；二是富于容纳性，善于采纳异派长处而不专固。"这种上下、左右的极大包容性，正是笔者极为推崇的。

孟、荀之说，从表层看着眼点各异，似乎截然相反，然殊途而同归。有识之士对此早有客观洞见，孟子主人性本善，是欲将人的恻隐之心、羞恶之心、辞让之心、是非之心通过教化激发出来，使人善的品格得到张扬，形成全社会风尚；而荀子主人性本恶，因此主张"隆礼重法"，即通过礼的约束、法的惩罚，使得人性中恶的因子得到抑制，获得惩恶扬善的社会效应。在孟、荀的"性本善"或"性本恶"之间争论没有太大意义，他们的主旨都是在将社会导向"善"。

愚某与告子的看法相接近，人生下来是无所谓善与恶的，善、恶的行为是后天形成的。但由于人的本能具有动物的属性，为了活下去，需要食物；为了满足性的本能，需要情色。因此，笔者认为，人性的发展，是更容易滑向恶的。到了战国后期，商鞅深通这一点，因此重法以制民，立威以驭民，而法的制定和推行，又是由人来完成的，因此人格的塑造绝不能偏废。无良人则制定不出良法，有良法无良人执行，则良法有可能扭曲，变形，乃至堕落为恶法。仁政王道与隆礼重法是治理社会不可偏废的两翼，此两翼互补互融才能构画出理想社会的图景。

孟子继孔子后，将"仁义"的内容发展成了推行仁政的思想体系。他主张"民为贵，社稷次之，君为轻"。这一点与老子思想中的"圣人常无心，以百姓心为心"又是互通的。儒道诸贤皆认为民心的归附，是君王治国理政的核心要义。

仁者爱人，对于上位者要为民创造资产，"有恒产者有恒心，无恒产有恒心，惟士为能"。因此要让百姓获得丰衣足食的资财，然后再教之以礼仪。全社会老幼都能互敬互爱，社会自然就会祥和。

正如前文曾写到的——

梁惠王对孟子说："寡人很想听听先生的治国理政的意见。"

孟子反问："杀人用木棒与刀刃，有什么区别吗？"

梁惠王答："没有区别。"

孟子再问："用政治的方式杀人与用刀剑杀人有什么区别吗？"

梁惠王回答："没有区别。"

孟子随后毫不留情面地批评梁惠王："可是你的厨房里堆满了肥美的牛羊肉，马厩里喂养着数不清的名马，而你治下的百姓面有饥色，在荒郊野外有许多饿死倒毙的民众，这岂不等同于驱赶野兽而吃人吗？野兽相互撕咬，人看到了也会厌恶；从政的官吏是民众的父母，如此这般驱赶野兽而吃人，怎么能算是合格的父母官呢？"

梁惠王无语。

常常听到有人称从政者为"父母官"，为官者则谦恭地表示"岂敢，岂敢"。但孟子所指的"父母官"不是一个荣誉称谓或等级分层，而是一种责任，人都知道父母是如何疼爱子女的，孟夫子是希望从政者皆用父母心来对待自己的"子民"，如此民众就会千里负襁来归，还需用刀剑去争夺吗？

荀子虽"隆礼重法"，被称为儒家中的现实主义者，但在他的论述中是一再强调王道，强调以仁义为旨归的。从他对秦政弊端的批评可见一斑。因此章太炎将之列入儒家"后圣"，与商鞅、申不害、韩非者流以法术、权谋、诈术驭民，有本质的区别。

人们常常在如何界定荀子与他两位弟子——韩非、李斯的学术派别异同上纷讼不休，乃至有人认为荀子的学术思想应属半儒半法。其实，区别两者有一个核心的观察点，那就是看双方的"屁股"坐在什么地方。以百姓福祉为追求、民心归附为要旨，则儒；为帝王谋驭民术，罔顾民生疾苦，则法。用这面镜子照一照，荀子与两个弟子的学术面貌异同，就非常清晰了。

十一

简言之，解决人与自然的冲突在顺势而为；

解决人与人的冲突在仁爱；

解决人与内心的冲突在欲求有度。

人与人的冲突和国与国的冲突属于同一范畴。以利相交，利尽则散。常有人言："只有永远的利益，没有永远的朋友。"这就是人类以利相交，以利至上带来的恶果。

人类始终生活在恐惧之中，与荀子入秦时的观察有何区别？

人类无休止地争夺、冲突、杀戮，是正常的生存之道，还是自我毁灭？

人类该如何拯救自己，诸子之说，可得行乎？

士之不存，道在何方？

……

先秦诸子学说，有部分可与现代文明对接；有部分则仍处高阶，成为困惑人类的难题；有部分则为结构性缺陷。如论"缺陷"，儒道的致命短板在于，始终需要借助权力的载体才能运行，是其一。士人的理想则是成为"帝王师"或公卿大夫，让自己的理想转化为现实。殊不知，面对特殊的弟子，化育塑造理想的帝王人格，让他们抵达圣境，其难度等于架一道天梯。儒道的理想，常常被权力的铁轮碾成粉末。他们不是雕塑家，可以用刻刀和模具雕刻浇灌捏塑模型。即便如商鞅，法令也仅达太子师傅。太子一旦成了"寡人"，权力的刀剑就开始出鞘。你割寡人师的鼻子，寡人将你五马分尸。

但我们又有何理由苛责数千年前的古人？难道后人、现代人的智慧枯竭到所有养分都需要先古贤人用青铜酒具灌入吗？

2024 年 5 月 16 日初稿

2024 年 12 月 23 日改定

稷下学宫：世界级文化名片

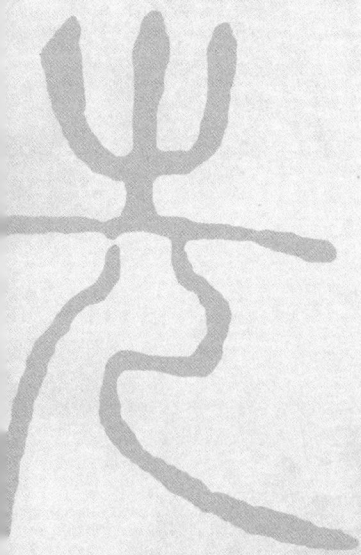

写毕《蔡京沉浮》，下一部写什么并无预定计划，只是随意地继续在文史堆里漫游。阅读是创作灵感枯竭的"解药"，真的是屡试不爽。当我看了钱穆《先秦诸子系年》后，目光便紧紧咬住"稷下学宫"没有离开过，有一种"众里寻他千百度，那人却在灯火阑珊处"的兴奋。剩下的只是如何呈现的技术问题。

对于历史非虚构写作者来说，这样的选题无疑是一流的。至于最后呈现出来的样貌属于几流，只能任由读者去评说了。争议是无可避免的，因为对诸子百家的学术，乃至流派的界别，历来就众说纷纭，没有中断过。更何况试图呈现诸子形迹的一部文学表达与历史、学术融合的作品。对它的文体界别，自以为就是一个难题。

2024年5月16日画上初稿的句号后，决定踏上去齐国古都临淄（今山东淄博）的旅程。

去临淄考察之行特别顺利，因为有一位曾经是《解放军报》培训班同学兼同事的刘昕剑先生，从军报转业后曾在淄博政府部门工作多年，又曾在临淄区工作一段时间，由他担任向导，他的弟弟、艺术家刘硕石先生为我们驾车，该去一睹的地方都去了。尤其是昕剑的哥哥刘心德先生，十多年前曾任淄博文旅局局长，对齐文化谙熟于心，用数小时为我娓娓道来，受益匪浅。他还想再介绍当地高校对齐文化颇有研究的两位老师为我释疑解惑，因他们都有事缠身，未能谋面，不能不说是一个小小的遗憾。

我向刘心德先生汇报了已完成初稿的《稷下先生》的框架及对稷下学宫的认识，恭请赐教。刘老听后极为欣喜，他说你对稷下学宫的研究，史料涉猎之广、见识之深，淄博很难找到与你对话的人。虽说称誉美言人人爱听，但愚某自知浅薄，错谬在所难免。

如果说2023年发生的"淄博烧烤"网红事件，成为一张淄博的经济名片，那么稷下学宫则是淄博的文化名片。从纵向说，它的价值不仅是历史的、现实的，也属于未来；从横向说，它不仅属于淄博，属于中国，也属于世界。它是一张具有世界级思想文化价值的名片。我的评判依据略述如下：中国思想历史文化的源头在先秦诸子百家，而诸子百家学说之繁盛，至齐国创办稷下学宫达至巅峰，真正意义上的百花齐放，百家争鸣，从稷下学宫开始呈现；诸子思想中的核心元素影响了中国数千年，必将继续放射其不灭的智慧之光；诸子思想与同时期西方哲学相比处于独树一帜的领先地位，有梁启超多番论说为证。再观当今世界之大势，国与国之间无不"以利相交"，正如人们形容的，"只有永远的利益，没有永久的朋友"，这是人类无休止争夺、侵占、杀戮的根源。而孟子是反对"以利相交"的。孟子既是诸子百家中的巨公伟人，也是稷下先生中的杰出代表。今日重新认识、解读其思想要义正逢其时，人类需要构建更高级的政治文明生态；西方近代知识分子的出现，不早于十八世纪。而中国士人阶层在先秦即已出现，并具有了"无恒产有恒心"、有勇气参与一切公共事务的特征，而稷下学宫厥功至伟。称稷下学宫为世界级历史文化名片，凿凿有据，无可疑焉。

但这张文化名片长期被湮蔽了，需要提升人们对其价值的认知，并擦去积落在其上的尘埃。淄博之行，印象最深的当然是观览齐国古城文化博物馆。对于探寻学习的获益之处，这里就不赘述了。我会把学习到的知识、感受，体现到书稿的文本中去。

对临淄齐国故城遗址博物馆，笔者匆匆观览后尚有一些不满足处：从一个齐国故城的长期建设模型看到，其占地总面积不下几百亩，但稷下学宫局于一隅，要仔细寻找才能发现。建议将宝贵而有限的财力，用于复盘稷下学宫，放弃意义不大的整个齐国古城的再造；在整个博物馆三层展厅中，稷下学宫的展室只有几十平方米，过于简略；这还不是最主要的，最有待改进的是布展设计人员对稷下先生的认识和对战国时代氛围的感觉有误。有一尊雕塑，是淳于髡正向齐威王表述对治国理政的谏议，齐威王高大威武，昂首远方，而淳于髡则俯首弓腰，一副卑微的姿态。这样的塑像真的是有辱先贤，也体现不出齐威王虚怀纳谏、礼贤下士的气度；还有一个不利传播的小瑕疵，展馆的全称为"临淄齐国故城遗址公园遗址博物馆"，太啰唆了，是不是请稷下先生穿越过来帮助做一下编辑推敲？

2024年5月26日上午10时，我将终生记住这一刻：战友刘昕剑先生和艺术家刘硕石先生，驱车数十公里，陪我到位于高青县境内的黄河岸边。站立在堤岸上，真正感受到了"黄河之水天上来，奔流到海不复回"的磅礴气势。她如一条丝带，从天边抖落下来，飘向目所不及的入海口。她的流速算不上湍急，却目标如一、意志刚强、步履坚定、永不停息……

李白的诗句只是如实道来，她的视觉冲击力来自黄河自身样

齐国故城遗址博物馆

齐文化博物院供图　李林璘　摄

稷下学宫遗址

齐文化博物院供图　李淑阔　摄

貌的震撼！不知她厚重而又灵动的水流中，是否融入了稷下先生的源远绵长的精魂？

有友人说黄河流速缓慢是因为含沙。非也！黄河不是含沙，而是含"金"，是孟子告别齐国时齐宣王赠送给他的那种"兼金"。

2024年8月3日于耕乐堂

主要参考书目与文献

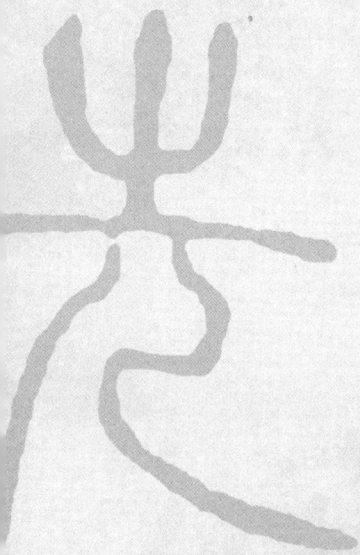

（排序不分先后）

缪文远、缪伟、罗永莲译注：《战国策》（上、下），中华书局
2012年6月版

杨宽：《战国史》，上海人民出版社2016年7月版

杨宽：《战国史料编年辑证》（上、下），上海人民出版社2016年
7月版

吕思勉：《先秦史》，北京理工大学出版社2018年4月版

钱穆：《先秦诸子系年》，人民文学出版社2021年11月版

杨伯峻译注：《孟子译注》，中华书局2018年11月版

〔清〕焦循：《孟子正义》，中华书局2017年6月版

郎擎霄：《孟子学案》，山东文艺出版社2018年7月版

罗根泽：《孟子传论》，吉林人民出版社2013年3月版

方勇译注：《孟子》，中华书局2010年6月版

〔清〕王先谦：《荀子集解》，中华书局2013年3月版

方勇、李波译注：《墨子》，中华书局2011年10月版

方勇、李波译注：《荀子》，中华书局2011年3月版

〔汉〕司马迁：《史记》，中华书局2019年12月版

陆玖译注：《吕氏春秋》，中华书局2011年10月版

梁启超：《论中国学术思想变迁之大势》，上海古籍出版社2019年
5月版

吕思勉：《先秦学术概论》，岳麓书社2010年12月版

胡适：《中国哲学史大纲》，中华书局2018年7月版

［美］余英时：《士与中国文化》，上海人民出版社2013年6月版

钱穆：《墨子　惠施公孙龙》，九州出版社2020年6月版

钱穆：《国史新论》，生活·读书·新知三联书店2001年6月版

程俊英、蒋见元：《诗经注析》，中华书局2017年8月版

章太炎：《章太炎国学讲演录》，中华书局2020年9月版

［美］李劼：《中国文化冷风景》，台湾允晨文化实业股份有限公司2013年2月版

刘蔚华、苗润田：《稷下学史》，中国广播电视出版社1992年4月版

张秉楠辑注：《稷下钩沉》，上海古籍出版社1991年5月版

白奚：《稷下学研究》，生活·读书·新知三联书店1998年9月版

王志民主编：《稷下学公开课》，商务印书馆2016年11月版

高华平、王齐洲、张三夕译注：《韩非子》，中华书局2010年6月版

中共临淄区委、临淄区人民政府编：《临淄稷下学宫简史》，济南出版社2016年9月版

郑开主编：《齐文化与稷下学论丛》，齐鲁书社2018年9月版

赵蔚之主编：《稷下学宫资料汇编》，山东教育出版社1989年10月版

中共临淄区委、临淄区人民政府编：《临淄稷下人物故事》，济南出版社2016年9月版

杨泽波：《孟子评传》，南京大学出版社1998年12月版

石磊译注：《商君书》，中华书局2011年11月版

王天海、杨秀岚译注：《说苑》（上、下），中华书局2019年12月版

程树德：《论语集释》（上、下），中华书局2013年3月版

胡平生、张萌译注：《礼记》（上、下），中华书局2017年11月版

李山、轩新丽译注：《管子》（上、下），中华书局2019年4月版

陈鼓应注译：《老子今注今译》，商务印书馆2003年12月版

陈鼓应注译：《庄子今注今译》（上、中、下），中华书局1983年4月版

郭沫若：《十批判书》，人民出版社2012年3月版

王阁森、唐致卿主编：《齐国史》，山东人民出版社1992年3月版

王志民、［希腊］海伦·卡拉玛伦古主编：《稷下学宫与柏拉图学园比较研究论集》，生活·读书·新知三联书店2021年7月版

于孔宝：《稷下学宫与百家争鸣》，山东文艺出版社2004年10月版

于孔宝：《稷下学宫与齐文化研究》，中国戏剧出版社2010年12月版

武振伟：《齐国国君评传》，山东人民出版社2022年3月版